# 우등생 사회 5·1

**꼼꼼 스케줄표**는 교과서 진도북과 온라인 학습북을
24회로 나누어 꼼꼼하게 공부하는 학습 진도표입니다.

홈스쿨링 24회
꼼꼼 스케줄표

● 교과서 진도북      ● 온라인 학습북

## 1. 국토와 우리 생활

| **1**회 교과서 진도북 8~15쪽 | **2**회 교과서 진도북 16~19쪽 | **3**회 온라인 학습북 4~9쪽 |
|---|---|---|
| 월      일 | 월      일 | |

KB199652

## 1. 국토와 우리 생활

| **4**회 교과서 진도북 20~31쪽 | **5**회 교과서 진도북 32~35쪽 | **6**회 온라인 학습북 10~15쪽 |
|---|---|---|
| 월      일 | 월      일 | 월      일 |

## 1. 국토와 우리 생활

| **7**회 교과서 진도북 36~43쪽 | **8**회 교과서 진도북 44~47쪽 | **9**회 온라인 학습북 16~21쪽 |
|---|---|---|
| 월      일 | 월      일 | 월      일 |

## 1. 국토와 우리 생활

| **10**회 교과서 진도북 48~53쪽 | **11**회 온라인 학습북 22~25쪽 | **12**회 온라인 학습북 26~29쪽 |
|---|---|---|
| 월      일 | 월      일 | 월      일 |

우등생 홈스쿨링 홈페이지에는
다양한 스케줄표가 있어요!

# 꼼꼼하게 공부하는 24회 **꼼꼼 스케줄표**
# 빠르게 공부하는 10회 **스피드 스케줄표**

# 전과목 시간표인 **통합 스케줄표**
# 자유롭게 **내가 만드는 스케줄표**

● 교과서 진도북　　● 온라인 학습북

## 2. 인권 존중과 정의로운 사회

| **13**회 교과서 진도북 56〜63쪽 | **14**회 교과서 진도북 64〜67쪽 | **15**회 온라인 학습북 30〜35쪽 |
|---|---|---|
| 월　일 | 월　일 | 월　일 |

## 2. 인권 존중과 정의로운 사회

| **16**회 교과서 진도북 68〜75쪽 | **17**회 교과서 진도북 76〜79쪽 | **18**회 온라인 학습북 36〜41쪽 |
|---|---|---|
| 월　일 | 월　일 | 월　일 |

## 2. 인권 존중과 정의로운 사회

| **19**회 교과서 진도북 80〜87쪽 | **20**회 교과서 진도북 88〜91쪽 | **21**회 온라인 학습북 42〜47쪽 |
|---|---|---|
| 월　일 | 월　일 | 월　일 |

## 2. 인권 존중과 정의로운 사회

| **22**회 교과서 진도북 92〜95쪽 | **23**회 온라인 학습북 48〜51쪽 | **24**회 온라인 학습북 52〜55쪽 |
|---|---|---|
| 월　일 | 월　일 | 월　일 |

#홈스쿨링
#혼자공부하기

우등생
사회

*Chunjae*
*Makes*
*Chunjae*

▼

# 우등생 사회 5-1

| | |
|---|---|
| **기획총괄** | 박상남 |
| **편집개발** | 기주영, 황우정, 이지현 |
| **디자인총괄** | 김희정 |
| **표지디자인** | 윤순미, 여화경 |
| **내지디자인** | 박희춘 |
| **본문 사진 제공** | 게티이미지, 국립중앙박물관, 뉴스뱅크, 셔터스톡, 연합뉴스 |
| **제작** | 황성진, 조규영 |

| | |
|---|---|
| **발행일** | 2024년 12월 1일 3판  2024년 12월 1일 1쇄 |
| **발행인** | (주)천재교육 |
| **주소** | 서울시 금천구 가산로9길 54 |
| **신고번호** | 제2001-000018호 |
| **고객센터** | 1577-0902 |

# 우등생 온라인 학습 활용법

**01 학년, 학기 선택**

home.chunjae.co.kr

우등생 홈스쿨링  초등3 ⌄  2학기 ⌄  ☰

국어 스케줄

수학 스케줄

**02 과목 선택**

사회 스케줄

과학 스케줄

나의 시간표
SCROLL DOWN
⌄

마이 페이지

## 사회

**스케줄표**

**온라인 학습북**
개념 강의
서술형 논술형 강의
단원평가

**학습 자료실**
정답
핵심 정리 + 묻고 답하기
개념 웹툰

**검정 교과서 자료**

· 학년별, 과목별로 제공되는 서비스 내용에는 차이가 있습니다.

---

home.chunjae.co.kr     ✕

## 스케줄표

꼼꼼     ⌄

### 꼼꼼
우등생 사회를 한 학기 동안 차근차근 공부하기 위한 스케줄표

1회~10회 ⌄

**1회**     ⊡

사회
1. ① 우리가 생각…

교과서 진도북 8~15쪽

**2회**     ⊡

사회
1. ① 우리가 생각…

교과서 진도북 16~19쪽     ↑

**마이 페이지**에서 첫 화면에 보일
스케줄표의 종류를 선택할 수 있어요.

**통합 스케줄표**
우등생 국어, 수학, 사회, 과학 과목이 함께 있는 12주 스케줄표

**꼼꼼 스케줄표**
과목별 진도를 회차에 따라 나눈 스케줄표

**스피드 스케줄표**
온라인 학습북 전용 스케줄표

**과목 클릭**

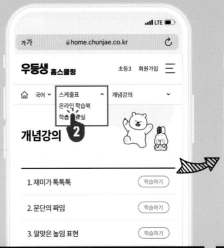

**온라인 학습북 클릭**

**개념 강의 / 서술형 논술형 강의 / 단원평가**

## ❶ 개념 강의

*온라인 학습북 단원별 주요 개념 강의

## ❷ 서술형 논술형 강의

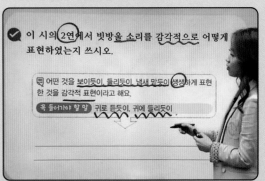

*온라인 학습북 서술형 논술형 강의

## ❸ 단원평가

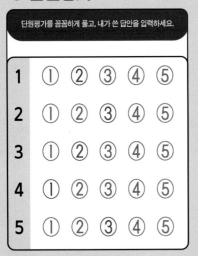

① 내가 푼 답안을 입력하면

② 채점과 분석이 한번에

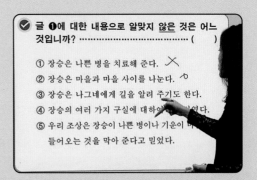

③ 틀린 문제는 동영상으로 꼼꼼히 확인하기!

· 스마트폰의 동영상 구동이 느릴 경우, 기본으로 설정된 비디오 재생 프로그램을 다른 앱으로 교체해 보세요.

· 사용자 사용 환경에 따라 서비스가 원활하지 않을 시에는 컴퓨터를 통한 접속을 권장합니다. 우등생 홈스쿨링 홈페이지(https://home.chunjae.co.kr)로 접속하거나 검색 엔진에서 우등생 홈스쿨링을 입력하여 접속해 주세요.

온라인 학습이
강화된

# 우등생 사회 사용법

## QR로 학습 스케줄을 편하게 관리!

공부하고 나서 날개에 있는 QR 코드를 스캔하면
온라인 스케줄표에 학습 완료 자동 체크!

※ 스케줄표에 따라 해당 페이지 날개에
[진도 완료 체크] QR 코드가 있어요!

**1**
단원

진도 완료
체크

 **동영상 강의**
개념 / 서술형 · 논술형 평가 / 단원평가

 **온라인 채점과 성적 피드백**
정답을 입력하면 채점과 성적 분석이 자동으로

 **온라인 학습 스케줄 관리**
나에게 맞는 내 스케줄표로 꼼꼼히 체크하기

## 우등생 온라인 학습

# 구성과 특징

# 교과서 진도북

## 1 쉽고 재미있게 개념을 익히고 다지기

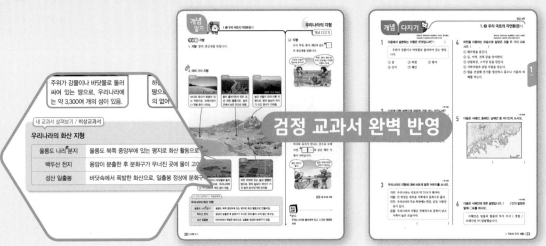

검정 교과서 완벽 반영

## 2 Step ❶, ❷, ❸단계로 단원 실력 쌓기

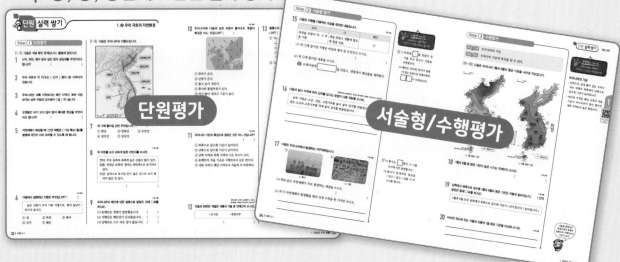

단원평가

서술형/수행평가

## 3 대단원 평가로 단원 마무리하기

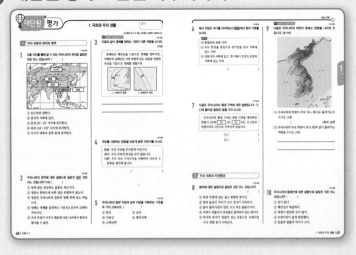

**온라인 학습북**

## 1 온라인 개념 강의

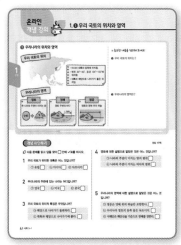

## 2 실력 평가

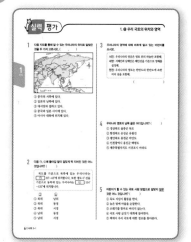

## 3 온라인 서술형·논술형 강의

## 4 단원평가 온라인 피드백

✓ 채점과 성적 분석이 한번에!

틀린 문제

85점
100점

①
문제 풀고
QR 코드 스캔

②
온라인으로
정답 입력

③
제출하기
클릭

# 차례

△ 우리나라의 고속 열차인 KTX

▽ 하천 중·하류 주변 평야

# 인권 존중과 정의로운 사회

 장애인 전용 주차 구역

등장인물 소개

 산다래

관광 가이드로 변신해서
인간 세계에 온 멧돼지.
우아한 겉모습과 달리
성격이 급하고 저돌적이다.

다웅

곰이라는 정체를 감추고
산다래와 함께
관광 가이드로 일하고 있다.

여름　가을

이란성 쌍둥이로,
여행에서 만난 다웅과 산다래에게
인간 세계에 대한 궁금증을 해결해 준다.

## 🌸 연관 학습 안내

| 초등 3학년 | 초등 5학년 | 중학교 |
|---|---|---|

**땅의 생김새**
땅의 생김새에 따라 우리 고장 사람들의 생활 모습이 달라요.

**우리나라의 지형**
우리나라는 대체로 동쪽이 높고 서쪽이 낮은 지형이에요.

**다양한 지형**
해안 지형, 빙하 지형, 건조 지형 등 세계 여러 지역에 다양한 지형이 나타나요.

만화로 단원 미리보기

# 국토와 우리 생활 1

## 🌸 단원 안내

**1** 우리 국토의 위치와 영역
**2** 우리 국토의 자연환경
**3** 우리 국토의 인문환경

# 개념알기

## 개념 ① 우리 국토의 위치

### 1. 우리나라의 지리적 위치

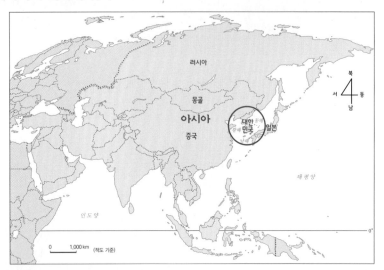

① 아시아 대륙의 동쪽에 위치하고 태평양과 접합니다.

② 주변에는 중국, 일본, 러시아 등의 나라가 있습니다.

③ 반도 국가로 대륙과 해양으로 나아가기 쉽습니다.
　　└→ 대륙에서 바다 쪽으로 돌출되어 삼면이
　　　　바다로 둘러싸여 있는 땅

### 2. 우리나라의 수리적 위치

① 위도와 경도 → 지구상의 가상의 가로선을 위선,
　　　　　　　　 세로선을 경선이라고 합니다.

| 위도 | 적도를 기준으로 북쪽과 남쪽으로 얼마나 떨어졌는지 나타냄. |
|---|---|
| 경도 | 경도 0° 선을 기준으로 동쪽과 서쪽으로 얼마나 떨어졌는지 나타냄. |
　　　　└→ 본초 자오선

② 위도와 경도로 나타낸 우리나라의 위치: 우리나라는 적도를 기준으로 북반구에
　 있으며, 북위 33°~43°, 동경 124°~132° 사이에 위치합니다.

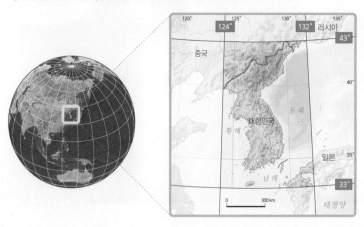

## 개념 다지기

☑ **우리나라 위치의 특징**

우리나라는 ❶ ◯ ㅅ ◯ 대륙에
위치한 반도 국가로 대륙과 해양으로
나아가기 쉽습니다.

내 교과서 살펴보기 / **천재교과서, 금성출판사,
김영사, 비상교과서, 아이스크림 미디어**

**아시안 하이웨이**

• 아시아와 유럽의 여러 나라를 연결하는
국제 도로망을 말합니다.

• 아시안 하이웨이가 모두 연결되면 우리
나라에서 자동차를 타고 아시아의 여러
나라를 거쳐 유럽까지 갈 수 있습니다.

☑ **우리나라의 수리적 위치**

우리 국토는 ❷ ㅂ ◯ 33°~43°,
동경 124°~132°에 위치하고 있습니다.

정답 ❶ 아시아 ❷ 북위

## 개념 ② 우리나라의 영역

### 1. 한 나라의 영역
┌→ 다른 나라의 간섭 없이 나라의 중요한
   일을 스스로 결정할 수 있는 권리
① 그 나라의 주권이 미치는 범위로, 다른 나라의 세력이 함부로 들어갈 수 없습니다.
② 영토(땅에서의 영역), 영해(바다에서의 영역), 영공(하늘에서의 영역)으로 이루어집니다.

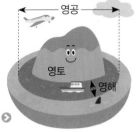

한 나라의 영역 ▶

### 2. 우리나라의 영토, 영해, 영공

| 서쪽 끝 |
|---|
| 평안북도 용천군 마안도 |

| 북쪽 끝 |
|---|
| 함경북도 온성군 유원진 |

| 남쪽 끝 |
|---|
| 제주특별자치도 서귀포시 마라도 |

| 동쪽 끝 |
|---|
| 경상북도 울릉군 독도 |

[출처: 대한민국 국가 지도집, 2019.]

| 영토 | • 한반도와 한반도에 속한 여러 섬을 포함함.<br>• 영토의 끝: 유원진(북쪽), 독도(동쪽), 마라도(남쪽), 마안도(서쪽)임. |
|---|---|
| 영해 | • 우리나라 영토 주변의 바다로 기준선으로부터 12해리(약 22km)까지임.<br>• 영해를 정하는 기준<br>  ─ 동해안: 해안선이 단순하고 섬이 적어 해안선이 기준선이 됨.<br>  ─ 서해안, 남해안: 해안선이 복잡하고 섬이 많아 가장 바깥에 있는 섬들을 직선으로 연결한 선이 기준선이 됨. |
| 영공 | 우리나라 영해와 영토 위에 있는 하늘 |

└→ 오늘날 인공위성을 이용한 관측 기술과 항공 교통이
   발달하면서 영공의 중요성이 커지고 있습니다.

### ☑ 한 나라의 영역

한 나라의 영역이란 그 나라의 주권이 미치는 범위로 ❸ ㅇ ㅌ, 영해, 영공으로 이루어집니다.

해경은 우리나라 영해에서 물고기를 잡던 다른 나라 어선 한 척을 붙잡았습니다.

다른 나라 어선이 허가 없이 우리나라의 영해에서 물고기를 잡았나 봐.

### ☑ 우리나라의 영토

우리나라의 영토는 한반도와 한반도에 속한 여러 ❹ ㅅ 을 포함합니다.

우리나라 영토의 동쪽 끝은?

독도!

내 교과서 살펴보기 / 김영사, 미래엔, 아이스크림 미디어

**이어도**

이어도는 마라도에서 서남쪽으로 약 149km 떨어진 곳에 위치한 수중 암초입니다. 이어도는 종합 해양 과학 기지로, 기상 예보, 어장 예보, 해양 정보 수집 등 다양한 역할을 하고 있습니다.

## 개념 ③ 우리 국토의 소중함

### 1. 국토가 우리에게 소중한 까닭
① 우리가 살아가는 삶의 *터전이기 때문입니다.
② 국토가 없으면 국가와 국민이 *존재하기 어렵기 때문입니다.
③ 우리뿐만 아니라 미래 세대가 행복하게 살아갈 곳이기 때문입니다.

### 2. 우리 국토에 관해 가져야 할 마음가짐
① 우리 국토를 자랑스럽게 여겨야 합니다.
② 우리 국토를 사랑하고 소중하게 여겨야 합니다.
③ 우리 국토를 살기 좋은 곳으로 만들기 위해 노력해야 합니다.

### 3. 우리 국토를 지키고 가꾸는 방법 → 많은 사람이 우리 국토에 관심을 갖도록 우리 국토의 소중함을 홍보합니다.

국토 환경 보호하기
🔺 쓰레기 함부로 버리지 않기, 나무나 꽃 심기

국토 지킴이 활동하기
🔺 독도 지킴이 활동으로 〈독도는 우리 땅〉 연주하기

국토 관련 행사 참여하기
🔺 국토 사랑 글짓기 대회, 국토 그리기 대회 등에 참여하기

국토에 관심을 갖고 지식 쌓기
🔺 책이나 누리집으로 우리 국토에 대한 정보 알아 보기

**내 교과서 살펴보기 / 천재교과서**

**친환경 공원으로 다시 태어난 쓰레기 매립장**
서울특별시 마포구에 있는 난지도는 1978년 쓰레기 매립지로 지정되면서 주변 환경과 생태계가 파괴되었지만 지금은 서울시와 시민들의 노력으로 소중한 휴식 공간이 되었습니다.

---

☑ **국토가 소중한 까닭**

국토는 오늘날 우리뿐만 아니라 미래 세대까지 살아가야 할 ❺ [ 터 ][ 전 ] 이기 때문에 소중합니다.

> 만약에 우리 국토가 없으면 어떻게 될까?

> 국가와 국민이 존재하기 어렵지.

끄덕 끄덕

☑ **국토 사랑 방법**

독도 지킴이 활동, ❻ [ 환 ][ 경 ] 보호 활동 등 국토를 외부의 침입으로부터 지키고 가꾸기 위해 노력합니다.

> 뭐 하고 있어?

> 독도 지킴이 활동으로 〈독도는 우리 땅〉을 연주하고 있어.

> 아이고 시끄러워.

깨깽 깨깨깽

정답 ❺ 터전 ❻ 환경

용어
사전

• 터전
살림의 근거지가 되는 곳
• 존재(存 있을 존 在 있을 재)
현실에 실제로 있음.

# 개념 다지기

11종 공통

**1** 우리나라가 속한 대륙은 무엇입니까? (      )

① 유럽              ② 아시아
③ 아프리카         ④ 오세아니아
⑤ 북아메리카

11종 공통

**2** 다음 ㉠에 들어갈 나라는 어디입니까? (      )

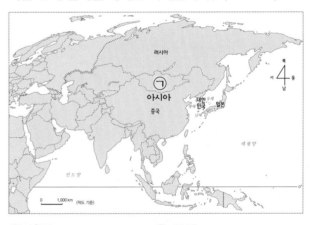

① 영국              ② 몽골
③ 베트남           ④ 필리핀
⑤ 인도네시아

11종 공통

**3** 다음은 우리 국토의 위치를 위도와 경도를 이용하여 설명한 것입니다. ㉠, ㉡에 들어갈 알맞은 말을 쓰시오.

> 우리 국토는 ㉠ 33°~43°, ㉡ 124° ~132° 사이에 위치해 있습니다.

㉠ (              )

㉡ (              )

11종 공통

**4** 우리나라 영토의 끝을 바르게 줄로 이으시오.

(1) 북쪽 끝 •          • ㉠ 독도

(2) 동쪽 끝 •          • ㉡ 마라도

(3) 서쪽 끝 •          • ㉢ 마안도

(4) 남쪽 끝 •          • ㉣ 유원진

11종 공통

**5** 우리나라에서 해안선을 기준으로 영해를 설정하는 곳을 보기 에서 찾아 쓰시오.

> **보기**
> •동해안      •서해안      •남해안

(              )

11종 공통

**6** 우리 국토를 사랑하는 방법으로 알맞은 것은 어느 것입니까? (      )

① 꽃과 나무를 꺾는다.
② 쓰레기를 함부로 버린다.
③ 독도 문제에 관심을 갖지 않는다.
④ 책으로 우리 국토에 대한 정보를 알아본다.
⑤ 국토 사랑 홍보 활동에 관심을 갖지 않는다.

## 개념❶ 자연환경에 따른 국토 구분

### 1. 전통적으로 자연환경을 기준으로 우리 국토를 구분한 까닭

| 옛날에는 높은 산을 넘거나 큰 강을 건너는 것이 어려워 자신이 살고 있는 지역 안에서만 주로 생활했음. | ➡ | 그 지역 안의 사람들끼리 같은 생활 방식, 문화 등을 공유하게 되면서 자연스럽게 다른 지역과 구분되며 나뉘게 되었음. |
|---|---|---|

**내 교과서 살펴보기 / 비상교육**

**지역 방언이 생긴 까닭**

방언은 표준어가 아닌 어느 한 지방에서만 쓰는 말입니다. 서울·경기 지방에서 '어서 오세요.'는 제주도 방언으로 '혼자옵서예.'입니다. 이처럼 육지와 떨어져 있는 제주도에서는 표준어와 차이가 커서 그 말을 알기 어려운 경우도 있습니다.

요 KEY ➡ 북부 지방과 중부 지방은 원래 멸악산맥을 기준으로 나누었는데, 6·25 전쟁 이후에는 휴전선 북쪽 지역 전체를 북부 지방으로 구분하게 되었습니다.

### 2. 북부 지방, 중부 지방, 남부 지방 구분하기

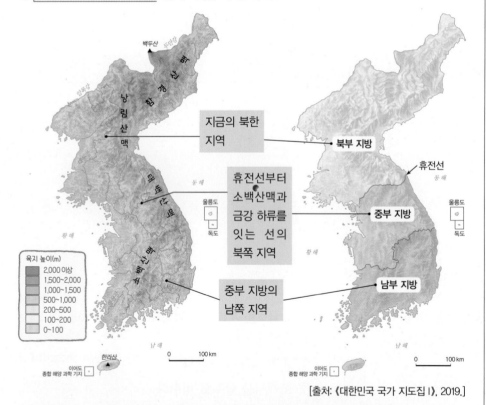

지금의 북한 지역 → 북부 지방

휴전선부터 소백산맥과 금강 하류를 잇는 선의 북쪽 지역 → 중부 지방

중부 지방의 남쪽 지역 → 남부 지방

육지 높이(m)
2,000 이상
1,500~2,000
1,000~1,500
500~1,000
200~500
100~200
0~100

0    100 km

[출처: 《대한민국 국가 지도집 I》, 2019.]

남북으로 긴 우리나라는 산맥과 하천 등의 자연환경을 기준으로 위치에 따라 크게 북부 지방, 중부 지방, 남부 지방으로 나눌 수 있음.

---

☑ **자연환경에 따른 국토 구분**

옛날에는 높은 산이나 큰 강을 건너는 것이 어려워 ❶ [ㅅ][ㅁ] 과 큰 하천을 기준으로 지역이 나뉘었습니다.

☑ **중부 지방**

중부 지방은 휴전선부터 소백산맥과 ❷ [ㄱ][ㄱ] 의 하류를 잇는 선의 북쪽 지역입니다.

**정답** ❶ 산맥 ❷ 금강

용어 사전

●**산맥**(山 메 산 脈 줄기 맥)
높은 산들이 길게 이어져 큰 줄기를 이루고 있는 지형

## 3. 우리 국토의 전통적인 지역 구분

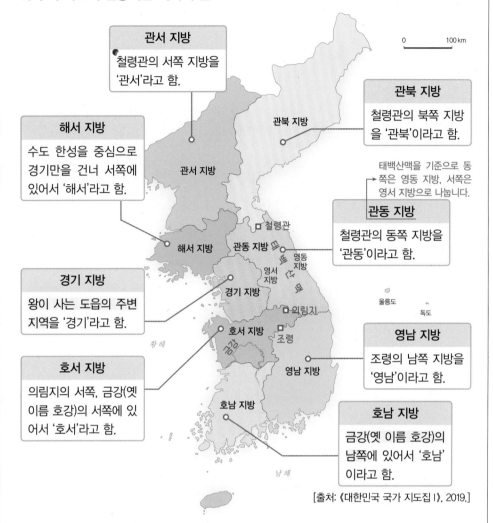

**관서 지방**
철령관의 서쪽 지방을 '관서'라고 함.

**해서 지방**
수도 한성을 중심으로 경기만을 건너 서쪽에 있어서 '해서'라고 함.

**관북 지방**
철령관의 북쪽 지방을 '관북'이라고 함.

태백산맥을 기준으로 동쪽은 영동 지방, 서쪽은 영서 지방으로 나눕니다.

**관동 지방**
철령관의 동쪽 지방을 '관동'이라고 함.

**경기 지방**
왕이 사는 도읍의 주변 지역을 '경기'라고 함.

**호서 지방**
의림지의 서쪽, 금강(옛 이름 호강)의 서쪽에 있어서 '호서'라고 함.

**영남 지방**
조령의 남쪽 지방을 '영남'이라고 함.

**호남 지방**
금강(옛 이름 호강)의 남쪽에 있어서 '호남'이라고 함.

[출처: 《대한민국 국가 지도집 I》, 2019.]

## 4. 전통적인 지역 구분이 오늘날 우리에게 미친 영향
① 전통적인 지역 구분은 오늘날 행정 구역을 정하는 기초가 되었습니다.
② 우리의 일상생활에서 널리 쓰이고 있습니다.

→ 호남선은 서울역을 출발하여 호남 지방으로 가는 기차를 말합니다.

☑ **관북·관서·관동 지방**
철령관을 기준으로 서쪽을 관서, 북쪽을 관북, 동쪽을 ❸[ㄱ][ㄷ]이라고 합니다.

1 단원

☑ **호남 지방**
호남 지방은 옛날에 호강이라고 불렸던 ❹[ㄱ][ㄱ]의 남쪽 지역입니다.

정답 ❸ 관동 ❹ 금강

용어사전
● **철령관**
과거 '철령'이라는 고개에 만든 방어 시설

## 개념 ② 우리나라의 행정 구역
→ 나라를 효율적으로 관리하려고 나눈 지역

### 1. 우리나라의 행정 구역과 도청 소재지

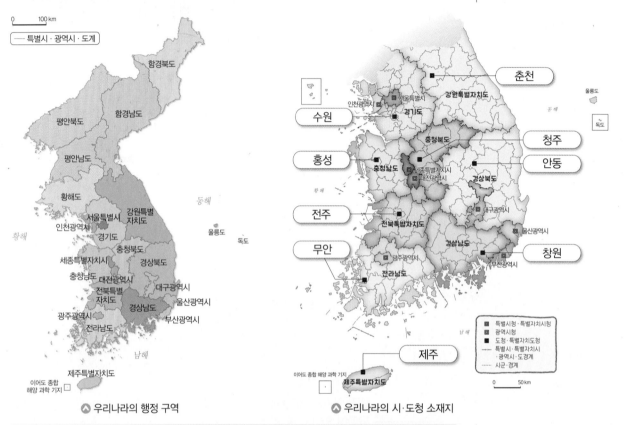

△ 우리나라의 행정 구역

△ 우리나라의 시·도청 소재지

| 우리나라의 행정 구역(북한 지역 제외) | | 행정 업무를 담당하는 곳 |
|---|---|---|
| 특별시(1곳) | 서울특별시 | 시청 |
| 특별자치시(1곳) | 세종특별자치시 | |
| 광역시(6곳) | 인천광역시, 대전광역시, 대구광역시, 광주광역시, 울산광역시, 부산광역시 | |
| 도(6곳) | 경기도, 충청남도, 충청북도, 전라남도, 경상남도, 경상북도 | 도청 |
| 특별자치도(3곳) | 강원특별자치도, 전북특별자치도, 제주특별자치도 | |

### 2. 행정 구역 명칭의 유래
① 오늘날의 행정 구역은 조선 시대의 행정 구역에서 비롯되었습니다.
② 조선 시대에는 국토를 8개의 도로 나누었으며, 경기도를 제외한 각 도의 명칭은 그 지역에서 중심지 역할을 하는 두 도시의 이름을 따 만들었습니다.

> 예 강원도는 강릉과 원주, 충청도는 충주와 청주 앞 글자를 따서 정해졌음.

☑ **우리나라의 행정 구역**

북한 지역을 제외하면 특별시 1곳과 ❺ ㄱ ㅇ ㅅ 6곳, 도 6곳, 특별자치도 3곳, 특별자치시 1곳으로 이루어져 있습니다.

주말에 제주특별시에 다녀왔어.

제주특별자치도겠지.

정답 ❺ 광역시

# 개념 다지기

**1** 다음 □ 안에 들어갈 알맞은 말은 어느 것입니까?
11종 공통
( )

> 남북으로 긴 우리나라는 큰 □와/과 하천을 중심으로 북부, 중부, 남부 지방으로 구분할 수 있습니다.

① 사막  ② 바다  ③ 산맥
④ 나무  ⑤ 바위

**2** 소백산맥과 금강 하류를 잇는 선의 남쪽 지역은 어디인지 다음 지도에서 찾아 기호를 쓰시오.
11종 공통

( )

**3** 금강(옛 이름 호강)의 남쪽에 있어서 이름 붙여진 지역은 어디입니까? ( )
11종 공통

① 경기 지방  ② 관서 지방
③ 호남 지방  ④ 영남 지방
⑤ 관동 지방

**4** 다음에서 설명하는 지방은 어디입니까? ( )
11종 공통

> 왕이 사는 도읍과 그 주변 지역을 말합니다.

① 관북 지방  ② 해서 지방
③ 경기 지방  ④ 영남 지방
⑤ 호남 지방

**1**
단원

**5** 우리나라의 행정 구역에 대해 바르게 말한 어린이를 쓰시오.
11종 공통

> 세엽: 특별시는 2곳이야.
> 지우: 광역시는 인천광역시, 대구광역시를 포함하여 총 6곳이 있어.
> 진영: 특별시, 특별자치시, 광역시에는 도청이 있고, 도와 특별자치도에는 시청이 있어.

( )

**6** 도청에서 행정 업무를 담당하는 곳은 어디입니까?
11종 공통
( )

① 충청북도  ② 서울특별시
③ 광주광역시  ④ 인천광역시
⑤ 세종특별자치시

## Step 1 단원평가

[1~5] 다음은 개념 확인 문제입니다. 물음에 답하시오.

**1** 우리나라는 아시아 대륙의 ( 동 / 서 )쪽 끝에 위치합니다.

**2** 한 나라의 주권이 미치는 땅을 무엇이라고 합니까?

(           )

**3** 중부 지방과 남부 지방은 ( 소백 / 태백 )산맥과 금강 하류를 잇는 선을 경계로 합니다.

**4** 철령관의 서쪽 지방은 ( 관북 / 관서 ) 지방입니다.

**5** 우리나라의 특별시는 1곳으로 ( 서울 / 세종 )특별시가 있습니다.

11종 공통

**6** 우리 국토의 위치에 대한 설명으로 알맞은 것은 어느 것입니까? (      )

① 적도에 위치해 있다.

② 남반구에 위치해 있다.

③ 아시아 대륙의 남쪽에 위치해 있다.

④ 러시아와 몽골 사이에 위치해 있다.

⑤ 대륙과 바다로 나아가기 쉬운 위치적 장점을 가지고 있다.

11종 공통

**7** 위도와 경도에 대해 바르게 말한 어린이를 쓰시오.

진영: 지구상의 가상의 가로선을 위선, 세로선을 경선이라고 해.

용성: 경도는 적도를 기준으로 북쪽과 남쪽으로 얼마나 떨어졌는지를 나타내.

연아: 위도는 경도 0° 선을 기준으로 동쪽과 서쪽으로 얼마나 떨어졌는지를 나타내.

(           )

천재교과서, 금성출판사, 김영사, 비상교과서, 아이스크림 미디어

**8** 다음과 같이 아시아와 유럽의 여러 나라를 연결하는 고속 국도를 뜻하는 것을 보기 에서 찾아 쓰시오.

[출처: 대한민국 국가 지도집, 2019.]

**보기**

• 경부 고속 국도      • 아시안 하이웨이

(           )

11종 공통

**9** 우리나라의 영토에 대한 설명으로 알맞은 것은 어느 것입니까? (      )

① 우리 영토의 북쪽 끝은 독도이다.

② 한반도에 속한 여러 섬을 포함한다.

③ 우리 영토의 서쪽 끝은 마라도이다.

④ 우리 영토의 동쪽 끝은 마안도이다.

⑤ 우리 영토의 남쪽 끝은 유원진이다.

**10** 우리나라의 영해에 대한 설명으로 알맞은 것을 보기 에서 두 가지 찾아 기호를 쓰시오. 11종 공통

보기
⊙ 우리나라 영토 주변 바다의 영역입니다.
ⓒ 다른 나라 배가 들어오려면 우리나라의 허가를 받아야 합니다.
ⓒ 서해안과 남해안은 해안선을 기준으로 영해를 정합니다.
ⓒ 동해안은 가장 바깥에 위치한 섬들을 직선으로 연결한 선을 기준으로 영해를 정합니다.

( , )

**11** 국토를 가꾸고 지키는 활동으로 알맞지 <u>않은</u> 것은 어느 것입니까? ( ) 11종 공통

① 쓰레기를 함부로 버린다.
② 국토 사랑 글짓기를 한다.
③ 우리 국토에 관심을 가진다.
④ 국토 사랑 캠페인에 참여한다.
⑤ 우리 국토를 구석구석 여행해 본다.

**12** 다음에서 설명하는 지방을 보기 에서 찾아 쓰시오. 11종 공통

보기
• 북부 지방  • 중부 지방  • 남부 지방

(1) 북한 지역을 말합니다. ( )
(2) 소백산맥과 금강 하류를 잇는 선의 남쪽 지역입니다. ( )
(3) 휴전선 남쪽으로부터 소백산맥과 금강 하류를 잇는 선의 북쪽 지역입니다. ( )

**13** 우리 국토의 전통적인 지역 구분에 대한 설명으로 알맞은 것은 어느 것입니까? ( ) 11종 공통

① 경기 지방: 금강의 남쪽을 의미한다.
② 영남 지방: 금강의 서쪽을 의미한다.
③ 관서 지방: 경기만의 서쪽에 있다는 의미이다.
④ 관동 지방: 영동 지방과 영서 지방으로 나뉜다.
⑤ 호서 지방: 왕이 사는 도읍의 주변 지역을 뜻한다.

**14** 다음 ⊙에 들어갈 우리나라의 행정 구역은 어디인지 쓰시오. 11종 공통

( )

15 다음을 보고, 우리나라의 위치를 위도와 경도로 설명하시오. 　　11종 공통

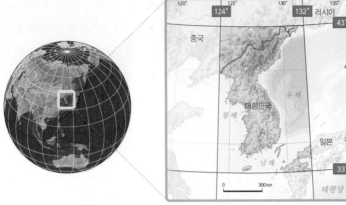

답 우리나라는 북위 ❶ [　　]°~43°, 동경 124°~❷ [　　]° 사이에 위치한다.

서술형 가이드
어려워하는 서술형 문제!
서술형 가이드를 이용하여 풀어 봐!

15 위도와 [　　]를 이용하면 우리나라의 위치를 정확하게 표현할 수 있습니다.

16 다음은 우리나라의 영역에 대한 설명입니다. 　　11종 공통

| 영토 | 한반도와 한반도에 속한 여러 섬임. |
|---|---|
| 영해 | 우리나라 영토 주변의 바다로 기준선으로부터 ㉠ 해리까지임. |
| 영공 | ㉡ |

(1) 위 ㉠에 들어갈 알맞은 숫자를 쓰시오. 　　(　　　　　　)

(2) 위 ㉡에 들어갈 알맞은 내용을 쓰시오.

_____

_____

16 (1) 기준선으로부터 12해리까지를 [　　]로 정합니다.
(2) 영토는 땅, 영해는 바다, 영공은 [　　]에서의 영역입니다.

17 다음 질문에 대한 알맞은 대답을 쓰시오. 　　11종 공통

> 특별자치시는 몇 곳이고, 이름은 무엇인가요?

_____

_____

17 우리나라는 북한 지역을 제외하면 특별시 1곳과 광역시 6곳, 도 6곳, 특별자치도 3곳, [　　　　　]1곳으로 이루어져 있습니다.

학습 주제  우리나라의 위치와 위치적 장점

학습 목표  우리나라의 위치와 위치적 장점을 알 수 있다.

[18~20] 다음은 우리나라가 나타난 지도입니다.

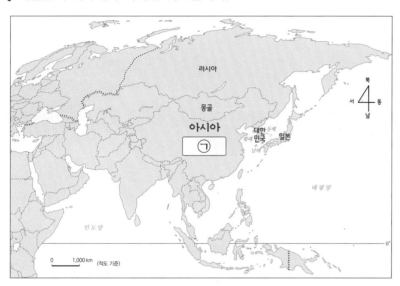

**18** 위 지도의 ㉠에 들어갈 나라는 어디인지 쓰시오.                    11종 공통

(                          )

**19** 위 지도를 보고 다음 ☐ 안에 들어갈 대륙을 쓰시오.                    11종 공통

> 우리나라는 ☐ 대륙의 동쪽에 위치하고 태평양과 접합니다.

(                          )

**20** 위 지도를 보고 우리나라의 위치적 장점은 무엇인지 쓰시오.                    11종 공통

_____

_____

수행평가 가이드
다양한 유형의 수행평가!
수행평가 가이드를 이용해 풀어 봐!

**우리나라의 위치**

• 우리나라는 아시아 대륙의 동쪽에 위치하고 있습니다.

• 중국, 일본, 러시아와 가까운 곳에 위치하고 있습니다.

• 우리나라는 적도를 기준으로 북반구에 있으며, 북위 33°~43°, 동경 124°~132° 사이에 위치합니다.

1 단원

진도 완료 체크

반도의 장점이 무엇인지 생각해 봐.

1. ❷ 우리 국토의 자연환경(1)

# 우리나라의 지형

## 개념① 지형

1. **지형**: 땅의 생김새를 뜻합니다.

### ☑ 지형

산지, 하천, 평야, 해안과 같은 ❶ ☐ 땅 의 생김새를 말합니다.

> 고장의 모습이 한눈에 보이지?

> 하천, 평야, 해안 등 우리 고장에는 다양한 지형이 있네.

## 2. 여러 가지 지형

**해안**
[출처: 셔터스톡]
바다와 육지가 맞닿아 있는 부분으로, 모래사장이나 갯벌 등이 나타남.

**하천**
[출처: 게티이미지]
물이 흘러가면서 만든 크고 작은 물줄기로, 높은 곳에서 낮은 곳으로 흐름.

**산지**
[출처: 게티이미지]
높은 산들이 모여 이룬 지형으로, 땅의 높낮이 차이가 크고 경사가 가파름.

**섬**
[출처: 게티이미지]
주위가 강물이나 바닷물로 둘러싸여 있는 땅으로, 우리나라에는 약 3,300여 개의 섬이 있음.

**평야**
[출처: 뉴스뱅크]
하천 주변에 있는 넓고 평평한 땅으로, 땅의 높낮이 차이가 거의 없어 농사짓기에 유리함.

### ☑ 해안

바다와 육지가 만나는 곳으로 모래사장, ❷ ☐ ㄱ ☐ ㅂ 과 같은 해안 지형이 나타납니다.

> 해안 경치가 좋다.

> 넓은 모래사장과 파도가 멋있네.

정답 ❶ 땅 ❷ 갯벌

**내 교과서 살펴보기 / 비상교과서**

### 우리나라의 화산 지형

| | |
|---|---|
| 울릉도 나리 분지 | 울릉도 북쪽 중앙부에 있는 평지로 화산 활동으로 만들어짐. |
| 백두산 천지 | 용암이 분출한 후 분화구가 무너진 곳에 물이 고여 생긴 호수임. |
| 성산 일출봉 | 바닷속에서 폭발한 화산으로, 일출봉 정상에 분화구가 있음. |

**용어사전**

● **분지**
주위는 산지로 둘러싸여 있고 그 안은 평평한 지역

## 개념② 우리나라의 산지, 하천, 평야

### 1. 우리나라의 산지, 하천, 평야의 특징

지형도에서 초록색으로 표시된 부분보다 노란색이나 갈색으로 표시된 부분이 넓은 것으로 보아 평야보다 산지가 더 많다는 것을 알 수 있습니다.

육지 높이(m)
- 2,500 이상
- 2,000~2,500
- 1,500~2,000
- 1,000~1,500
- 500~1,000
- 200~500
- 100~200
- 0~100

🔺 우리나라의 지형도

⬇

> 우리나라는 대체로 동쪽이 높고 서쪽이 낮은 지형임.

**산지**
- 우리나라는 국토의 약 70%가 산지임.
- 높고 험한 산은 대부분 북쪽과 동쪽에 많음.

**하천과 평야**
- 물은 높은 곳에서 낮은 곳으로 흘러가므로 큰 하천은 대부분 동쪽에서 서쪽으로 흘러감.
- 비교적 낮은 평야는 서쪽에 발달했음.

### 2. 산지, 하천, 평야를 이용하는 모습

| 산지 | 하천 | 평야 |
|---|---|---|
|  목장 | 댐 | 벼농사 |
| • 목장을 만들어 양을 기름.<br>• 스키장, 등산로 등을 만들어 여가를 즐김. | • 댐을 만들어 전기를 얻음.<br>• 필요한 물을 얻고 주변에 공원을 만듦. | • 논을 만들어 벼농사를 지음.<br>• 도시가 발달하기도 함. |

---

☑ **우리나라의 산지**

우리나라는 국토의 약 70%가 산지로 이루어져 있으며, 높은 산지는 주로 ❸( 북 / 남 )쪽과 동쪽에 분포합니다.

1 단원

☑ **우리나라의 평야**

평야는 대부분 서쪽에 분포하며 큰 ❹ ⬜ ⬜ 주변에 발달해 있습니다.

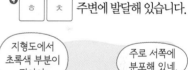

정답 ❸ 북 ❹ 하천

내 교과서 살펴보기 / 천재교육, 천재교과서

**하천을 이용하는 모습**

[출처: 게티이미지]

강물이 빠르게 흐르는 하천 상류 지역에서 래프팅을 즐깁니다.

## 개념 ③ 우리나라의 해안

### 1. 우리나라 해안의 특징

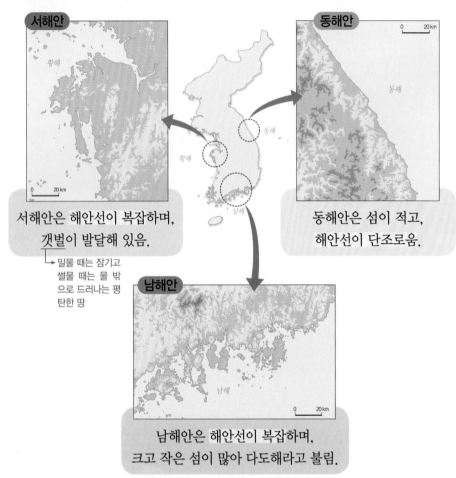

**서해안**

서해안은 해안선이 복잡하며, 갯벌이 발달해 있음.

→ 밀물 때는 잠기고 썰물 때는 물 밖으로 드러나는 평탄한 땅

**동해안**

동해안은 섬이 적고, 해안선이 단조로움.

**남해안**

남해안은 해안선이 복잡하며, 크고 작은 섬이 많아 다도해라고 불림.

### 2. 해안을 이용하는 모습

| 서해안 | 남해안 | 동해안 |
|---|---|---|
| 염전 | 양식장 | 해수욕장 |
| 갯벌에서 해산물을 채취하거나 염전을 만들어 소금을 생산함. | 물이 깨끗하고 파도가 잔잔해 김, 어류, 조개류 등을 양식함. | 길게 펼쳐진 모래사장을 해수욕장으로 이용함. |

---

☑ **우리나라 해안의 특징**

동해안은 해안선이 단조롭고, 서해안과 남해안은 해안선이 복잡하며 ❺ ㅅ 이 많습니다.

서해안과 남해안은 해안선을 그리기가 어렵네.

맞아. 동해안에 비해 복잡하고 섬이 많아서 그래.

☑ **해안을 이용하는 모습**

갯벌에서 해산물을 얻고, 모래사장에 ❻ ㅎ ㅅ ㅇ ㅈ 을 만듭니다.

해수욕장에 오면 모래찜질이지.

얘들아, 얼굴은 괜찮아.

정답 ❺ 섬 ❻ 해수욕장

내 교과서 살펴보기 / 천재교육, 동아출판

**항구 도시**

[출처: 게티이미지]

해안 지역은 배를 이용하여 다른 지역으로 이동하기 편리해 항구 도시가 발달하기도 합니다.

# 개념 다지기 ✿

천재교육, 천재교과서, 금성출판사, 김영사, 동아출판,
비상교과서, 비상교육, 아이스크림 미디어

천재교육, 천재교과서, 금성출판사, 김영사, 미래엔,
비상교과서, 비상교육, 아이스크림 미디어

**1** 다음에서 설명하는 지형은 무엇입니까? (      )

주위가 강물이나 바닷물로 둘러싸여 있는 땅입니다.

① 섬          ② 하천          ③ 평야
④ 산지          ⑤ 해안

**4** 하천을 이용하는 모습으로 알맞은 것을 두 가지 고르시오. (      ,      )

① 래프팅을 즐긴다.
② 김, 미역, 전복 등을 양식한다.
③ 삼림욕장, 스키장 등을 만든다.
④ 지하자원과 삼림 자원을 얻는다.
⑤ 댐을 건설해 전기를 생산하고 홍수나 가뭄의 피해를 막는다.

11종 공통

**2** 산지에 대한 설명으로 알맞은 것은 어느 것입니까?
(      )

① 갯벌이나 모래사장을 볼 수 있다.
② 바다와 맞닿아 있는 육지 부분이다.
③ 높이 솟은 산들이 모여 이룬 지형이다.
④ 물이 흘러가면서 만든 크고 작은 물줄기이다.
⑤ 농사짓기가 적당해 사람들이 많이 모여 산다.

11종 공통

**5** 다음은 서해안, 동해안, 남해안 중 어디인지 쓰시오.

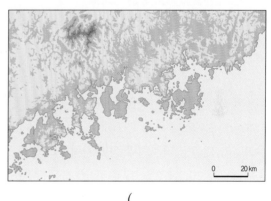

0      20 km

(                              )

11종 공통

**3** 우리나라의 지형에 대해 바르게 말한 어린이를 쓰시오.

지우: 우리나라는 국토의 약 70%가 평야야.
아람: 큰 하천은 대부분 서쪽에서 동쪽으로 흘러.
민주: 우리나라의 주요 하천에는 한강, 금강, 낙동강 등이 있어.
운용: 우리나라의 지형은 전체적으로 동쪽이 낮고 서쪽이 높은 모습이야.

(                    )

11종 공통

**6** 다음은 서해안에 대한 설명입니다. (      ) 안의 알맞은 말에 ○표를 하시오.

서해안은 밀물과 썰물의 차가 커서 ( 갯벌 / 모래사장 )이 발달했습니다.

## 개념 ① 우리나라의 기후

**1. 기후:** 날씨와 다르게 오랜 기간 한 지역에 일정하게 나타나는 대기의 상태

└ 짧은 시간에 변하는
  대기의 상태

### 2. 우리나라 기후의 특징

① 중위도에 위치해 사계절이 나타나며 계절별로 기온과 강수량의 차이가 큽니다.

② 계절에 따라 불어오는 바람이 다릅니다.

└ 비, 눈 등으로 일정한 기간
  일정한 곳에 내린 물의 양

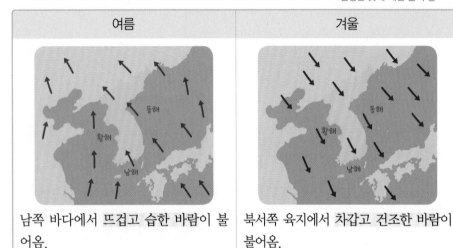

| 여름 | 겨울 |
|---|---|
| 남쪽 바다에서 뜨겁고 습한 바람이 불어옴. | 북서쪽 육지에서 차갑고 건조한 바람이 불어옴. |

### 3. 우리나라 계절별 기후의 특징과 사람들의 생활 모습

| 계절 | 기후 특징 | 생활 모습 |
|---|---|---|
| 봄 | 날씨가 따뜻해지고, 꽃샘추위가 오기도 함. | 모내기를 하고, 봄나물을 먹으며, 꽃구경을 함. |
| 여름 | 장마가 지나가고 무더위가 이어지며 열대야 현상이 나타남. | 짧은 반소매 옷을 입고, 물놀이를 하며, 에어컨과 선풍기를 사용함. |
| 가을 | 날씨가 선선하고 낮과 밤의 기온 차가 큼. | 농작물을 수확하고, 산으로 단풍 구경을 감. |
| 겨울 | 추위가 이어지며, 눈이 내리기도 함. | 두꺼운 옷을 입고, 썰매나 스키를 탐. |

내 교과서 살펴보기 / 미래엔

**계절과 관련된 속담**

• 봄: 봄추위가 장독 깬다.
• 가을: 가을비는 빗자루로도 피한다.
• 여름: 가뭄 끝은 있어도 장마 끝은 없다.
• 겨울: 눈이 많이 오면 보리 풍년이 든다.

### ☑ 우리나라 기후의 특징

우리나라는 ❶ ㅅ ㄱ ㅈ 이 뚜렷하게 나타나며, 계절별로 기온의 차이가 큽니다.

눈이 내리는 겨울이 좋아.

난 따뜻한 봄이 좋아.

우리나라의 사계절

### ☑ 계절별 사람들의 생활 모습

계절에 따른 ❷ ㄱ ㅎ 차이는 음식, 옷차림, 여가 생활 등 사람들의 생활 모습에 큰 영향을 줍니다.

더운 여름에는 물놀이가 최고지.

추운 겨울에 먹는 군고구마는 꿀맛이야.

정답 ❶ 사계절 ❷ 기후

용어 사전

● 중위도
저위도와 고위도의 중간으로, 대략 위도 30°~60°를 말함.

## 개념② 우리나라의 기온

### 1. 우리나라 기온의 특징 → 등온선은 지도에서 기온이 같은 곳을 연결한 선입니다.

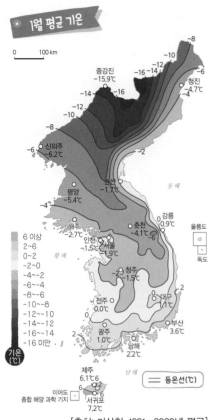

**1월 평균 기온**

[출처: 기상청, 1991~2020년 평균]

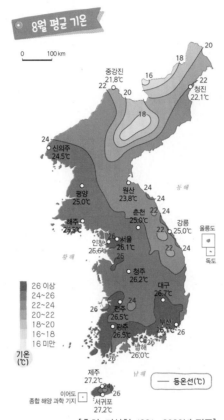

**8월 평균 기온**

[출처: 기상청, 1991~2020년 평균]

| 남북 지역 간 기온 차이 | 남북으로 길게 뻗어 있어 남북 지역 간의 기온 차이가 크며, 대체로 남쪽에서 북쪽으로 갈수록 기온이 낮아짐. |
|---|---|
| 동서 지역 간 기온 차이 | 차가운 북서풍을 막아 주는 태백산맥과 수심이 깊은 동해의 영향으로 겨울철에 동해안이 서해안보다 기온이 높은 편임. |
| 해안과 내륙의 기온 차이 | 대체로 해안 지역이 내륙 지역보다 겨울철 기온이 높음.<br>→ 바다에서 멀리 떨어진 육지 |

### 2. 기온에 따른 옛날 사람들의 생활 모습

| 의생활 | 식생활 | 주생활 |
|---|---|---|
| • 여름에는 바람이 잘 통하는 모시옷을 입었음.<br>• 겨울에는 솜을 넣어 누빈 누비옷을 입었음. | • 남부 지방에서는 김치를 짜고 맵게 담갔음.<br>• 북부 지방에서는 김치를 싱겁게 담갔음. | • 여름에는 대청마루에서 더위를 피했음.<br>• 겨울에는 온돌로 난방을 했음. |

→ 기온이 높은 남부 지방으로 갈수록 음식이 쉽게 상할 수 있기 때문입니다.

---

☑ **남쪽 지역과 북쪽 지역의 기온 차**

남북으로 길게 뻗어 있는 우리나라는 대체로 남쪽으로 갈수록 기온이 ❸( 높아 / 낮아 )집니다.

☑ **기온에 따른 생활 모습**

여름에는 모시옷, ❹[ㄷ][ㅊ]마루 등으로 더위를 피하고, 겨울에는 누비옷, 온돌 등으로 추위를 이겨 냈습니다.

정답 ❸ 높아 ❹ 대청

내 교과서 살펴보기 / 천재교과서, 교학사, 금성출판사

**정주간**
부엌과 안방 사이에 벽이 없이 부뚜막과 방바닥이 한 평면으로 된 큰 방으로 겨울이 추운 관북 지방에서 주로 볼 수 있는 가옥 구조입니다.

1. 국토와 우리 생활 | 25

개념 체크

## 개념 3 우리나라의 강수량

**1. 우리나라 강수량의 특징** → 우리나라의 연평균 강수량은 세계 평균 강수량보다 많은 편입니다.

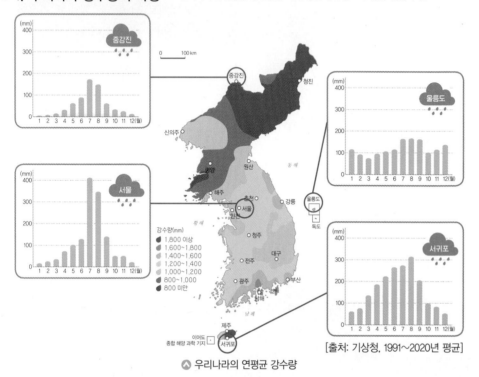

🔺 우리나라의 연평균 강수량

[출처: 기상청, 1991~2020년 평균]

| 계절별 차이 | • 장마와 태풍의 영향으로 연 강수량의 절반 이상이 여름철에 집중됨.<br>• 울릉도와 영동 지방은 겨울에 눈이 많이 내려 다른 지역보다 상대적으로 겨울철 강수량이 많음. |
|---|---|
| 지역별 차이 | • 대체로 남쪽에서 북쪽으로 갈수록 강수량이 줄어듦.<br>• 제주도와 남해안 지역, 한강 중·상류 지역 등은 강수량이 많으며, 낙동강 중·상류 지역은 강수량이 적음. |

### 2. 강수량에 따른 사람들의 생활 모습

| 저수지 | 터돋움집 | 우데기 |
|---|---|---|
| 평소에 물을 저장해 가뭄 때 사용하려고 저수지를 만들었음. | 홍수 때 집이 물에 잠기는 것을 막기 위해 주변보다 터를 높여서 집을 지었음. | 울릉도에서는 눈이 많이 왔을 때 생활 공간을 확보하려고 우데기를 만들었음. |

☑ **우리나라 강수량의 특징**

주로 **⑤** [ㅇ][ㄹ]철에 강수가 집중되며, 남부 지방과 해안 지역의 강수량이 많은 편입니다.

☑ **강수량에 따른 생활 모습**

비가 많이 오는 지역에서는 터돋움집을, 눈이 많이 내리는 지역에서는 **⑥** [ㅇ][ㄷ][ㄱ]를 만들었습니다.

정답 ⑤ 여름 ⑥ 우데기

내 교과서 살펴보기 / 김영사

**염전과 설피**
• 염전: 비가 적게 오는 해안 지역에서는 염전을 만들어 소금을 얻습니다.
• 설피: 눈이 많이 내리는 지역에서는 눈에 빠지거나 미끄러지지 않도록 설피를 신었습니다.

## 개념 다지기

천재교과서, 교학사, 금성출판사, 김영사, 동아출판, 미래엔, 비상교과서, 비상교육, 아이스크림 미디어, 지학사

11종 공통

**1** 다음은 여름과 겨울 중 어느 계절에 불어오는 바람인지 쓰시오.

( )

11종 공통

**2** 우리나라 계절별 기후의 특징으로 알맞지 <u>않은</u> 것은 어느 것입니까? ( )

① 가을은 날씨가 맑고, 선선하다.
② 봄은 날씨가 화창하고 따뜻하다.
③ 여름은 날씨가 덥고, 비가 적게 내린다.
④ 여름에는 뜨겁고 습한 바람이 불어온다.
⑤ 겨울은 날씨가 춥고 바람이 세게 불며, 눈이 내리기도 한다.

11종 공통

**3** 가을철 사람들의 생활 모습으로 알맞은 것은 어느 것입니까? ( )

① 모내기를 한다.
② 눈썰매를 탄다.
③ 산으로 단풍 구경을 간다.
④ 해수욕장에서 물놀이를 즐긴다.
⑤ 에어컨을 사용해 더위를 이긴다.

**4** 다음과 같은 현상에 영향을 주는 것을 두 가지 고르시오.

( , )

> 1월 평균 기온은 서울보다 강릉이 더 따뜻합니다.

① 동해
② 한라산
③ 낙동강
④ 태백산맥
⑤ 함경산맥

11종 공통

**5** 우리나라 강수량의 특징으로 알맞은 것을 보기에서 찾아 기호를 쓰시오.

> **보기**
> ㉠ 주로 봄철에 강수가 집중됩니다.
> ㉡ 북부 지방은 남부 지방보다 강수량이 많습니다.
> ㉢ 내륙 지역보다는 해안 지역이 강수량이 더 많습니다.
> ㉣ 중강진의 경우 다른 지역보다 겨울철에 강수량이 많습니다.

( )

천재교과서, 교학사, 김영사, 동아출판, 미래엔, 비상교육

**6** 다음 중 비가 많이 오는 지역에서 홍수에 대비하여 지은 집에 ○표를 하시오.

(1)  (2)

( ) ( )

# 우리나라의 자연재해

## 개념 ① 우리나라에서 발생하는 계절별 자연재해

⬆ 황사

가뭄

[출처: 연합뉴스]
⬆ 폭염

[출처: 연합뉴스]
⬆ 홍수

| 봄 | 여름 |
| 겨울 | 가을 |

[출처: 연합뉴스]
⬆ 태풍
→ 적도 부근에서 발생하여 중위도 지역으로 이동하며, 우리나라에는 주로 여름에서 초가을에 영향을 줍니다.

[출처: 연합뉴스]
⬆ 폭설

[출처: 연합뉴스]
⬆ 한파

| 봄 | 황사 | • 중국이나 몽골의 사막에서 발생한 미세한 모래 먼지가 우리나라까지 날아와 가라앉는 현상<br>• 피부, 눈, 호흡기 질환을 일으키기도 함. |
| | 가뭄 | • 오랫동안 비가 내리지 않아 땅이 메마른 현상<br>• 농작물이 말라 죽고, 식수를 비롯한 각종 용수가 부족해짐. |
| 여름·가을 | 폭염 | • 하루 최고 기온이 33℃ 이상으로 올라가는 매우 심한 더위<br>• 일사병, 열사병 등에 걸릴 위험이 있음. |
| | 홍수 | • 비가 많이 내려 강물이 흘러넘치는 현상<br>• 저지대의 농경지나 도로, 건물 등이 물에 잠기고 산사태가 일어나기도 함. |
| | 태풍 | • 매우 강한 바람과 많은 비를 동반하는 자연 현상<br>• 강풍과 폭우로 시설물이 파손되기도 하며 산사태, 홍수 등의 피해가 발생함. |
| 겨울 | 폭설 | • 짧은 시간 안에 한꺼번에 많은 양의 눈이 내리는 현상<br>• 비닐하우스나 축사와 같은 시설물이 무너지기도 하며, 도로에 차가 다니기 어려워짐. |
| | 한파 | • 겨울철에 기온이 갑자기 내려가면서 발생하는 추위<br>• 동상에 걸릴 위험이 있고, 수도관이 얼어서 터질 수 있음. |

### 내 교과서 살펴보기 / 미래엔

**태풍의 긍정적 역할**
• 지구 온도의 균형을 맞춥니다.
• 물 부족 문제를 해결하고 무더위를 식혀 줍니다.
• 높은 파도를 일으켜 바다에 산소를 공급하여 바다 생태계를 활성화합니다.

☑ **황사**
중국이나 몽골의 ❶ ㅅ ㅁ 에 있는 가는 모래가 강한 바람을 타고 우리나라까지 날아오는 현상입니다.

☑ **한파**
겨울에 기온이 갑자기 내려가면서 발생하는 강한 ❷ ㅊ ㅇ 입니다.

정답 ❶ 사막 ❷ 추위

용어 사전
**자연재해**
자연 현상이 인간의 생명과 재산에 피해를 주는 것

## 개념② 우리나라에서 발생하는 지진

### 1. 지진의 의미와 지진으로 인한 피해

| 의미 | 지구 내부의 힘을 받아 땅이 흔들리고 갈라지는 현상 |
|---|---|
| 지진으로 인한 피해 | • 각종 시설물이 부서지거나 무너짐.<br>• 화재, 지진 해일, 산사태 등이 함께 발생하여 사람들의 생명과 재산에 큰 피해를 줌. → 바닷물이 크게 일어서 육지로 넘쳐 들어오는 것 |

### 2. 최근 우리나라에서 발생한 주요 지진

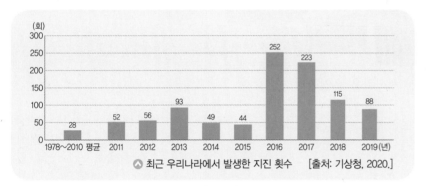

최근 우리나라에서 발생한 지진 횟수    [출처: 기상청, 2020.]

① 최근 우리나라에서는 지진 발생이 과거보다 증가했습니다.
② 2016년과 2017년에 경상북도 경주와 포항 지역을 중심으로 규모가 큰 지진이 연속으로 발생했습니다.

### 3. 지진 발생 시 행동 요령

| 집 안에 있을 때 | 등교나 하교 중일 때 | 승강기에 있을 때 |
|---|---|---|
| 흔들림이 멈출 때까지 탁자 아래로 들어가 탁자 다리를 붙잡고 몸을 보호함. | 건물 밖에서는 가방이나 손으로 머리를 보호하면서 운동장이나 공원 등 넓은 공간으로 대피함. | 지진이 발생하면 엘리베이터가 멈출 수 있으므로 계단을 이용하여 건물 밖으로 나감. |

---

☑ **우리나라의 지진**

우리나라는 지진 발생이 ❸( 증가 / 감소 )하고 있습니다.

1 단원

☑ **지진이 발생했을 때 대처 방법**

탁자 아래로 들어가 몸을 보호하고, ❹ ㄱ ㄷ 을 이용해 건물 밖으로 나갑니다.

정답 ❸ 증가 ❹ 계단

내 교과서 살펴보기 / 미래엔

**지형과 관련된 자연재해**
• 산사태: 지진, 폭우, 지나친 개발 등으로 많은 양의 흙이나 돌이 갑자기 무너져 내리는 현상
• 화산 활동: 땅속의 마그마가 지표면을 뚫고 나오는 현상

## 개념❸ 자연재해의 피해를 줄이기 위한 노력

### 1. 국가의 노력

① 기상 특보를 발령합니다. → 행정 안전부와 기상청에서는 기상 레이더와 인공위성 등 첨단 장비를 활용해 더 정확하게 자연재해를 예측합니다.

| 발령되는 경우 | 행정 안전부와 기상청은 태풍, 폭염, 한파, 폭설, 황사 등의 자연 재해가 예상될 때 기상 특보를 발령함. |
| --- | --- |
| 확인 방법 | 휴대 전화의 긴급 재난 문자, 방송 매체, 기상청 누리집, '안전 디딤돌' 애플리케이션 등에서 확인 가능함. |

② 자연재해의 피해를 줄일 수 있는 시설을 설치합니다.

| 폭염 – 그늘막 | 가뭄·홍수 – 댐 | 폭설 – 제설함 |
| --- | --- | --- |

[출처: 연합뉴스]

③ 재난 대비 훈련을 정기적으로 실시하고 안전 체험관을 운영합니다.
　　　　　└→ 화재, 지진, 태풍 등 자연재해 상황을 직접 체험하면서 안전 교육을 받는 곳

> 내 교과서 살펴보기 / 금성출판사, 비상교육
>
> **자연재해의 피해를 줄이기 위한 시설**
> • 방파제: 해안에 방파제를 만들어 해일에 대비합니다.
> • 내진 설계: 지진이 일어났을 때 건물이 진동을 견딜 수 있도록 설계합니다.

### 2. 개인의 노력

① 내가 있는 지역의 기상 특보를 지속적으로 확인합니다.
② 자연재해가 발생했을 때의 생활 안전 수칙을 미리 알아 둡니다.

| 자연재해 | 안전 수칙 |
| --- | --- |
| 홍수 | 고립이 예상되면 높은 곳으로 가서 대피하고 구조를 기다림. |
| 태풍 | 거센 바람에 유리창이 깨지지 않도록 창문을 창틀에 고정함. |
| 한파 | 체온을 유지하기 위해 장갑, 모자, 목도리 등을 착용함. |
| 황사 | 외출할 때는 마스크를 착용하고 외출 후 돌아오면 손을 깨끗이 씻음. |
| 폭염 | 물을 자주 마시고 햇볕에 너무 오랜 시간 동안 노출되지 않도록 함. |

---

### 개념 체크

☑ **기상 특보**

행정 안전부와 ❺ [ㄱ][ㅅ][ㅊ]에서는 자연재해를 예측해 국민이 대처할 수 있도록 기상 특보를 발령합니다.

☑ **자연재해 발생 시 행동 요령**

황사가 발생하면 가능한 밖에 나가지 않고, ❻( 홍수 / 한파 )가 발생하면 외출할 때 보온 용품을 착용합니다.

정답 ❺ 기상청 ❻ 한파

용어 사전

＊**기상청**(氣 기운 기 象 코끼리 상 廳 관청 청)
우리나라의 기상 상태를 관측하고 예보하는 사무를 맡아보는 기관

11종 공통

**1** 주로 겨울에 발생하는 자연재해를 두 가지 고르시오.

( , )

① 황사      ② 한파      ③ 폭설
④ 가뭄      ⑤ 폭염

11종 공통

**2** 다음 자연재해로 인한 피해는 무엇인지 바르게 줄로 이으시오.

(1) 가뭄 •    • ㉠ 피부가 얼어 동상에 걸릴 수 있음.

(2) 한파 •    • ㉡ 농작물이 말라 죽음.

(3) 태풍 •    • ㉢ 산사태, 홍수 등의 피해가 발생함.

11종 공통

**3** 지진에 대한 설명으로 알맞은 것은 어느 것입니까?

( )

① 매우 강한 바람과 많은 비를 동반하는 현상
② 오랫동안 비가 내리지 않아 땅이 메마른 현상
③ 겨울철에 기온이 갑자기 내려가면서 발생하는 추위
④ 짧은 시간 안에 한꺼번에 많은 양의 눈이 내리는 현상
⑤ 지구 내부의 힘을 받아 땅이 흔들리고 갈라지는 현상

미래엔

**4** 다음에서 설명하는 자연재해를 보기 에서 찾아 쓰시오.

> 지진이나 폭우, 지나친 개발 등이 원인이 되어 많은 양의 흙이나 돌이 갑자기 무너져 내리는 현상입니다.

보기
• 홍수      • 산사태      • 화산 활동

( )

1 단원

진도 완료 체크

천재교육, 교학사, 금성출판사, 김영사, 동아출판, 미래엔,
비상교과서, 비상교육, 아이스크림 미디어, 지학사

**5** 기상 특보를 확인할 수 있는 방법이 <u>아닌</u> 것은 어느 것입니까? ( )

① 방송 매체
② 기상청 누리집
③ 스마트폰 애플리케이션
④ 국립 중앙 박물관 누리집
⑤ 휴대 전화의 긴급 재난 문자

천재교육, 금성출판사, 김영사, 동아출판, 미래엔,
비상교과서, 비상교육, 아이스크림 미디어

**6** 오른쪽의 자연재해에 대처하는 방법으로 알맞은 것은 어느 것입니까? ( )

△ 홍수

① 물을 자주 마신다.
② 가방이나 손으로 머리를 보호한다.
③ 높은 곳으로 대피하고 구조를 기다린다.
④ 창문을 창틀에 테이프로 단단하게 고정한다.
⑤ 햇볕에 너무 오랜 시간 동안 노출되지 않도록 한다.

**Step 1** 단원평가

[1~5] 다음은 개념 확인 문제입니다. 물음에 답하시오.

**1** 산지, 하천, 평야 등과 같은 땅의 생김새를 무엇이라고 합니까? (            )

**2** 우리 국토의 약 70 %는 ( 산지 / 평야 )로 이루어져 있습니다.

**3** 우리나라는 내륙 지역보다는 해안 지역이, 북부 지방 보다는 남부 지방의 강수량이 ( 많 / 적 )습니다.

**4** 오랫동안 비가 오지 않아 땅이 메마른 현상을 무엇이라고 합니까? (            )

**5** 폭설에 대비해 ( 그늘막 / 제설함 )을 설치합니다.

11종 공통

**6** 다음에서 설명하는 지형은 무엇입니까? (            )

> 높은 산들이 모여 이룬 지형으로, 땅의 높낮이 차이가 큽니다.

① 섬          ② 하천          ③ 평야
④ 산지          ⑤ 해안

[7~8] 다음은 우리나라의 지형도입니다.

11종 공통

**7** 위 ㉠에 들어갈 강은 무엇입니까? (            )
① 한강          ② 압록강          ③ 두만강
④ 섬진강          ⑤ 임진강

11종 공통

**8** 위 지도를 보고 바르게 말한 어린이를 쓰시오.

> 연아: 주로 동쪽과 북쪽에 높은 산들이 많이 있어.
> 운용: 하천은 초록색, 평야는 파란색으로 표시되어 있어.
> 민경: 갈색으로 표시된 곳이 넓은 것으로 보아 평야가 많은 것 같아.

(            )

11종 공통

**9** 우리나라의 해안에 대한 설명으로 알맞은 것에 ○표를 하시오.
(1) 동해안은 갯벌이 발달했습니다. (            )
(2) 서해안은 해안선이 단조롭습니다. (            )
(3) 남해안은 크고 작은 섬이 많습니다. (            )

천재교육, 천재교과서, 교학사, 금성출판사, 김영사, 미래엔,
비상교과서, 비상교육, 아이스크림 미디어, 지학사

11종 공통

**10** 우리나라에 다음과 같은 바람이 불어오는 계절의 특징은 어느 것입니까? (          )

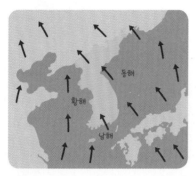

① 한파가 온다.
② 단풍이 든다.
③ 춥고 눈이 내린다.
④ 황사와 꽃샘추위가 온다.
⑤ 비가 많이 내리고 기온이 높다.

11종 공통

**11** 우리나라 기온의 특징으로 알맞은 것은 어느 것입니까?
(          )

① 북쪽으로 갈수록 기온이 높아진다.
② 남쪽으로 갈수록 기온이 낮아진다.
③ 남쪽 지역과 북쪽 지역의 기온 차이가 크다.
④ 동해안의 겨울 기온은 서해안보다 낮은 편이다.
⑤ 내륙 지역이 해안 지역보다 겨울에 더 따뜻하다.

천재교과서, 교학사, 금성출판사, 김영사,
동아출판, 미래엔, 비상교과서, 비상교육

**12** 다음과 관련된 계절은 여름과 겨울 중 언제인지 쓰시오.

| • 모시옷    • 대청마루 |
|---|

(          )

11종 공통

**13** 울릉도의 계절별 강수량을 나타낸 그래프는 어느 것입니까? (          )

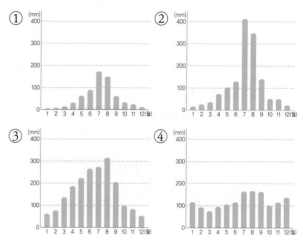

11종 공통

**14** 다음 자연재해는 무엇인지 바르게 줄로 이으시오.

(1) 지진 •          • ㉠ 땅이 흔들리고 갈라지는 현상

(2) 한파 •          • ㉡ 비가 많이 내려 강물이 흘러 넘치는 현상

(3) 홍수 •          • ㉢ 기온이 갑자기 내려가면서 발생하는 추위

1. 국토와 우리 생활 | **33**

**15** 다음은 지형을 이용하는 모습을 정리한 내용입니다.

11종 공통

| 산지 | ㉠ | 해안 |
|---|---|---|
| 목장을 만들어 양, 소 등을 기름. | 댐을 만들고 생활에 필요한 물을 얻음. | ㉡ |

(1) 위 ㉠에 들어갈 지형은 하천과 평야 중 무엇인지 쓰시오.

( )

(2) 위 ㉡에 들어갈 내용을 쓰시오.

답 모래사장에 [          ]을 만들고, 갯벌에서 해산물을 채취한다.

천재교과서, 금성출판사, 김영사, 동아출판, 미래엔, 비상교과서, 비상교육

**16** 다음과 같이 지역에 따라 김치를 담그는 방법이 다른 까닭을 쓰시오.

남부 지방은 소금, 젓갈, 고춧가루를 많이 넣어 김치를 만들었고, 북부 지방은 소금과 고춧가루를 적게 넣어 김치를 만들었습니다.

_____

_____

**17** 다음은 우리나라에서 발생하는 자연재해입니다.

11종 공통

㉠

⚠ 황사

㉡

⚠ 가뭄

(1) 위와 같은 자연재해가 주로 발생하는 계절을 쓰시오.

( )

(2) 위 ㉠ 자연재해가 발생했을 때의 안전 수칙을 한 가지만 쓰시오.

_____

_____

**15** (1) 하천에 [  ]을 만들어 전기를 얻고 홍수나 가뭄을 예방합니다.

(2) 해안은 바다와 육지가 맞닿아 있는 부분으로 모래사장과 [ ][ ]이 나타납니다.

**16** 우리나라는 대체로 남쪽으로 갈수록 기온이 ( 높아집니다 / 낮아집니다 ).

**17** (1) 황사는 [  ]철인 3~5월 사이에 자주 발생합니다.

(2) 황사가 발생하면 창문을 ( 닫고 / 열고 ) 외출 시 마스크를 씁니다.

학습 주제  우리나라의 기온

학습 목표  우리나라 기온의 특징을 알 수 있다.

[18~20] 다음은 우리나라 1월과 8월의 평균 기온을 나타낸 지도입니다.

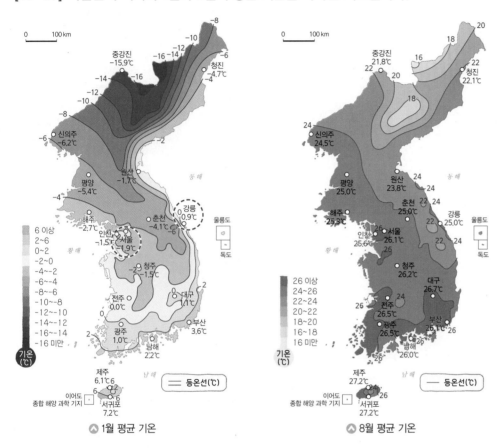

▲ 1월 평균 기온          ▲ 8월 평균 기온

**수행평가 가이드**
다양한 유형의 수행평가!
수행평가 가이드를 이용해 풀어 봐!

1 단원

진도 완료 체크

### 우리나라의 기온

• 남북으로 길게 뻗어 있는 우리나라는 대체로 북쪽에서 남쪽으로 갈수록 기온이 높아집니다.

• 바다와 가까운 해안 지역의 겨울 기온이 바다로부터 멀리 떨어진 내륙 지역보다 높은 편입니다.

**18** 1월과 8월 중 평균 기온이 높은 시기는 언제인지 쓰시오.   11종 공통

(                    )

**19** 남쪽에서 북쪽으로 갈수록 1월과 8월의 평균 기온은 어떻게 달라지는지 (    ) 안의 알맞은 말에 ○표를 하시오.   11종 공통

1월과 8월 모두 남쪽에서 북쪽으로 갈수록 기온이 ( 낮아집니다 / 높아집니다 ).

**20** 비슷한 위도에 있는 서울과 강릉의 1월 평균 기온을 비교해 쓰시오.   11종 공통

_____

_____

겨울철 동해안은 태백산맥과 동해의 영향으로 서해안보다 기온이 높아.

# 개념 알기

## 개념① 우리나라의 인구 구성 변화

### 1. 우리나라의 인구

① 인구: 한 나라 또는 일정한 지역에 사는 사람의 수

② 우리나라를 100명이 사는 마을로 나타낼 때(2020년)

> 100명 중 50명은 여자이고, 50명은 남자입니다. 100명 중 65세 이상의 노인이 0~14세의 어린이보다 많습니다. 그리고 100명 중 91명이 도시에 삽니다.

### 2. 우리나라 인구 구성 변화의 특징

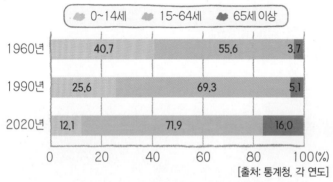

| | 0~14세 | 15~64세 | 65세 이상 |

| | 0~14세 | 15~64세 | 65세 이상 |
|---|---|---|---|
| 1960년 | 40.7 | 55.6 | 3.7 |
| 1990년 | 25.6 | 69.3 | 5.1 |
| 2020년 | 12.1 | 71.9 | 16.0 |

[출처: 통계청, 각 연도]

▲ 우리나라의 연령별 인구 구성 비율의 변화

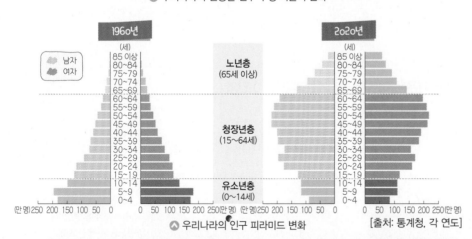

[출처: 통계청, 각 연도]

▲ 우리나라의 인구 피라미드 변화

① 1960년과 비교해 2020년에 14세 이하의 유소년층 인구는 줄어들고, 65세 이상의 노년층 인구는 늘어났습니다. → 65세 이상 인구가 전체 인구의 7%를 넘으면 고령화 사회, 14%를 넘으면 고령 사회, 20%를 넘으면 초고령 사회로 구분합니다.

② 저출산으로 태어나는 아기의 수는 줄어들고 있으며, 의료 기술의 발달로 평균 수명이 길어지면서 고령화 현상은 심해지고 있습니다. → 노년층 인구가 계속 늘어나면 일할 사람이 부족해질 것입니다.

---

## 개념 다지기

☑ 오늘날 우리나라 인구 구성의 특징

오늘날 우리나라의 인구 구성은 저출산· ❶ [ㄱ][ㄹ] 사회의 특징을 잘 보여 줍니다.

고령 인구 비중은 계속 늘어나 곧 초고령 사회로 진입될 것으로 전망됩니다.

초고령 사회

걱정이네.

정답 ❶ 고령

내 교과서 살펴보기 / 천재교육, 김영사, 동아출판, 비상교과서, 비상교육

**출산 관련 정책 표어**

| 1960년대 | 덮어 놓고 낳다 보면 거지꼴을 못 면한다. |
|---|---|
| 1970년대 | 딸·아들 구별 말고 둘만 낳아 잘 기르자. |
| 1980년대 | 둘도 많다. |
| 2000년대 | 아빠! 혼자는 싫어요. 엄마! 저도 동생을 갖고 싶어요. |

용어 사전

•인구 피라미드
한 나라 또는 일정한 지역의 인구를 성별, 연령별로 나누어 나타낸 그래프

## 개념② 우리나라의 인구 분포

### 1. 우리나라의 인구 분포 변화 → 색이 진할수록 인구 밀도가 높은 지역입니다.

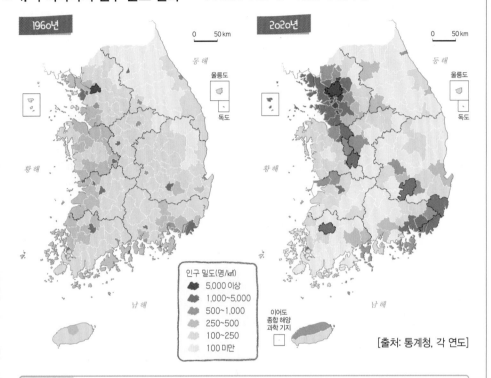

1960년

2020년

인구 밀도(명/㎢)
- 5,000 이상
- 1,000~5,000
- 500~1,000
- 250~500
- 100~250
- 100 미만

이어도 종합 해양 과학 기지

[출처: 통계청, 각 연도]

| 1960년 | • 벼농사 중심의 농업 사회였기 때문에 기후가 온화하고 평야가 발달한 남서부 지역의 인구 밀도가 높았음.<br>• 산지가 많은 북동부 지역은 농사지을 땅이 부족해 인구가 적었음. |
|---|---|
| 2020년 | • 1960년대 이후 도시를 중심으로 산업이 발달하면서 촌락에 사는 사람들이 일자리를 찾아 도시로 모여들었음.<br>• 오늘날 우리나라 전체 인구의 절반 정도가 수도권에 살고 있으며 전체 인구의 약 70%가 대도시에 모여 살고 있음.<br>　　　└→ 서울을 중심으로 인천과 경기를 포함한 지역 |

### 2. 인구 분포로 인한 문제

인구가 많은 지역(도시)　　　인구가 줄어드는 지역(촌락)

환경오염　　주택 부족　　교통 혼잡

교육 시설 부족　　일손 부족　　의료 시설 부족

### ☑ 인구 밀도가 높은 지역

공업 도시가 발달한 남동 해안 지역과 **❷** [ㅅ][ㄷ][ㄱ] 에 인구가 많습니다.

수도권에 국민 2명 중 1명이 살고 있대요.

내 교과서 살펴보기 / 천재교과서, 교학사, 금성출판사, 아이스크림 미디어

**지역별 인구 분포의 특징**

| 도시 | 교육 기회와 일자리가 많아 유소년층과 청장년층이 많음. |
|---|---|
| 촌락 | 노년층 인구 비율이 높음. |

### ☑ 인구 분포의 불균형으로 생긴 문제

도시는 주택 부족, **❸** [ㄱ][ㅌ] 혼잡 등의 문제가, 촌락은 일손 부족, 의료 시설 부족 등의 문제가 생깁니다.

도시는 교통 혼잡이 골칫거리야.

빵─

버스가 꼼짝을 안 하네.

빵─ 빵

정답 ❷ 수도권 ❸ 교통

용어 사전

**인구 밀도**
일정한 넓이(1km²) 안에 거주하는 인구로, 인구의 밀집 정도를 나타냄.

## 개념 ③ 우리나라의 도시 발달

### 1. 우리나라의 도시 수와 도시 인구 변화

→ 원의 위치는 도시의 위치를 나타내고, 원의 크기는 도시의 인구를 나타냅니다.

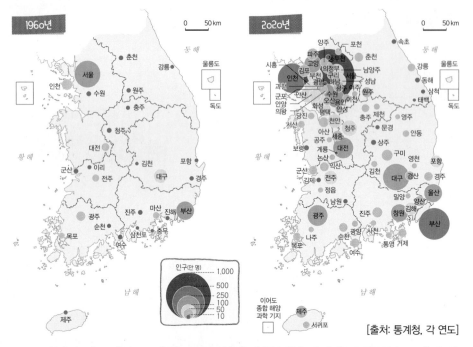

[출처: 통계청, 각 연도]

➡ 1960년과 비교해 2020년에는 수도권과 남동 해안 지역을 중심으로 도시 수와 도시 인구가 크게 늘어났습니다.

### 중요 2. 우리나라의 도시 발달 과정

#### ① 1960~1970년대

| | |
|---|---|
| 1960년대 | 촌락 지역의 사람들이 일자리를 찾아 도시로 모이면서 서울, 부산, 대구, 인천 등 대도시의 인구가 빠르게 성장했음.<br>예) 서울특별시: 우리나라의 수도이자 가장 큰 도시임.→ 가장 많은 인구가 사는 최대의 도시입니다. |
| 1970년대 | 남동 해안 지역의 항구를 중심으로 포항, 울산, 창원 등 공업 도시의 인구가 늘어났음.<br>예) 포항시: 1970년대에 제철소가 대규모로 건설되면서 도시가 발달했음. |

#### ② 1980년대 이후: 대도시의 인구와 기능을 분산하기 위해 대도시 주변 지역에 신도시를 건설하거나 공공 기관을 지방으로 옮겨 도시를 건설했습니다.

| | |
|---|---|
| 경기도 안산시 | 서울의 공업 기능을 분산하기 위해 대규모 산업 단지를 건설했음. |
| 세종특별자치시 | 국토의 균형적인 발전을 위해 수도권의 행정 기능을 옮겨 만듦. |
| 동탄 신도시 | 수도권의 인구를 분산하기 위해 건설했음. |

→ 대도시에 인구와 여러 기능이 집중하면서 주택 부족, 교통 혼잡, 환경오염 등의 도시 문제가 발생했습니다.

---

### ☑ 우리나라의 도시 인구 변화

우리나라는 1960년대 이후 산업이 발달함에 따라 도시의 인구가 빠르게 ❹( 증가 / 감소 )했습니다.

### ☑ 우리나라 도시 발달의 특징

1960~1970년대에는 대도시와 남동 해안 지역의 도시들이 크게 성장했고, 1980년대 이후에는 ❺ ☐☐☐ 를 건설했습니다.

정답 ❹ 증가 ❺ 신도시

---

내 교과서 살펴보기 / 교학사, 금성출판사, 김영사, 미래엔

**혁신 도시**

• 국가 균형 발전을 위해 공공 기관을 지방으로 옮겨 새롭게 만든 도시입니다.

• 이전한 공공 기관과 지방의 대학, 연구소 등이 협력하여 지역 경제를 더욱 활성화하고 있습니다.

# 개념 다지기

11종 공통

**1** 다음 그래프를 보고 바르게 말한 어린이를 쓰시오.

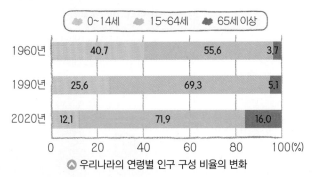

| | 0~14세 | 15~64세 | 65세 이상 |
|---|---|---|---|
| 1960년 | 40.7 | 55.6 | 3.7 |
| 1990년 | 25.6 | 69.3 | 5.1 |
| 2020년 | 12.1 | 71.9 | 16.0 |

0  20  40  60  80  100(%)

⬆ 우리나라의 연령별 인구 구성 비율의 변화

> 서진: 평균 수명이 점점 줄어들고 있나 봐.
> 예림: 14세 이하 유소년층 인구는 늘어나고 있어.
> 세영: 전체 인구에서 노년층이 차지하는 비율은 계속해서 늘고 있어.

(                    )

천재교육, 비상교과서

**2** 다음 중 2000년대의 출산 관련 정책을 나타낸 표어는 무엇인지 기호를 쓰시오.

> ㉠ 덮어 놓고 낳다 보면 거지꼴을 못 면한다.
> ㉡ 아빠! 혼자는 싫어요. 엄마! 저도 동생을 갖고 싶어요.

(                    )

11종 공통

**3** 오늘날 우리나라에서 인구가 가장 밀집한 지역은 어디입니까? (          )

① 수도권        ② 강원특별자치도
③ 충청남도      ④ 제주특별자치도
⑤ 세종특별자치시

11종 공통

**4** 인구가 늘어나는 지역에서 발생하는 문제는 어느 것입니까? (          )

① 일손 부족
② 교통 혼잡
③ 교육 시설 부족
④ 의료 시설 부족
⑤ 편의 시설 부족

11종 공통

**5** 다음 시기의 우리나라 도시 발달의 특징을 바르게 줄로 이으시오.

(1) 1960년대 •

• ㉠ 대도시 주변 지역에 신도시를 건설함.

(2) 1970년대 •

• ㉡ 서울, 부산, 대구, 인천 등 대도시가 발달함.

(3) 1980년대 이후 •

• ㉢ 남동 해안 지역의 항구를 중심으로 공업 도시가 발달함.

11종 공통

**6** 대도시로의 인구 집중으로 생긴 문제를 해결하기 위한 노력으로 알맞은 것에 모두 ○표를 하시오.

(1) 대도시 주변에 신도시를 건설합니다. (          )
(2) 수도권에 공공 기관을 집중시킵니다. (          )
(3) 다른 지역의 교통과 환경을 개선시킵니다.

(          )

# 6 우리나라의 산업 발달과 교통 발달

**개념❶ 우리나라의 산업** → 산업은 사람들이 살아가는 데 필요한 물품이나 서비스를 만드는 모든 생산 활동을 말합니다.

## 1. 우리나라의 산업 발달 과정

| | |
|---|---|
| 1960년대 이전 | 벼농사 중심의 농업이 발달했음. |
| 1960년대 | 옷, 신발과 같이 가벼운 물건을 만드는 산업이 노동력이 풍부한 대도시를 중심으로 발달했음. |
| 1970~1980년대 | 철강, 배, 자동차 등의 산업이 원료 수입과 제품 수출에 유리한 남동쪽 해안 지역에서 발달했음. |
| 1990년대 | 반도체 산업, 컴퓨터 산업, 정보 통신 산업 등이 발달했음. |
| 2000년대 이후 | 우주 산업, 로봇 산업 등 첨단 산업이 발달하고 있으며, 생활 수준이 높아지면서 대도시를 중심으로 서비스업이 발달했음. |

→ 사람들의 생활을 편리하게 해 주는 산업

☑ **우리나라의 산업 발달**

1960년대 이전까지는 ❶ □□ 중심이었으나, 1960년대 이후 공업과 서비스업 중심으로 변화했습니다.

 로봇이 전시를 안내해 주네.

 첨단 산업이 발달했구나.

정답 ❶ 농업

## 2. 우리나라의 지역별 산업 → 지역마다 가진 자연환경과 인문환경이 다르기 때문에 지역별로 발달한 산업이 다릅니다.

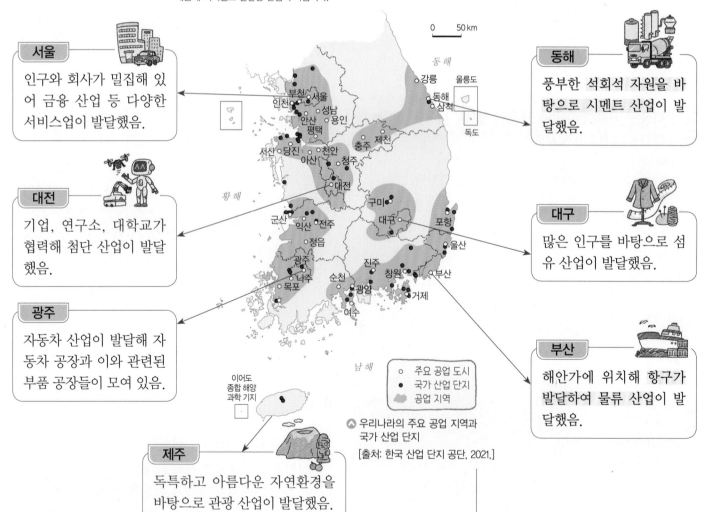

**서울** 인구와 회사가 밀집해 있어 금융 산업 등 다양한 서비스업이 발달했음.

**대전** 기업, 연구소, 대학교가 협력해 첨단 산업이 발달했음.

**광주** 자동차 산업이 발달해 자동차 공장과 이와 관련된 부품 공장들이 모여 있음.

**동해** 풍부한 석회석 자원을 바탕으로 시멘트 산업이 발달했음.

**대구** 많은 인구를 바탕으로 섬유 산업이 발달했음.

**부산** 해안가에 위치해 항구가 발달하여 물류 산업이 발달했음.

**제주** 독특하고 아름다운 자연환경을 바탕으로 관광 산업이 발달했음.

○ 주요 공업 도시
● 국가 산업 단지
공업 지역

⌂ 우리나라의 주요 공업 지역과 국가 산업 단지
[출처: 한국 산업 단지 공단, 2021.]

## 개념② 우리나라의 교통

### 1. 우리 국토의 교통 발달

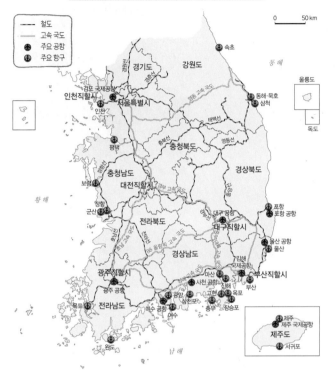

1980년대 우리나라의 주요 교통 시설

[출처: 국토 교통부, 2021.]

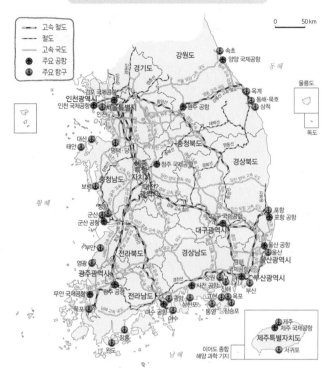

2020년 우리나라의 주요 교통 시설

[출처: 한국 철도 공사, 한국 도로 공사, 해양 수산부, 2021.]

① 고속 철도가 개통되었고, 항구와 공항 수도 늘어났습니다.
② 고속 국도 노선이 많이 늘었고, 다양한 지역을 연결하고 있습니다.

### 2. 교통의 발달로 변화된 모습

| 경부 고속 국도 개통(1970년) | 전 국토가 일일생활권으로 연결되었음.<br>예 경부 고속 국도를 이용하면 서울에서 부산까지 5시간이면 갈 수 있음.<br>└ 통학, 통근 등 사람이 일상생활을 할 때 활동하는 범위 |
|---|---|
| 고속 철도 개통(2004년) | 생활권이 더 넓어졌음. → 고속 철도 개통으로 반나절 생활권이 가능해졌습니다.<br>예 고속 열차를 타면 서울에서 부산까지 2시간 20분 정도 걸림. |
| 항구 수 증가 | 산업에 필요한 원료의 공급이 원활해졌음.<br>예 주요 공업 지역과 주요 항구가 가까이 있음. |
| 공항 수 증가 | 지역 간 교류가 더욱 활발해졌음.<br>예 비행기를 타고 국내외로 빠르게 이동할 수 있음. |

### ☑ 교통의 발달과 생활의 변화

교통의 발달로 지역 간의 이동 시간이 ❷ ( 줄어들어 / 늘어나 ) 지역 간의 교류가 활발해졌습니다.

어제 산 물건이 오늘 배송되었어.

와! 빠르다.

와아~

정답 ❷ 줄어들어

## 개념③ 인문환경에 따른 국토의 변화

### 1. 인문환경의 변화에 따라 달라진 국토의 모습 → 산업이 발달하면 일자리가 늘어나면서 인구가 많아지고, 그에 따라 주택, 도로, 학교 등 각종 편의 시설이 늘어나 도시가 성장하기도 합니다.

| 울산의 변화 | • 과거에는 주로 어업을 하였지만 자동차 산업 등이 발달하면서 일자리를 찾아 사람이 모여들어 도시로 성장했음.<br>• 철도, 고속 국도, 항구, 공항 등 교통의 발달로 산업이 더욱 성장했음. |
|---|---|
| 안산의 변화 | • 서울에 지나치게 집중되어 있던 공업 기능을 분산하기 위해 1980년대 초 안산에 반월 국가 산업 단지를 만들었음.<br>• 산업 단지가 들어선 후 일자리가 늘어나면서 안산의 인구가 크게 증가했으며 도시 규모가 커졌음. |

> 내 교과서 살펴보기 / **천재교육, 교학사, 금성출판사**
>
> **산업 발달에 따른 우리 국토의 변화**
> 서울 구로구와 금천구 일대에 위치한 구로 공단은 과거에는 섬유·봉제 산업이 발달한 지역이었으나 2000년대 중반부터 첨단 산업 중심의 '서울 디지털 산업 단지'로 변화했습니다.

### 2. 인문환경 간의 관계 → 인문환경은 서로 영향을 주고받으며, 국토의 모습을 변화시킵니다.

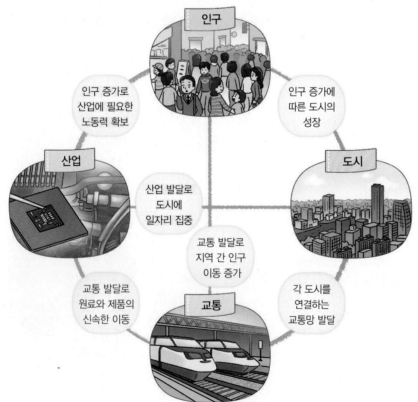

---

### 개념 체크

☑ **인문환경의 변화에 따른 국토 모습**

우리 국토는 인구, ❸ⓢⓞ, 도시, 교통이 서로 영향을 주고받으며 계속 변화하고 있습니다.

와! 이곳도 많이 변했네.

산업 단지가 생기면서 인구도 많아지고 교통도 편리해졌어.

☑ **인구, 도시, 산업, 교통의 관계**

인구 밀도가 높은 지역, ❹ⓓⓢ가 발달한 지역, 산업이 발달한 지역, 교통이 발달한 지역이 비슷합니다.

밤에 우리나라를 찍은 위성 사진입니다.

수도권과 남동쪽 해안 지역은 불빛으로 밝게 빛나네.

정답 ❸ 산업 ❹ 도시

**●봉제**
재봉틀이나 손으로 바느질하여 의류나 완구 등의 제품을 만듦.

**1** 1960년대에 우리나라에서 대도시를 중심으로 발달한 산업은 어느 것입니까? (        )

①
◈ 농업, 어업, 임업

②
◈ 신발, 섬유, 의류 산업

③
◈ 자동차, 조선, 제철 산업

④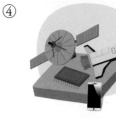
◈ 정보 통신, 로봇, 우주 산업

**2** 다음 지역에서 발달한 산업은 무엇인지 바르게 줄로 이으시오.

(1) 광주 •　　　• ㉠ 물류 산업

(2) 대구 •　　　• ㉡ 자동차 산업

(3) 부산 •　　　• ㉢ 섬유와 패션 산업

**3** 다음은 우리 국토의 교통 발달에 대한 설명입니다. (        ) 안의 알맞은 말에 ○표를 하시오.

> 우리 국토의 교통 발달에 큰 변화를 가져온 것은 고속 국도의 증가와 2004년 ( 고속 철도 / 여객선 )의 개통입니다.

**4** 교통의 발달로 변화된 모습은 어느 것입니까? (        )

① 촌락이 늘어났다.

② 지역 간 교류가 줄어들었다.

③ 사람들의 생활권이 좁아졌다.

④ 지역 간 이동 시간이 늘어났다.

⑤ 사람과 물자의 이동이 더욱 활발해졌다.

1 단원
진도 완료 체크

**5** 다음 울산의 변화를 통해 알 수 있는 점에 ○표를 하시오.

> • 과거에는 주로 어업을 하였지만 자동차 산업 등이 발달하면서 일자리를 찾아 사람이 모여들어 도시로 성장했습니다.
> • 철도, 고속 국도, 항구, 공항 등 교통의 발달로 산업이 더 성장했습니다.

(1) 산업이 발달하면 일자리가 줄어듭니다. (        )

(2) 산업의 발달로 도시가 발달하기도 합니다.
(        )

(3) 산업이 발달한 지역은 인구가 줄어듭니다.
(        )

**6** 산업이 발달한 곳에 인구가 많은 까닭을 바르게 말한 어린이를 쓰시오.

> 연후: 일자리가 많기 때문이야.
> 소연: 주택이 부족하기 때문이야.
> 영경: 교통이 불편하기 때문이야.

(                )

Step 1 단원평가

[1~5] 다음은 개념 확인 문제입니다. 물음에 답하시오.

1 한 나라 또는 일정한 지역에 사는 사람의 수를 무엇이라고 합니까? (          )

2 우리나라에서 인구가 가장 밀집한 지역은 ( 서울 / 강릉 )을 중심으로 한 수도권입니다.

3 1970년대에는 포항, ( 인천 / 울산 ) 등 남동쪽 공업 도시들의 인구가 크게 늘었습니다.

4 첨단 산업이 발달한 지역은 대전과 제주 중 어디입니까? (          )

5 과거에 비해 우리나라 곳곳을 연결하는 고속 국도의 수가 크게 ( 늘어났습니다 / 줄어들었습니다 ).

11종 공통

6 다음과 같은 인구 구성 변화의 원인으로 알맞은 것에 ○표를 하시오.

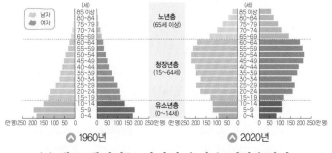

△ 1960년    △ 2020년

(1) 새로 태어나는 아기의 수가 늘어났습니다. (          )

(2) 의료 기술의 발달로 평균 수명이 길어졌습니다. (          )

[7~8] 다음은 1960년대 이전 우리나라의 인구 분포에 대한 설명입니다.

> 1960년대 이전에는 벼농사 중심의 [ ㉠ ] 사회였기 때문에 기후가 온화하고 농사지을 [ ㉡ ]이/가 발달한 남서쪽 지역의 인구 밀도가 높았습니다. 반면에 기온이 낮고 산지가 많은 북동쪽 지역은 인구 밀도가 낮았습니다.

11종 공통

7 위 ㉠에 들어갈 알맞은 산업은 어느 것입니까? (          )

① 어업       ② 공업       ③ 농업
④ 제조업     ⑤ 첨단 산업

11종 공통

8 위 ㉡에 들어갈 알맞은 자연환경을 보기 에서 찾아 쓰시오.

보기
• 해안       • 사막       • 평야

(          )

11종 공통

9 다음 중 많은 인구가 모여 사는 도시에서 발생하는 문제로 알맞은 것의 기호를 쓰시오.

(          )

**10** 천재교육, 천재교과서

다음에서 설명하는 도시는 어디입니까? (　　　)

> 우리나라의 수도이자 가장 큰 도시로, 예전부터 정치·경제·문화의 중심지로 성장했습니다.

① 부산광역시     ② 서울특별시
③ 경기도 고양시    ④ 세종특별자치시
⑤ 경상북도 포항시

**11** 천재교육

다음 신도시를 만든 까닭을 바르게 줄로 이으시오.

(1) 안산시 ・    ・㉠ 서울의 공업 기능을 분산 시키기 위해서

(2) 동탄 신도시 ・    ・㉡ 국토의 균형적인 발전을 위해서

(3) 세종특별 자치시 ・    ・㉢ 수도권의 인구를 분산 시키기 위해서

**12** 11종 공통

1970~1980년대에 발달한 산업을 **보기** 에서 찾아 기호를 쓰시오.

> **보기**
> ㉠ 우주 산업, 로봇 산업
> ㉡ 자동차 산업, 제철 산업
> ㉢ 반도체 산업, 컴퓨터 산업

(　　　　　)

**13** 천재교육, 천재교과서, 교학사, 금성출판사, 김영사, 동아출판, 비상교과서, 지학사

다음에서 설명하는 지역을 지도에서 찾아 쓰시오.

> 시멘트의 원료인 석회석이 많이 매장되어 있어, 석회석을 이용한 시멘트 공업이 발달했습니다.

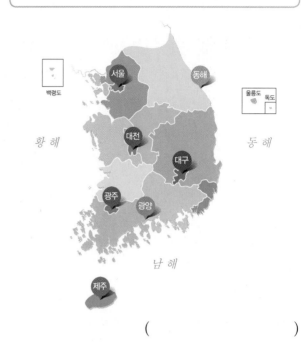

(　　　　　)

**14** 11종 공통

산업과 교통의 발달에 따라 변화된 국토의 모습을 바르게 말한 어린이를 쓰시오.

> 지호: 촌락의 인구가 증가했습니다.
> 태린: 자연환경이 더욱 아름다워졌습니다.
> 서정: 과거에 비해 일자리가 줄어들었습니다.
> 아람: 인구가 증가하고 도시가 생겨났습니다.

(　　　　　)

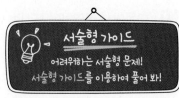

**15** 다음 그래프를 통해 알 수 있는 우리나라 인구 구성의 특징을 쓰시오.

11종 공통

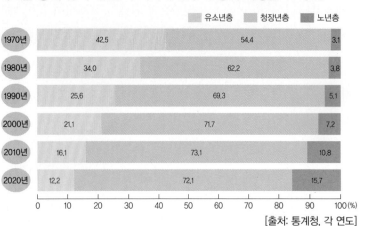

| | 유소년층 | 청장년층 | 노년층 |

| 1970년 | 42.5 | 54.4 | 3.1 |
| 1980년 | 34.0 | 62.2 | 3.8 |
| 1990년 | 25.6 | 69.3 | 5.1 |
| 2000년 | 21.1 | 71.7 | 7.2 |
| 2010년 | 16.1 | 73.1 | 10.8 |
| 2020년 | 12.2 | 72.1 | 15.7 |

0  10  20  30  40  50  60  70  80  90  100(%)

[출처: 통계청, 각 연도]

🔼 우리나라의 연령별 인구 비율 변화

**답** 유소년층 인구 비율은 ❶ [　　　] 하고, 노년층 인구 비율은 ❷ [　　　] 하고 있다.

**15** 오늘날 우리나라는 전체 인구에서 노인이 차지하는 비율이 증가하는 [　][　][　] 현상이 심해지고 있습니다.

**16** 다음은 지역별로 발달한 산업을 정리한 것입니다.

11종 공통

| 대전 | 기업, 연구소, 대학교가 협력해 첨단 산업이 성장했음. |
| 대구 | 풍부한 [ ㉠ ]을 바탕으로 섬유와 패션 산업이 성장했음. |
| 부산 | ㉡ |

(1) 위 ㉠에 들어갈 알맞은 말은 노동력과 석회석 중 무엇인지 쓰시오.

(　　　　　　)

(2) 위 ㉡에 들어갈 알맞은 내용을 쓰시오.

_____

_____

**16** (1) 대구는 많은 인구를 바탕으로 [　][　]와 패션 산업이 발달했습니다.

(2) 부산은 [　][　][　]에 위치해 항구가 발달했습니다.

**17** 다음과 같은 변화로 달라진 생활 모습을 한 가지만 쓰시오.

11종 공통

고속 국도가 많아지고, 고속 철도와 같은 교통 시설이 생겼습니다.

_____

_____

**17** 고속 국도가 늘어 지역 간 이동이 편리해졌으며, 고속 철도가 개통되어 생활권이 ( 넓어 / 좁아 )졌습니다.

단원 **실력 쌓기** 　정답 7쪽

학습 주제 우리나라 도시의 발달

학습 목표 우리나라 도시의 발달 모습을 알 수 있다.

[18~20] 다음은 우리나라의 도시 수와 도시 인구 변화를 나타낸 지도입니다.

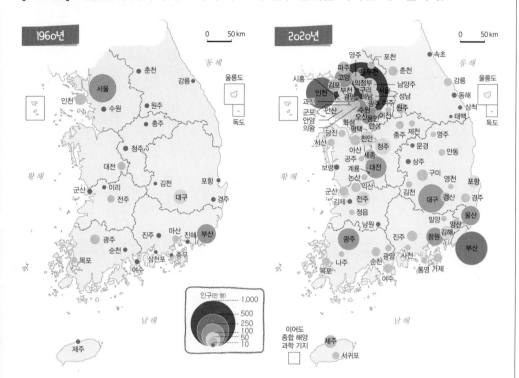

**수행평가 가이드**
다양한 유형의 수행평가!
수행평가 가이드를 이용해 풀어 봐!

**우리나라의 도시와 도시 인구 변화**

• 1960년대 이후 산업이 발달함에 따라 일자리를 찾아 촌락의 인구가 도시로 이동하면서 도시의 인구가 빠르게 증가했습니다.

• 특히 수도권과 남동 해안 지역을 중심으로 도시 수와 도시 인구가 크게 늘어났습니다.

**1**
단원

진도 완료 체크

**18** 위 지도에서 원의 크기는 무엇을 나타내는지 쓰시오. 　11종 공통

( 　　　　　　　　 )

**19** 1960년에 인구가 100만 명 이상인 도시 두 곳을 쓰시오. 　11종 공통

( 　　　　, 　　　　 )

**20** 위 지도를 통해 알 수 있는 사실을 한 가지만 쓰시오. 　11종 공통

1960년과 비교해 도시 수가 가장 많이 늘어난 지역이 어디인지 생각해 봐.

배점 표시가 없는 문제는 문제당 4점입니다.

**1 우리 국토의 위치와 영역**

11종 공통

**1** 다음 지도를 통해 알 수 있는 우리나라의 위치로 알맞은 것은 어느 것입니까? (      )

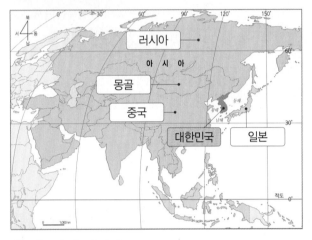

① 인도양과 접한다.
② 중국의 서쪽에 있다.
③ 동경 33°~43° 사이에 위치한다.
④ 북위 124°~132° 사이에 위치한다.
⑤ 아시아 대륙의 동쪽 끝에 위치한다.

11종 공통

**2** 우리나라의 영역에 대한 설명으로 알맞지 <u>않은</u> 것은 어느 것입니까? [6점] (      )

① 동쪽 끝은 경상북도 울릉군 독도이다.
② 영토는 한반도에 속한 섬은 포함하지 않는다.
③ 영공은 우리나라의 영토와 영해 위에 있는 하늘이다.
④ 영해는 영해를 설정하는 기준선으로부터 12해리까지이다.
⑤ 우리 주권이 미치기 때문에 다른 나라에서 함부로 들어올 수 없다.

서술형·논술형 문제                                    11종 공통

**3** 다음과 같이 영해를 정하는 기준이 다른 까닭을 쓰시오. [10점]

동해안은 해안선을 기준으로 영해를 정하지만, 서해안과 남해안은 가장 바깥에 있는 섬들을 연결한 직선을 기준으로 영해를 정합니다.

△ 서해안의 영해          △ 동해안의 영해

_____

_____

11종 공통

**4** 국토를 사랑하는 방법을 바르게 말한 어린이를 쓰시오.

운용: 우리 국토를 부끄럽게 여깁니다.
초아: 우리 국토에 관심을 갖지 않습니다.
지현: 우리 국토 구석구석을 여행하며 국토의 소중함을 생각해 봅니다.

(                    )

11종 공통

**5** 우리나라의 중부 지방과 남부 지방을 구분하는 기준을 두 가지 고르시오. (      ,      )

① 한강               ② 금강
③ 낙동강             ④ 멸악산맥
⑤ 소백산맥

**6** 해서 지방은 어디를 의미하는지 보기 에서 찾아 기호를 쓰시오.

> **보기**
> ㉠ 철령관의 북쪽 지역
> ㉡ 수도 한성을 중심으로 경기만을 건너 서쪽에 있는 지역
> ㉢ 의림지의 서쪽에 있고, 옛 이름이 호강인 금강의 서쪽에 있는 지역

(            )

11종 공통

**7** 다음은 우리나라의 행정 구역에 대한 설명입니다. ㉠, ㉡에 들어갈 알맞은 말을 각각 쓰시오.

> 우리나라의 행정 구역은 북한 지역을 제외하면 특별시 1곳과 ㉠ 1곳, ㉡ 6곳, 도 6곳과 특별자치도 3곳으로 이루어져 있습니다.

㉠ (          )
㉡ (          )

---

**2 우리 국토의 자연환경**

11종 공통

**8** 평야에 대한 설명으로 알맞은 것은 어느 것입니까?
(      )
① 하천 주변에 있는 넓고 평평한 땅이다.
② 땅의 높낮이 차이가 크고 경사가 가파르다.
③ 물이 흘러가면서 만든 크고 작은 물줄기이다.
④ 주위가 강물이나 바닷물로 둘러싸여 있는 땅이다.
⑤ 바다와 육지가 맞닿아 있는 부분으로 모래사장이나 갯벌 등이 나타난다.

---

📋 **서술형·논술형 문제**

11종 공통

**9** 다음은 우리나라의 하천이 흐르는 방향을 나타낸 것입니다. [총 10점]

(1) 우리나라의 하천이 주로 어느 쪽으로 흘러가는지 쓰시오. [3점]
(          )쪽과 남쪽

(2) 우리나라의 주요 하천이 위 (1)번과 같이 흘러가는 까닭을 쓰시오. [7점]

_____

_____

11종 공통

**10** 우리나라의 동해안에 대한 설명으로 알맞은 것은 어느 것입니까? (      )
① 섬이 없다.
② 해안선이 복잡하다.
③ 갯벌이 발달한 곳이 많다.
④ 모래사장이 넓게 발달했다.
⑤ 밀물과 썰물의 차이가 크다.

11종 공통

**11** 다음 그림과 관련 있는 우리나라의 계절을 쓰시오.

오늘까지 전국적으로 비가 내리겠지만, 내일부터 본격적인 더위가 찾아올 예정입니다.

이제 장마가 끝났나 봐.

매년 이맘때쯤이면 장마가 물러가고 무더위가 시작되잖아.

(             )

**서술형·논술형 문제**

김영사, 동아출판, 미래엔, 비상교과서

**12** 다음과 같은 우리나라 기온의 특징과 관련하여 옛날 사람들의 의생활 모습을 쓰시오. [10점]

여름철과 겨울철 기온의 차이가 큽니다.

_____

_____

11종 공통

**13** 우리나라 강수량의 특징으로 알맞지 <u>않은</u> 것은 어느 것입니까? (       )

① 계절별로 강수량의 차이가 크다.

② 남쪽 지역이 북쪽 지역보다 강수량이 적다.

③ 다른 지역보다 낙동강 중·상류 지역은 강수량이 적다.

④ 우리나라의 연평균 강수량은 세계 평균보다 많은 편이다.

⑤ 울릉도와 영동 지방은 다른 지역보다 겨울철 강수량이 많다.

11종 공통

**14** 다음에서 설명하는 자연재해는 무엇입니까? (       )

하루 최고 기온이 33℃ 이상으로 올라가는 매우 심한 더위입니다.

①    ▲ 가뭄

②    ▲ 폭염

③    ▲ 홍수

④    ▲ 폭설

11종 공통

**15** 다음 자연재해의 피해를 줄이기 위한 노력으로 알맞은 것을 바르게 줄로 이으시오.

(1) 황사   •    • ㉠ 물을 충분히 마심.

(2) 홍수   •    • ㉡ 제설 장비를 준비함.

(3) 폭설   •    • ㉢ 외출할 때 마스크를 씀.

(4) 폭염   •    • ㉣ 저수지와 댐 등을 만듦.

**3 우리 국토의 인문환경**

11종 공통

**16** 다음은 우리나라의 인구 피라미드 변화입니다. ( ) 안의 알맞은 말에 각각 ○표를 하시오.

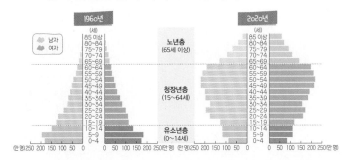

1960년과 비교해 2020년에 14세 이하의 유소년층 인구는 ❶( 늘어나고 / 줄어들고 ), 65세 이상의 노년층 인구는 ❷( 늘어났습니다 / 줄어들었습니다 ).

천재교과서, 교학사, 금성출판사, 아이스크림 미디어

**17** 우리나라 인구 분포의 특징에 대한 설명으로 알맞지 <u>않은</u> 것을 **보기**에서 찾아 기호를 쓰시오.

**보기**

㉠ 수도권의 인구 밀도가 높습니다.
㉡ 1960년대 이전에는 평야가 발달한 남서부 지역의 인구 밀도가 높았습니다.
㉢ 유소년층과 청장년층 인구 비율은 도시 지역에 비해 촌락 지역에서 높게 나타납니다.

( )

11종 공통

**18** 세종특별자치시에 대한 설명으로 알맞은 것은 어느 것입니까? ( )

① 우리나라의 수도이다.
② 우리나라 제2의 도시로 해안 지역에 위치한다.
③ 1970년대에 제철소가 건설되면서 도시가 발달했다.
④ 국토의 균형적인 발전을 위해 수도권의 행정 기능을 옮겨 만든 도시이다.
⑤ 서울의 공업 기능을 분산하기 위해 대규모 산업 단지를 건설하면서 발달한 도시이다.

11종 공통

**19** 다음을 우리나라의 산업 발달 과정에 맞게 기호를 쓰시오.

㉠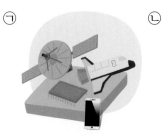
⬆ 정보 통신, 로봇, 항공, 우주 산업

㉡
⬆ 신발, 섬유, 의류 산업

㉢
⬆ 자동차, 조선, 제철 산업

㉣
⬆ 농업, 어업, 임업

( ) → ( ) → ( ) → ( )

11종 공통

**20** 다음 질문에 대해 <u>잘못</u> 답한 어린이는 누구입니까?
( )

교통의 발달로 나타난 변화에는 무엇이 있나요?

① 용성: 사람들의 생활권이 넓어졌어.
② 운용: 빠른 배송 서비스가 가능해졌어.
③ 지우: 지역 간 거리가 점점 멀게 느껴지고 있어.
④ 미연: 지역 간 이동이 쉬워져 지역의 관광 자원이 활성화되었어.
⑤ 민경: 항구가 발달하면서 산업에 필요한 원료의 공급이 원활해졌어.

# 우리나라에서 발생하는 자연재해

**봄**

⬆ 황사로 뿌옇게 변한 하늘

⬆ 가뭄으로 메마른 논바닥

**황사** | 누를 황 黃 | 모래 사 沙 |

중국이나 몽골의 사막에서 발생한 미세한 모래 먼지가 우리나라까지 날아와 가라앉는 현상

**가뭄**

오랫동안 비가 오지 않거나 적게 오는 기간이 지속되는 현상

**여름**

[출처: 연합뉴스]

⬆ 폭염으로 끓는 도로

**겨울**

[출처: 연합뉴스]

⬆ 폭설로 교통이 마비된 도로

**폭염** | 사나울 폭 暴 | 불꽃 염 炎 |

하루 최고 기온이 33℃ 이상으로 올라가는 매우 심한 더위

**폭설** | 사나울 폭 暴 | 눈 설 雪 |

한꺼번에 눈이 많이 내리는 현상

**여름~가을**

**홍수** | 넓을 홍 洪 | 물 수 水 |

비가 많이 내려 하천이 흘러넘쳐 주변의 도로나 건물 등이 물에 잠기는 재해

⬇ 홍수로 잠긴 비닐하우스

# 오늘날 다양한 산업의 발달

### 서울

인구와 회사가 밀집해 있어 금융 산업 등 다양한 서비스업이 발달했음.

### 광주

[출처: 연합뉴스]

자동차 산업이 발달하여 자동차 공장과 이와 관련된 여러 부품 공장들이 모여 있음.

### 대전

[출처: 연합뉴스]

기업, 연구소, 대학교가 협력하여 첨단 산업이 발달했음.

### 제주

[출처: 게티이미지]

독특하고 아름다운 자연환경을 바탕으로 관광 산업이 발달했음.

### 부산

[출처: 게티이미지]

해안가에 위치해 항구가 발달하여 상품을 수송, 운반, 보관하는 물류 산업이 발달했음.

### 산업

| 낳을 산産 | 업 業業 |

사람들이 살아가는 데 필요한 물품이나 서비스를 만드는 모든 생산 활동

## 연관 학습 안내

| 초등 4학년 | 초등 5학년 | 중학교 |
|---|---|---|
| 다양한 문화의 존중<br>편견과 차별의 태도를 버리고 다른 문화도 존중하고 이해해요. | 인권과 법<br>법을 통해 우리 삶이 안정되고 인권도 보장받을 수 있어요. | 인권 보호와 헌법<br>헌법에는 국민의 인권과 그것을 보장하기 위한 제도를 정하고 있어요. |

# 인권 존중과 정의로운 사회

## 2

**단원 안내**

## 개념 ① 인권

### 1. 인권의 의미와 특징

| 의미 | 모든 사람이 존중받으며 사람답게 살 권리 |
|---|---|
| 특징 | • 모든 사람에게 평등하게 보장됨.<br>• 모든 사람이 태어나면서부터 가짐.<br>• 다른 사람이 함부로 빼앗을 수 없음. → 나 또한 다른 사람의 인권을 빼앗을 수 없습니다.<br>• 일정 기간만이 아니라 영구히 보장됨. |

내 교과서 살펴보기 / 천재교육, 천재교과서, 교학사, 김영사, 동아출판, 미래엔, 비상교과서, 비상교육, 지학사

**세계 인권 선언** → 1948년 국제 연합(UN) 총회에서 발표한 선언으로, 인권의 의미와 내용이 담긴 30개의 조항으로 구성되어 있습니다.

제1조　모든 사람은 태어날 때부터 자유롭고 평등해요.
제2조　모든 사람은 어떤 이유로도 차별받으면 안 돼요.
제3조　생명을 존중받으며 자유롭고 안전하게 살아갈 수 있어요.
제12조　나만의 사생활을 보호받을 수 있어요.
제19조　자기 생각을 자유롭게 표현할 수 있어요.
제27조　자유롭게 문화생활을 즐길 수 있어요.

### 2. 우리 주변에서 볼 수 있는 인권의 모습

① 인권을 누리는 모습

• 교육을 받을 수 있음.
• 휴식이 필요할 때 쉴 수 있음.
• 아플 때 치료를 받을 수 있음.

② 서로의 인권을 존중하는 모습 → 키가 작은 어린이가 손을 편하게 씻을 수 있도록 낮은 세면대를 설치하기도 합니다.

키가 작은 어린이를 위해 엘리베이터에 발판을 놓음.

몸이 불편한 사람을 방문해 필요한 물품을 제공함.

편견 없는 세상
피부색, 문화 등에 관한 편견을 버리도록 홍보함.

---

☑ **인권**

모든 사람이 ❶ ㅈㅈ 받으며 사람답게 살 권리를 말합니다.

이 세면대는 왜 높이가 다르지?
키가 작은 어린이들의 인권을 존중하기 위해서 만든 거야.

☑ **인권의 특징**

모든 사람에게 ❷ ㅍㄷ 하게 보장되며, 다른 사람이 함부로 빼앗을 수 없습니다.

나도 좀 나눠 줘!
인권은 함부로 빼앗을 수 없어.

정답 ❶ 존중 ❷ 평등

용어 사전

❋ 권리(權 권세 권 利 이로울 리) 어떤 일을 하거나 다른 사람에 대해 당연히 요구할 수 있는 힘이나 자격

## 개념② 인권 신장을 위해 노력한 사람들

### 1. 인권 신장을 위해 노력한 우리나라 인물

어린이를 위한 잡지와 단체를 만들었습니다.

**허균**

『홍길동전』에서 신분에 따른 차별을 비판했음.

**방정환**

어린이날을 만들고 어린이를 존중하자는 *선전문을 발표했음.

**박두성**

한글 점자를 만들어 시각 장애인에게 동등한 교육의 기회를 주고자 했음.

**『홍길동전』**

신분이 낮다는 이유로 자신의 능력을 펼칠 기회를 얻지 못하고, 아버지를 아버지라고 부를 수 없었던 홍길동이 차별을 견디지 못하고 집을 떠난 후 누구나 자신의 능력을 펼칠 수 있는 새로운 나라를 세운다는 이야기입니다.

### 2. 인권 신장을 위해 노력한 다른 나라 인물

| | |
|---|---|
| 헬렌 켈러 | 장애인, 열악한 환경의 근로자 등 소외된 사람들을 위해 노력했음. |
| 테레사 수녀 | 가난하고 아픈 사람들의 인권 신장을 위해 노력했음. |
| 로자 파크스 | 흑인과 백인의 자리를 구분한 버스 승차를 거부하는 운동을 펼쳤음. |
| 넬슨 만델라 | 인종 차별 정책의 폐지를 위해 노력했음. |
| 마틴 루서 킹 | 오랫동안 차별받던 흑인의 인권을 신장하고자 많은 연설을 했고, 평화적인 운동을 펼쳤음. |

인도 빈민가에 '사랑의 선교회'를 만들었습니다.

내 교과서 살펴보기 / **천재교육, 비상교과서, 지학사**

**여성의 인권 신장을 위해 노력한 인물들**

| | |
|---|---|
| 이효재 | 가족 내 남성과 여성의 평등을 주장했음. |
| 이태영 | 억울한 여성들의 법률 상담을 돕고, 가족법 개정 운동에 힘썼음. |
| 에멀라인 팽크허스트 | 여성의 참정권 획득을 위해 노력했음. |

## 개념 체크

☑ **인권 신장을 위한 방정환의 노력**

방정환은 ❸ ☐☐☐☐ 을 만들어 어린이를 존중해야 한다는 생각을 알렸습니다.

☑ **인권 신장을 위한 마틴 루서 킹의 노력**

마틴 루서 킹은 흑인의 인권 신장을 위해 ❹ ( 평화 / 공격 )적인 운동을 펼쳤습니다.

**정답** ❸ 어린이날 ❹ 평화

**용어 사전**

*선전문(宣 떨칠 선 傳 전할 전 文 글월 문) 선전하는 내용이나 취지를 적은 글

2. 인권 존중과 정의로운 사회 | **57**

## 개념 ③ 인권 신장을 위한 옛날 사회 제도

### 1. 『경국대전』에서 볼 수 있는 인간 존중

→ 조선 시대의 최고 법전입니다.

[출처: 국립중앙박물관]
🔺 『경국대전』

• 가난한 사람의 혼인 비용을 지원해 주었음.
• 가난해서 약을 살 수 없는 사람에게 약을 주었음.
• 병에 걸렸거나 나이 든 부모를 둔 아들 중 한 명은 군역의 의무를 면제해 주었음.

→ 신분이 낮은 사람의 인권을 보장해 주기도 했습니다.

### ☑ 『경국대전』에 담긴 인권 보장

가난한 사람의 ❺ ⓗ ⓞ 비용을 지원해 주거나 아픈 사람을 돕는 제도가 있었습니다.

『경국대전』에서는 사회적 약자들을 돕는 제도를 찾아볼 수 있어요.

옛날에도 인권을 존중하는 제도가 있었구나.

### 2. 옛 제도에 담긴 인간 존중

격쟁

억울한 일을 당한 사람이 임금의 행차 때 징이나 꽹과리를 쳐서 억울함을 알렸음.

상언

억울한 일을 문서에 써서 임금에게 알렸음.

삼복제

사형과 같은 무거운 형벌은 세 번의 재판을 거치도록 했음.

신문고 (제도)

억울한 일이 생겼을 때 대궐 밖에 있는 북을 쳐서 임금에게 알렸음.

→ 억울하게 벌을 받지 않도록 세밀하게 조사하고 신중하게 결정했습니다.

### ☑ 삼복제에 담긴 인권 보장

무거운 형벌은 ❻ ( 세 / 네 ) 번의 재판을 거쳐서 억울하게 벌을 받는 사람이 없도록 했습니다.

네가 또 내 아이스크림 먹었지!

나도 삼복제처럼 세 번의 기회를 주면 안 될까?

정답 ❺ 혼인 ❻ 세

내 교과서 살펴보기 / **천재교육, 교학사**, 미래엔, 비상교육, 지학사

**인권 신장을 위한 조선 시대의 관청**

• 활인서: 가난한 백성들이 신분에 상관없이 무료로 치료를 받을 수 있었던 곳
• 명통시: 나라의 평안을 빌고 기우제를 지내는 등의 일을 했던, 시각 장애인들로 구성된 관청

### 용어 사전

• **신장**(伸 늘일 신 張 베풀 장)
세력이나 권리 따위가 늘어남.

• **군역**(軍 군사 군 役 부릴 역)
군대에 가서 나라를 지키는 일

# 개념 다지기

11종 공통

**1** 다음 ☐ 안에 들어갈 알맞은 말을 보기 에서 찾아 쓰시오.

> 모든 사람이 존중받으며 사람답게 살 권리를 ☐(이)라고 합니다.

보기
• 인권    • 정치    • 헌법

(                    )

11종 공통

**4** 다음 ☐ 안에 들어갈 말로 알맞은 것은 어느 것입니까?
(          )

> 허균은 『홍길동전』에서 ☐에 따른 차별을 비판하였습니다.

① 신분          ② 나이
③ 국적          ④ 인종
⑤ 성별

11종 공통

**2** 인권에 대한 설명으로 알맞은 것은 어느 것입니까?
(          )

① 일부 사람들만 누릴 수 있다.
② 어리다는 이유로 빼앗길 수 있다.
③ 다른 사람의 것을 빼앗을 수 있다.
④ 어른이 되면서부터 평등하게 주어진다.
⑤ 인간이라면 당연히 누릴 수 있는 것이다.

11종 공통

**5** 방정환이 한 일로 알맞은 것은 어느 것입니까? (          )
① 한글 점자를 만들었다.
② 흑인의 인권을 위해 노력했다.
③ 남성과 여성의 평등한 권리를 주장했다.
④ 여성이 정치에 참여할 권리에 관심을 가졌다.
⑤ 어린이의 인권 신장을 위해 어린이날을 만들었다.

천재교과서, 김영사, 비상교육

**3** 우리 주변에서 인권을 존중하는 모습과 관련 있는 사진을 찾아 ○표를 하시오.

(1)
⬈ 지하철역의 계단
(                    )

(2)
⬈ 낮은 세면대
(                    )

김영사, 미래엔, 비상교육

**6** 다음과 같이 인권을 존중하는 조항이 담겨 있었던 조선 시대의 최고 법전을 보기 에서 찾아 기호를 쓰시오.

> • 가난한 사람의 혼인 비용을 지원해 주었습니다.
> • 병에 걸렸거나 나이 든 부모를 둔 아들 중 한 명은 군역을 면제해 주었습니다.

보기
㉠ 『경국대전』          ㉡ 『훈민정음』

(                    )

## 개념① 생활 속에서 인권 보장이 필요한 사례

**1. 학교에서 인권 보장이 필요한 사례** → 편견이나 차별, 사생활 침해, 사이버 폭력 등이 있습니다.

피부색이 달라서 말이 안 통할 거야.

…

피부색이 다르다는 이유로 친구를 차별함.

축구는 남자들만 할 수 있어.

여자는 축구를 할 수 없다고 생각함.

친구 사이니까 괜찮겠지.

♡♡◯▽
△△명이 좋아합니다.

친구의 사진을 허락 없이 누리 소통망 서비스에 올림.

**2. 우리 주변에서 인권 보장이 필요한 사례**

위로 올라갈 수가 없네.

엘리베이터가 설치되어 있지 않아 몸이 불편한 사람은 이동하기가 힘듦.

망가진 놀이 기구가 방치되어 어린이들이 놀 수 없음. → 놀 권리를 침해당했습니다.

똑같이 일했는데 왜 월급이 다르지?

외국인이라는 이유로 월급을 적게 받음.

몸이 아픈데 병원에 갈 수가 없네.

거동이 불편한 노인은 혼자 병원에 못 감.

> **내 교과서 살펴보기 / 천재교육, 천재교과서, 김영사, 동아출판, 비상교과서, 아이스크림 미디어**
>
> **인권을 침해당한 사람들** → 피해를 본 사람이 상처를 받고, 인간다운 삶을 누리기 어렵습니다.
> • 밤 늦게까지 야근을 강요당하는 근로자
> • 나이가 많다는 이유로 직장에서 해고당한 노인
> • 시각 장애인 보조견 때문에 건물 출입을 거부당한 시각 장애인
> • 종교적인 이유로 돼지고기가 들어 있는 급식을 먹지 못하는 학생

**3. 인권 보장이 필요한 까닭:** 인권을 보장받는다면 모든 사람이 행복하게 살아 갈 수 있기 때문입니다.

---

☑ **일상생활 속 인권 침해 사례**

외모가 다르다고 ❶ [ 차 ] [ 별 ] 을 받 거나 몸이 불편한 사람들의 이동의 자유가 제한되기도 합니다.

아직도 안 고쳐졌네.

오늘은 꼭 그네를 타고 싶었는데!

☑ **인권 보장이 필요한 까닭**

인권을 보장받는다면 모든 사람이 ❷ [ 행 ] [ 복 ] 하게 살아갈 수 있기 때 문입니다.

이곳에 경사로가 설치된다면 모든 사람이 편하고 안전하게 이동할 수 있을 텐데!

## 개념 ② 인권을 보장하기 위한 노력

### 1. 우리 사회의 노력

예) 다문화 이해 교육, 학교 폭력 예방 교육, 성 평등 교육

| 인권 교육 | 학교에서 인권 교육을 통해 인권의 가치와 중요성을 알림. |
|---|---|
| 시민 단체 활동 | 사람들의 인권을 보장하기 위해 다양한 지원과 캠페인 활동을 함. |
| 인권을 위한 법 제정 | 국가는 장애, 성별 등에 따른 차별이 발생하지 않도록 법을 만들어 시행함. |
| 사회 보장 제도 운영 | 국가는 실업, 장애, 빈곤 등의 사회적 위험으로부터 모든 국민을 보호하고 국민들의 삶의 질을 향상함. |
| 공공 편의 시설 설치 | 모든 사람이 편리하고 안전할 수 있도록 다양한 공공 편의 시설을 설치하고 운영함. |

▲ 점자 블록

▲ 어린이 보호 구역

▲ 횡단보도 음향 신호기

내 교과서 살펴보기 / 교학사, 미래엔, 비상교육, 아이스크림 미디어

**유니버설 디자인**
- 성별, 나이, 장애, 언어 등에 상관없이 모든 사람이 편리하게 이용할 수 있는 환경을 만드는 것입니다.
- 최근에는 대중교통, 도로 설계, 일상용품 등 다양한 분야에서 폭넓게 쓰이고 있습니다.

→ 키가 작은 사람도 잡을 수 있습니다.
▲ 높이가 다른 지하철 손잡이

### 2. 인권 보장을 위한 국가기관

| 법원 | 다툼이나 범죄로 인해 인권이 침해되었을 때 법원의 재판을 통해 권리를 구제받을 수 있음. |
|---|---|
| 헌법 재판소 | 법률에 있는 모든 구제 절차를 거친 뒤에도 구제받지 못했을 때 도움을 요청할 수 있음. |
| 국가 인권 위원회 | 사회나 국가기관으로부터 인권을 침해당했을 때 구제를 요청할 수 있음. → 인권 보장을 위한 정책을 제안하고 검토하는 일을 합니다. |

### ☑ 인권 보장을 위한 사회의 노력

우리 사회는 인권 보장을 위해 인권 교육, ❸ ㅂ 제정, 공공 편의 시설 설치 등의 노력을 합니다.

여기는 길이 좀 다르게 생겼네? / 시각 장애인을 위한 점자 블록이야.

### ☑ 국가 인권 위원회

국가 인권 위원회는 ❹ ㅅ ㅎ 나 국가기관으로부터 인권을 침해당했을 때 도움을 줍니다.

아무래도 우리의 인권을 침해당한 것 같아. / 국가 인권 위원회에 도움을 요청해 보시는 건 어때요?

정답 ❸ 법 ❹ 사회

용어 사전

**구제(救 도울 구 濟 도울 제)**
피해를 당하여 어려운 처지에 있는 사람을 도와줌.

# 개념 알기

## 개념 ③ 인권 보호의 실천

1. **인권 보호를 실천해야 하는 까닭**: 나와 다른 사람의 인권이 모두 중요함을 알고 인권 보호를 실천할 때 더 나은 사회가 될 수 있기 때문입니다.

2. **일상생활 속 인권 보호의 실천** → 나와 상대방의 인권을 지킬 수 있습니다.

다른 사람에게 관심 기울이기

인권을 존중하는 말 사용하기

다른 사람의 입장이 되어 생각하기

편견 버리기

3. **인권 보호를 실천하는 방법**

- 표어 쓰기
- 포스터 그리기
- 홍보 영상 만들기
- 인권 캠페인 활동하기
- 인권 개선 편지 쓰기
- 시민 단체에 기부하기
  → 용돈이나 물품을 모아 인권을 보장하는 일을 하는 단체에 기부합니다.

△ 인권 개선 편지 쓰기

△ 인권 캠페인 활동하기

## 개념 체크

✅ **인권 보호를 실천해야 하는 까닭**

인권 보호를 실천할 때 더 ❺( 나쁜 / 나은 ) 사회를 만들 수 있기 때문입니다.

✅ **인권 보호를 실천하는 방법**

인권 개선 ❻[ㅍ][ㅈ] 쓰기, 표어 쓰기, 캠페인 활동하기 등이 있습니다.

정답 ❺ 나은 ❻ 편지

 용어 사전

*개선(改 고칠 개 善 착할 선)
잘못된 것이나 부족한 것, 나쁜 것 따위를 고쳐 좋게 만듦.

다른 출구로 가기 힘드니 제가 도와드릴게요.
공사중 7번 출입구 →

나는 조종사가 되고 싶어.
너는 훌륭한 조종사가 될 수 있을 거야.

익숙하지 않으셔서 그래요.
매번 배워도 까먹는구나.

손자가 인형을 좋아하는데 괜찮은 걸로 추천해 주세요.

장애인 화장실을 설치해 주세요.

우리 모두의 인권
인권 존중

62 | 사회 5-1

# 개념 다지기

**1** 생활 속에서 인권이 침해된 사례로 알맞지 <u>않은</u> 것은 어느 것입니까? (          )

11종 공통

① 몸이 불편해 혼자 병원에 갈 수 없는 할머니
② 학급 대화방에 학급 소식을 공유하는 어린이
③ 경사로가 설치되어 있지 않아 불편을 겪는 장애인
④ 피부색이 다르다고 차별받는 다문화 가정의 친구
⑤ 놀이터의 놀이 기구가 고장 나서 놀 수 없는 어린이

**2** 다음에서 설명하는 것을 보기 에서 찾아 쓰시오.

11종 공통

　실업, 노령, 장애, 질병, 빈곤 등의 사회적 위험으로부터 모든 국민을 보호하고 국민들의 삶의 질을 향상시키기 위해 국가에서 시행하는 제도입니다.

보기
• 사회 보장 제도　　• 다문화 이해 교육

(　　　　　　　　　)

**3** 다음과 같이 성별, 나이, 장애 등에 상관없이 모든 사람이 편리하게 이용할 수 있는 디자인은 무엇입니까?
(　　　　)

교학사, 미래엔, 비상교육, 아이스크림 미디어

⬆ 높이가 다른 지하철 손잡이

① 웹 디자인　　　② 패션 디자인
③ 공간 디자인　　④ 캐릭터 디자인
⑤ 유니버설 디자인

**4** 다음에서 설명하는 기관은 어디입니까? (          )

천재교육, 천재교과서, 교학사, 금성출판사, 김영사, 동아출판, 비상교과서, 비상교육, 아이스크림 미디어, 지학사

　인권 보장을 위한 정책을 제안하고 검토하는 일을 하는 기관으로, 사회나 국가기관으로부터 인권을 침해당했을 때 이곳에 구제를 요청할 수 있습니다.

① 법원　　　　　　② 학교
③ 보건소　　　　　④ 헌법 재판소
⑤ 국가 인권 위원회

**5** 다음 상황에서 ㉠에 들어갈, 인권을 존중하는 말로 알맞은 것은 어느 것입니까? (          )

천재교육, 천재교과서, 김영사, 미래엔

① 조종사는 아무나 하니?
② 너는 여자라 조종사가 되기 어려워.
③ 너는 훌륭한 조종사가 될 수 있을 거야.
④ 조종사는 너와 어울리지 않는 직업 같아.
⑤ 조종사는 나처럼 키가 큰 사람만 할 수 있어.

**6** 오른쪽 그림에 나타난 인권 보호를 실천하는 방법은 어느 것입니까?
(　　　　)

천재교육, 천재교과서, 김영사, 미래엔, 비상교과서, 비상교육, 아이스크림 미디어, 지학사

① 인권 보호 표어 쓰기
② 인권 개선 편지 쓰기
③ 인권 캠페인 활동하기
④ 인권 보호 포스터 그리기
⑤ 인권 보호 홍보 영상 만들기

천재교육, 천재교과서, 교학사, 김영사, 동아출판, 미래엔, 비상교과서, 비상교육, 지학사

**Step ① 단원평가**

[1~5] 다음은 개념 확인 문제입니다. 물음에 답하시오.

**1** 인간이라면 당연히 누릴 수 있는, 모든 사람이 존중받으며 사람답게 살 권리를 무엇이라고 합니까?

( )

**2** 억울한 일을 당한 사람이 임금의 행차 때 징이나 꽹과리를 쳐서 억울함을 알렸던 옛 제도는 무엇입니까?

( )

**3** 마틴 루서 킹은 ( 흑인 / 여성 )의 인권 신장을 위해 노력했던 인물입니다.

**4** 인권 ( 보장 / 침해 )이/가 발생하면 피해를 본 사람이 상처를 받고, 인간다운 삶을 누리기 어렵습니다.

**5** 인권을 보장하기 위해 학교에서는 인권 ( 교육 / 선언 )을 통해 인권의 가치와 중요성을 알리고 있습니다.

11종 공통

**6** 인권의 특징을 바르게 말한 어린이를 쓰시오.

> 보미: 일부 사람들에게만 보장돼.
> 여진: 일정 기간 동안만 누릴 수 있어.
> 석규: 성별이나 국적 등에 관계없이 누구나 누릴 수 있어.

( )

**7** 다음 세계 인권 선언문에서 ☐ 안에 공통으로 들어갈 알맞은 말은 어느 것입니까? ( )

### 세계 인권 선언

제1조  모든 사람은 태어날 때부터 ☐롭고 평등해요.

제2조  모든 사람은 어떤 이유로도 차별받으면 안 돼요.

제3조  생명을 존중받으며 ☐롭고 안전하게 살아갈 수 있어요.

① 조화          ② 자유
③ 흥미          ④ 지혜
⑤ 정의

천재교과서

**8** 우리 주변에서 인권을 존중하는 모습으로 알맞지 <u>않은</u> 것은 어느 것입니까? ( )

①
🔺 어린이를 위해 엘리베이터에 발판을 놓음.

②
🔺 몸이 불편한 사람을 방문해 필요한 물품을 제공함.

③
🔺 편견 없는 세상을 위해 홍보함.

④
🔺 피부색이 다른 사람들을 차별함.

천재교육, 아이스크림 미디어

**9** 다음 그림과 같이 인권 신장을 위해 노력했던 인물은 누구입니까? (          )

저는 시각 장애인의 인권 신장을 위해 한글 점자를 만들었습니다.

① 허균 　　　　　 ② 박두성
③ 이태영 　　　　 ④ 테레사 수녀
⑤ 마틴 루서 킹

천재교과서, 교학사, 금성출판사, 김영사, 지학사

**10** 오른쪽과 같이 억울한 일을 문서에 써서 임금에게 알렸던 제도는 무엇입니까?

(          )

① 상언
② 격쟁
③ 활인서
④ 신문고
⑤ 삼복제

천재교육, 비상교과서, 아이스크림 미디어, 지학사

**11** 다음 그림에 대한 설명으로 알맞은 것은 어느 것입니까? (          )

누가 내 사진을 허락도 없이 함부로 올렸지?

① 편견으로 인해 차별이 발생한 경우이다.
② 다른 사람으로 인해 개인 정보가 공개되었다.
③ 외모가 다르다는 이유로 인권 침해가 발생했다.
④ 종교에 따라 행동할 수 있는 권리를 침해당했다.
⑤ 놀이 기구가 망가져 놀 권리를 침해당한 경우이다.

11종 공통

**12** 다음 사진과 관련 있는 인권을 보장하기 위한 노력으로 알맞은 것은 어느 것입니까? (          )

🔺 점자 블록　　　　🔺 시각 장애인용 음향 신호기

① 인권 교육
② 시민 단체 활동
③ 사회 보장 제도 운영
④ 공공 편의 시설 설치 및 운영
⑤ 인권 보장을 위한 국가기관 운영

천재교과서

**13** 다음은 인권 보장을 위한 국가기관 중 법원에 대한 설명입니다. (          ) 안의 알맞은 말에 각각 ○표를 하시오.

　　다툼이나 범죄로 인해 인권이 ❶( 신장 / 침해 )되었을 때는 법원의 ❷( 재판 / 교육 )을 통해 권리를 구제받을 수 있습니다.

11종 공통

**14** 일상생활 속에서 우리가 인권 보호를 실천할 수 있는 방법으로 알맞지 <u>않은</u> 것은 어느 것입니까? (          )

① 고정 관념과 편견을 버린다.
② 사회 보장 제도를 운영한다.
③ 다른 사람에게 관심을 기울인다.
④ 인권을 존중하는 말을 사용한다.
⑤ 다른 사람의 입장이 되어 생각해 본다.

**15** 다음은 어떤 검색어에 대한 검색 결과입니다.

11종 공통

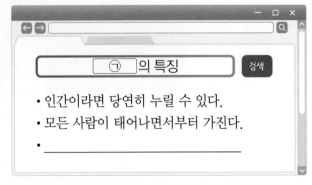

- 인간이라면 당연히 누릴 수 있다.
- 모든 사람이 태어나면서부터 가진다.
- _____

(1) 위 ㉠에 들어갈, 모든 사람이 존중받으며 사람답게 살 권리는 무엇인지 쓰시오. (　　　　　　　　　)

(2) 위 밑줄 친 부분에 들어갈 내용을 쓰시오.

답 모든 사람에게 [　　　　] 하게 보장된다.

천재교육, 천재교과서, 교학사, 금성출판사, 김영사, 동아출판, 비상교과서, 비상교육, 아이스크림 미디어, 지학사

**16** 다음은 인간 존중의 태도가 담겨 있는 옛날의 제도입니다.

🔼 무거운 형벌을 내릴 때 세 번의 재판을 거쳤음.

(1) 위 제도의 이름을 쓰시오. (　　　　　　　　　)

(2) 위와 같은 제도를 시행했던 까닭을 쓰시오.

_____

_____

천재교육, 천재교과서, 교학사, 금성출판사, 김영사, 동아출판, 비상교과서, 비상교육, 아이스크림 미디어, 지학사

**17** 국가 인권 위원회에서 하는 일을 쓰시오.

_____

_____

서술형 가이드
어려워하는 서술형 문제!
서술형 가이드를 이용하여 풀어 봐!

**15** (1) 인권은 ( 모든 / 일부 ) 사람들이 존중받으며 사람답게 살 권리입니다.

(2) 인권은 모든 사람에게 평등하게 보장되는 것으로, 다른 사람이 함부로 빼앗을 수 ( 있습니다 / 없습니다 ).

**16** (1) 삼복제는 ( 무거운 / 가벼운 ) 형벌을 내릴 때 세 번의 재판을 거치게 했던 제도입니다.

(2) 삼복제는 무거운 형벌을 받는 사람이 억울하지 않도록 그 사람의 [　][　] 을 보호했습니다.

**17** 국가 인권 위원회에서는 인권을 [　][　] 하기 위한 다양한 노력을 합니다.

학습 주제 생활 속에서 인권 보장이 필요한 사례

학습 목표 우리 주변의 인권 침해 사례를 찾고, 인권 보장을 위한 사회의 노력을 알 수 있다.

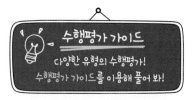

수행평가 가이드
다양한 유형의 수행평가!
수행평가 가이드를 이용해 풀어 봐!

**인권 침해와 인권 보장**

• 인권 침해가 발생하면 피해를 본 사람이 상처를 받고, 인간다운 삶을 누리기 어렵습니다.

• 인권을 보장받는다면 모든 사람이 행복하게 살아갈 수 있습니다.

[18~20] 다음은 우리 주변에서 볼 수 있는 모습입니다.

ㄱ 다른 나라에서 온 우리 가족은 ☐이/가 달라서 차가운 시선을 받아요.

ㄴ 다른 출입구로 가기 힘드니 제가 도와드릴게요.
공사중 7번 출입구 →

ㄷ 영화관에는 계단이 많아서 영화를 보러 가기가 힘들어요.

ㄹ 일이 너무 많아 일주일째 야근을 하고 있어요.

천재교과서, 교학사, 김영사, 동아출판, 미래엔, 비상교과서, 지학사

**18** 위 ☐ 안에 들어갈 알맞은 말을 찾아 ○표를 하시오.

• 성별      • 나이      • 피부색

11종 공통

**19** 위 ㄱ~ㄹ 중 인권 침해 사례로 볼 수 <u>없는</u> 것을 찾아 기호를 쓰시오.

(            )

11종 공통

**20** 위 그림에 나타난 사람들의 인권 보장을 위해 사회에서 하는 노력을 한 가지만 쓰시오.

_____

_____

오늘날 우리 사회는 인권을 보장하기 위해 다양한 노력을 하고 있어.

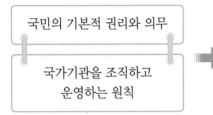

## 개념 ① 헌법의 의미와 내용

**1. 헌법의 의미:** 우리나라의 <u>최고법</u>으로 모든 법의 기본이 되는 법입니다.

> ⌐ 헌법을 기준으로 국가가 운영되고 있고, 누구도 헌법의 내용과 정신에 어긋나는 결정을 내릴 수 없기 때문입니다.

**2. 헌법에 담긴 내용**

| 국민의 기본적 권리와 의무 |
| 국가기관을 조직하고 운영하는 원칙 |

➡

- 인간의 존엄성을 보장하고 있음.
- 국가나 다른 사람이 함부로 국민의 권리를 침해할 수 없도록 하기 위해 국민의 권리를 제시함.

**3. 헌법에 담긴 가치**

**4. 헌법의 내용을 새로 정하거나 바꾸는 방법:** 헌법이 국가를 운영하는 데 가장 기본적이고 중요한 내용을 담고 있기 때문에 <u>국민 투표</u>를 통해 헌법의 내용을 새로 정하거나 바꿉니다.

> ⌐ 국가의 중요한 일을 국민이 투표해 결정하는 제도입니다.

---

**내 교과서 살펴보기 / 천재교과서, 교학사, 금성출판사, 김영사, 미래엔, 비상교과서, 비상교육, 지학사**

**제헌절**
- 우리나라의 헌법이 만들어지고 공포된 1948년 7월 17일을 기념합니다.
- 헌법이 처음 만들어진 후, 헌법에 따라 대한민국 정부가 세워졌습니다.

---

## 개념 체크

☑ **헌법**

우리나라의 ❶ ㅊ ㄱ ㅂ 으로 모든 법의 기본이 되는 법을 헌법이라고 합니다.

☑ **헌법에 담긴 내용**

국민이 누려야 할 ❷ ㄱ ㄹ 와 지켜야 할 의무, 국가기관을 운영하는 원칙 등이 헌법에 담겨 있습니다.

정답 ❶ 최고법 ❷ 권리

📖 용어 사전

- **법**(法 법 법)
  국가의 강제력을 수반하는 사회 규범
- **공포**(公 공평할 공 布 펼 포)
  일반 대중에게 널리 알림.

## 개념② 헌법이 중요한 까닭

**제1조**
① 대한민국은 민주 공화국이다.
② 대한민국의 주권은 국민에게 있고, 모든 권력은 국민으로부터 나온다.

**제10조**
모든 국민은 인간으로서의 존엄과 가치를 가지며, 행복을 추구할 권리를 가진다. 국가는 개인이 가지는 불가침의 기본적 인권을 확인하고 이를 보장할 의무를 진다.

⬇

• 헌법은 국민의 행복, 인권, 자유, 권리 등을 보장하고 있기 때문에
• 헌법은 모든 국민이 인권을 존중받으면서 나라가 안정적으로 운영될 수 있도록 하는 기준이 되기 때문에

내 교과서 살펴보기 / **김영사**

**헌법의 원리** → 우리나라 헌법은 정해진 원리를 바탕에 두고 만들어졌습니다.

| | |
|---|---|
| 국민 주권주의 | 국민이 국가의 주인임. |
| 자유 민주주의 | 개인의 자유와 권리는 함부로 침해당할 수 없음. |
| 복지 국가주의 | 모든 사람이 인간다운 삶을 보장받을 수 있음. |
| 국제 평화주의 | 우리나라는 국제적인 평화를 목표로 함. |
| 평화 통일 추구의 원리 | 우리나라는 남북의 평화적인 통일을 목표로 함. |

## 개념③ 헌법의 역할

1. **법과 제도를 통한 인권 보장**: 국가는 헌법의 인권 보장 내용을 다양한 법과 제도로 만들고 시행합니다. → 생활 속에서 개인의 권리를 보호할 수 있습니다.

내 교과서 살펴보기 / **천재교육**

| 헌법 제35조 ① | 법률 | 제도 시행 |
|---|---|---|
| 모든 국민은 건강하고 쾌적한 환경에서 생활할 권리를 가짐. | 「대기 환경 보전법」<br>대기 오염으로 인한 국민 건강이나 환경에 관한 위험을 예방하고, 대기 환경을 관리하기 위한 법입니다. | • 차량 2부제 시행<br>• 미세 먼지 간이 측정기 설치 |

---

☑ **헌법의 중요성**

헌법은 국민의 ❸( 행복 / 불행 ), 인권, 자유, 권리 등을 보장하고 있습니다.

☑ **법과 제도를 통한 인권 보장**

헌법의 인권 보장 내용은 다양한 ❹ ㅂ 과 제도로 구체화됩니다.

정답 ❸ 행복 ❹ 법

**용어사전**

• 주권(主 주인 주 權 권세 권)
국가의 의사를 결정할 수 있는 힘
• 불가침(不 아닐 불 可 옳을 가 侵 침노할 침)
침범해서는 안 됨.

## 2. 헌법 재판소를 통한 인권 보장 예 주민 등록 번호 변경 사건

김△△ 씨의 주민 등록 번호가 불법으로 유출이 되어 ○○구청에 변경을 요청함.

→ 사생활의 자유를 침해당하고, 범죄의 위험에 노출되어 생명과 안전의 권리가 침해당할 수 있습니다.

법률이 국민의 인권을 침해하고 있다고 판단한 김△△ 씨는 헌법 재판소에 도움을 요청함.

### 헌법 재판소의 결정

주민 등록 번호가 유출되어 피해를 받았음에도 번호 변경을 허용하지 않는 것은 '개인 정보 자기 결정권'을 침해하는 것이다.

내 교과서 살펴보기 / 교학사, 김영사, 동아출판, 미래엔, 비상교과서, 비상교육, 아이스크림 미디어

인터넷 실명제 → 인터넷 이용자의 실명과 주민 등록 번호가 확인되어야만 인터넷에 글을 올릴 수 있는 제도입니다.

| 찬성하는 입장 | 반대하는 입장 |
|---|---|
| 악성 댓글, 사이버 범죄를 막을 수 있음. | 표현의 자유를 침해함. |

**헌법 재판소의 결정**: 인터넷 실명제는 표현의 자유를 제한해 자유로운 여론 형성을 방해하여 표현의 자유, 개인 정보 자기 결정권, 언론의 자유 등 기본권을 침해함.

## 중요 3. 헌법과 헌법 재판소의 역할

| 헌법 | 개인이 가진 인권을 확인하고 보장함. |
|---|---|
| 헌법 재판소 | 법률이 헌법에 어긋나는지, 국가 권력이 국민의 권리를 침해하는지 등을 심판함. → 헌법 재판소에서 법률이 국민의 인권을 침해한다고 결정하면, 그 법률은 개정되거나 폐지됩니다. |

### ☑ 헌법 재판소를 통한 인권 보장

법률이 국민의 인권을 침해한다고 판단이 되면 ❺( 국가 인권 위원회 / 헌법 재판소 )에 도움을 청할 수 있습니다.

### ☑ 헌법의 역할

헌법은 개인의 ❻ ㅇ ㄱ 을 확인하고 보장하는 역할을 합니다.

정답 ❺ 헌법 재판소 ❻ 인권

# 개념 다지기

**1** 헌법에 대한 설명으로 알맞은 것은 어느 것입니까?

11종 공통

(      )

① 모든 법의 기본이 된다.
② 국민이 지켜야 할 의무만 담겨 있다.
③ 인간의 존엄성을 보장하고 있지 않다.
④ 국민의 행복을 중요하게 여기지 않는다.
⑤ 국가가 국민의 권리를 침해할 수 있다고 나와 있다.

**2** 다음 ☐ 안에 들어갈 알맞은 말을 **보기** 에서 찾아 쓰시오.

천재교육, 교학사, 금성출판사, 김영사, 미래엔

> 헌법의 내용을 새로 정하거나 바꾸고자 할 때는
> ☐ 를 해야 합니다.

**보기**
• 국민 투표          • 국제 회의

(                    )

**3** 다음 어린이가 설명하는 날은 언제입니까? (      )

천재교과서, 교학사, 금성출판사, 김영사, 미래엔, 비상교과서, 비상교육, 지학사

> 우리나라의 헌법이 만들어지고
> 공포된 것을 기념하는 날로,
> 7월 17일이에요.

① 제헌절          ② 광복절
③ 한글날          ④ 개천절
⑤ 현충일

**4** 헌법의 원리로 알맞지 <u>않은</u> 것은 어느 것입니까?

김영사

(      )

① 국가의 주인은 국민이다.
② 국제적인 평화를 목표로 한다.
③ 남북의 평화적인 통일을 목표로 한다.
④ 일부 사람만 인간다운 삶을 보장받는다.
⑤ 개인의 자유와 권리는 함부로 침해당할 수 없다.

**5** 다음 헌법의 내용을 보장하기 위해 시행하는 제도로 알맞은 것을 **보기** 에서 찾아 기호를 쓰시오.

천재교육

> 제35조 ①
>   모든 국민은 건강하고 쾌적한 환경에서 생활할 권리를 가지며, 국가와 국민은 환경 보전을 위하여 노력하여야 한다.

**보기**
㉠ 차량 2부제          ㉡ 실업 급여 제도

(                    )

**6** 다음 국가기관의 역할로 알맞은 것은 어느 것입니까?

11종 공통

(      )

① 개인의 인권을 제한한다.
② 사회 보장 제도를 실시한다.
③ 여러 가지 법과 제도를 만든다.
④ 인권을 보장하기 위한 교육을 한다.
⑤ 법률이 헌법에 어긋나는지를 심판한다.

**2** 단원

## 개념① 헌법에 보장된 기본권

### 1. 기본권

① 의미: 헌법이 보장하는 국민의 기본적인 권리

② 국가의 안전 보장, 사회질서 유지, 공공의 이익 추구 등을 위해 필요한 경우 법률에 따라 제한될 수 있습니다. → 자유와 권리의 본질적인 내용은 침해할 수 없습니다.

☑ **기본권**

기본권은 ❶ ㅎ ㅂ 이 보장하는 국민의 기본적인 권리를 말합니다.

학교에서 수업을 듣는 것도 우리의 권리 중 하나야.

저요!
저요!

### 2. 기본권의 종류

**자유권** → 거주·이전의 자유, 직업 선택의 자유 등이 있습니다.

나의 생각을 자유롭게 표현할 수 있어요.

국가의 간섭을 받지 않고 자유롭게 생각하고 행동할 수 있는 권리

**평등권**

차별받지 않고 동등한 대우를 받으며 시험을 치를 수 있어요.

선발 시험

부당하게 차별받지 않고 법을 공평하게 적용 받을 권리

**참정권**

기표소  기표소

선거로 대표를 뽑거나 직접 대표가 될 수 있어요.

투표함

국가의 정치 과정에 참여할 수 있는 권리

**사회권**

쾌적한 환경에서 생활할 수 있어요.

인간다운 삶을 국가에 요구할 수 있는 권리 → 우리가 학교에서 교육을 받는 모습도 해당됩니다.

☑ **기본권의 종류**

국민의 기본권에는 ❷( 자유 / 건강 )권, 평등권, 참정권, 사회권, 청구권 등이 있습니다.

난 조종사가 되고 싶어.

나는 가수!

우리에겐 직업 선택의 자유가 있어.

정답 ❶ 헌법 ❷ 자유

**청구권**

침해된 권리를 되찾기 위해 재판을 받을 수 있어요.

기본권이 침해당했을 때 국가에 기본권 보장을 요구할 수 있는 권리

내 교과서 살펴보기 / **비상교육**

**현대 사회에 등장한 새로운 권리**

• 수면권: 충분한 잠을 잘 권리
• 일조권: 어느 집에서나 햇볕을 쬘 권리
• 문화적 권리: 문화생활을 누릴 권리

용어
사전

● 간섭(干 방패 간 涉 건널 섭) 직접 관계가 없는 남의 일에 부당하게 참견함.

## 개념 ② 헌법에 나타난 의무

### 1. 국민의 의무

| 의미 | 국민으로서 지켜야 하는 것 |
|---|---|
| 필요한 까닭 | • 나라가 건강하게 유지되고 발전할 수 있음.<br>• 자신과 다른 사람의 기본권을 보호하는 바탕이 됨. |

### 중요 2. 의무의 종류

**교육의 의무**

모든 국민은 보호하는 자녀에게 적어도 초등 교육과 법이 정하는 교육을 받게 할 의무가 있음.

**국방의 의무**

모든 국민은 자신의 가족과 국민 모두의 안전을 위해 나라를 지킬 의무가 있음.

**근로의 의무**

모든 국민은 개인과 나라의 발전을 위해 일할 의무가 있음.

**납세의 의무**

모든 국민은 정해진 법에 따라 세금을 낼 의무가 있음.

└→ 물건을 살 때마다 세금을 같이 내고 있습니다.

**환경 보전의 의무**

국가와 모든 국민은 환경을 보전하기 위해 노력할 의무가 있음.

---

### ☑ 국민의 의무

의무란 나라가 발전하기 위해서 국민으로서 ❸ ( 지켜야 / 무시해야 ) 하는 것을 말합니다.

### ☑ 의무의 종류

헌법은 교육의 의무, 국방의 의무, 근로의 의무, ❹ [ㄴ][ㅅ] 의 의무, 환경 보전의 의무 등을 제시하고 있습니다.

정답 ❸ 지켜야 ❹ 납세

용어 사전

★납세(納 납부할 납 稅 세금 세)
세금을 냄.

개념 체크

## 개념③ 권리와 의무의 바람직한 관계

### 1. 권리나 의무만을 주장할 때의 문제점 예

| 권리만<br>주장할 때 | • 돈을 벌기 위해 땅을 개발하여 주변 생태계에 피해를 줌.<br>• 인터넷에 자유롭게 올린 글이 상대방의 사생활을 침해함. |
|---|---|
| 의무를 다하지<br>않을 때 | • 납세의 의무를 다하지 않아 고장난 시설을 고치지 못함.<br>• 환경 보전의 의무를 다하지 않아 환경이 오염되어 사람들이 괴로워함. |

→ 사회가 혼란스러워질 수 있습니다.

### 2. 권리와 의무의 충돌

① 권리와 의무는 서로 연결되어 있어 각자 처한 상황과 입장에 따라 충돌하는 경우도 있습니다.

② 권리와 의무가 충돌하는 상황 예

□□ 씨는 자신이 갖고 있는 ○○군의 땅에 골프장을 건설하려고 했다. 하지만 ○○군청에서는 해당 지역을 개발하면 자연환경이 파괴될 것이라며 골프장 건설을 제한했다.

개인의 땅을 개발하지 못하게 하는 것은 자유권을 침해하는 것입니다.

땅 주인 □□ 씨

모든 국민에게는 환경을 보호할 의무가 있습니다.

○○군청

### ③ 권리와 의무가 충돌할 때 필요한 자세

• 서로의 입장을 이해하고 공감해야 함.
• 권리와 의무 가운데 하나만 강조하는 게 아니라, 권리와 의무를 조화롭게 추구하는 태도가 필요함.

---

☑ **권리와 의무의 충돌**

권리와 의무는 서로 연결되어 있어 각자의 입장에 따라 ❺ ㅊ ㄷ 하기도 합니다.

숙제를 할 의무와 나가서 놀 수 있는 권리가 서로 충돌하고 있어.

얼른 숙제부터 하지?

어휴~

☑ **권리와 의무가 충돌할 때 필요한 자세**

개인의 권리를 행사하면서 의무도 실천하는 ❻ ㅈ ㅎ 로운 태도가 필요합니다.

의무가 먼저라니까!

권리가 먼저야!

권리와 의무를 조화롭게 실천해야 한다고!

정답 ❺ 충돌 ❻ 조화

용어
사전

• 충돌(衝 부딪칠 충 突 갑자기 돌)
서로 맞부딪치거나 맞섬.

• 조화 (調 고를 조 和 화할 화)
서로 잘 어울림.

**1** 기본권에 대한 설명으로 알맞은 것을 보기 에서 찾아 기호를 쓰시오.

11종 공통

보기

㉠ 어떠한 경우에도 제한될 수 없습니다.
㉡ 헌법이 보장하는 국민의 기본적 권리입니다.
㉢ 모든 종류의 기본권을 보장받을 수는 없습니다.

(                    )

**2** 다음 그림과 관련 있는 기본권은 어느 것입니까?

11종 공통

(          )

투표를 통해 나와 생각이 비슷한 대표를 뽑을 수 있어요.

① 자유권            ② 청구권
③ 사회권            ④ 참정권
⑤ 행복 추구권

**3** 다음에서 설명하는 국민의 의무는 무엇입니까?

11종 공통

(          )

모든 국민이 정해진 법에 따라 세금을 낼 의무입니다.

① 근로의 의무
② 교육의 의무
③ 납세의 의무
④ 국방의 의무
⑤ 환경 보전의 의무

**4** 세현이가 지키고 있는 의무로 알맞은 것은 어느 것입니까? (          )

11종 공통

저는 쓰레기를 버릴 때 환경을 위해 분리배출을 열심히 하고 있어요.

세현

① 국방의 의무            ② 교육의 의무
③ 근로의 의무            ④ 납세의 의무
⑤ 환경 보전의 의무

**5** 다음은 권리와 의무의 관계에 대한 설명입니다. (          ) 안의 알맞은 말에 각각 ○표를 하시오.

11종 공통

권리와 의무는 서로 ❶( 연결 / 분리 )되어 있어 각자 처한 상황과 입장에 따라 충돌하는 경우도 ❷( 있습니다 / 없습니다 ).

**6** 권리와 의무가 충돌할 때 해결하는 방법으로 알맞은 것은 어느 것입니까? (          )

11종 공통

① 권리를 더 강조한다.
② 힘이 센 사람의 의견을 따른다.
③ 권리와 의무를 조화롭게 실천한다.
④ 나이가 더 많은 사람의 의견을 따른다.
⑤ 권리보다는 의무를 더 중요하게 생각한다.

2 단원

진도 완료 체크

## Step ① 단원평가

[1~5] 다음은 개념 확인 문제입니다. 물음에 답하시오.

**1** 우리나라의 최고법으로 모든 법의 기본이 되는 법을 무엇이라고 합니까? ( )

**2** 법률이 헌법에 어긋나는지, 국가 권력이 국민의 권리를 침해하는지 등을 심판하는 곳은 어디입니까?
( )

**3** 헌법이 보장하는 국민의 기본적인 권리를 무엇이라고 합니까? ( )

**4** 국가의 정치 과정에 참여할 수 있는 권리를 ( 참정권 / 사회권 )이라고 합니다.

**5** 국민으로서 개인과 나라의 발전을 위해 일할 의무를 ( 근로 / 교육 )의 의무라고 합니다.

11종 공통

**6** 헌법에 담긴 내용을 보기에서 두 가지 찾아 기호를 쓰시오.

> **보기**
> ㉠ 국민의 권리
> ㉡ 학교에서 지켜야 할 규칙
> ㉢ 국가기관을 조직하고 운영하는 원칙

( , )

천재교육, 김영사

**7** 헌법에 담긴 가치를 나타낸 다음 그림에서 ㉠에 들어갈 말로 알맞은 것은 어느 것입니까? ( )

① 편견
② 차별
③ 존엄
④ 무시
⑤ 불평등

11종 공통

**8** 다음 헌법 조항을 통해 알 수 있는 것은 어느 것입니까?
( )

> **제10조**
> 모든 국민은 인간으로서의 존엄과 가치를 가지며, 행복을 추구할 권리를 가진다. 국가는 개인이 가지는 불가침의 기본적 인권을 확인하고 이를 보장할 의무를 진다.

① 헌법은 국민의 인권을 보장하고 있다.
② 어린아이들은 인권을 존중받을 수 없다.
③ 국민의 자유와 권리는 침해당할 수 있다.
④ 국가와 국민의 인권은 서로 관련이 없다.
⑤ 국민의 행복은 헌법으로 보장되지 않는다.

천재교육, 금성출판사, 김영사, 동아출판

**9** 다음 ☐ 안에 들어갈 알맞은 말은 어느 것입니까?
( )

주민 등록 번호가 불법으로 유출이 되어 피해를 입은 김△△ 씨는 구청에 주민 등록 번호 변경을 요청하였으나, 법에 관련된 규정이 없다는 이유로 번호를 변경하지 못하게 되었습니다. 법률이 국민의 인권을 침해하고 있다고 판단한 김△△ 씨는 ☐ 에 도움을 요청하였습니다.

① 국회
② 도청
③ 보건소
④ 경찰서
⑤ 헌법 재판소

11종 공통

**10** 다음 기본권의 의미를 바르게 줄로 이으시오.

(1) 사회권 ·     · ㉠ 인간다운 삶을 요구할 권리

(2) 청구권 ·     · ㉡ 기본권이 침해당했을 때 기본권 보장을 요구할 권리

11종 공통

**11** 다음 그림과 관련 있는 기본권으로 알맞은 것을 보기 에서 찾아 쓰시오.

내가 원하는 곳으로 자유롭게 이사할 수 있어.

보기
• 자유권     • 평등권     • 참정권

( )

11종 공통

**12** 오른쪽 그림과 관련 있는 국민의 의무로 알맞은 것은 어느 것입니까? ( )

🔺 우리나라를 지키기 위해 훈련하는 군인들

① 교육의 의무
② 근로의 의무
③ 납세의 의무
④ 국방의 의무
⑤ 환경 보전의 의무

**[13~14]** 다음은 ☐☐ 씨에게 일어난 일입니다.

☐☐ 씨는 자신이 갖고 있는 ○○군의 땅에 골프장을 건설하려고 했지만 ○○군청에서는 해당 지역을 개발하면 자연환경이 파괴될 것이라며 골프장 건설을 제한했습니다.

땅 주인 ☐☐ 씨: 개인의 땅을 개발하지 못하게 하는 것은 ㉠ 을 침해하는 것입니다.

○○군청 관계자: 모든 국민에게는 ㉡ 의무가 있습니다.

천재교육

**13** 윗글을 읽고 알 수 있는 것에 ○표를 하시오.

(1) 권리와 의무가 충돌하고 있는 상황입니다.
( )

(2) 땅 주인 ☐☐ 씨는 땅을 개발하는 것을 반대하고 있습니다.
( )

11종 공통

**14** 윗글에서 ㉠, ㉡에 들어갈 말이 바르게 짝 지어진 것은 어느 것입니까? ( )

| | ㉠ | ㉡ |
|---|---|---|
| ① | 자유권 | 환경을 보호할 |
| ② | 자유권 | 세금을 납부할 |
| ③ | 평등권 | 환경을 보호할 |
| ④ | 평등권 | 세금을 납부할 |
| ⑤ | 사회권 | 세금을 납부할 |

11종 공통

**15** 다음 헌법에 담겨 있는 내용에서 밑줄 친 부분을 헌법에 제시한 까닭을 쓰시오.

> • 국민의 기본적 권리와 의무
> • 국가기관을 조직하고 운영하는 원칙

답 다른 사람이나 ❶ [        ] 가 함부로 국민의 권리를 ❷ [        ] 할 수 없도록 하기 위해서이다.

서술형 가이드
어려워하는 서술형 문제!
서술형 가이드를 이용하여 풀어 봐!

**15** 헌법에는 국민의 기본적 권리와 [    ], 국가기관을 조직하고 운영하는 원칙 등이 담겨 있습니다.

천재교육

**16** 다음 헌법을 통해 국민의 인권이 보장되는 사례를 보고 알 수 있는 점을 한 가지만 쓰시오.

| 헌법 제35조 ① | 법률 | 제도 시행 |
|---|---|---|
| 모든 국민은 건강하고 쾌적한 환경에서 생활할 권리를 가짐. | 「대기 환경 보전법」 | • 차량 2부제 시행<br>• 미세 먼지 간이 측정기 설치 |

_____

_____

**16** 국가는 [    ]에 기초한 법과 제도를 만들어 국민들이 인권을 보장받을 수 있게 합니다.

**17** 다음은 국민의 의무를 지키고 있는 모습입니다.

11종 공통

ㄱ
⬆ 자녀를 학교에 데리고 가는 부모님

ㄴ
⬆ 공장에서 일을 하는 사람

ㄷ
⬆ 분리배출을 하는 어린이

(1) 위 ㄱ~ㄷ 중 환경 보전의 의무를 실천하고 있는 모습을 찾아 기호를 쓰시오.

(                    )

(2) 국민의 의무를 지켜야 하는 까닭을 쓰시오.

_____

**17** (1) 국가와 모든 국민은 환경을 ( 보전 / 훼손 )하기 위해 노력할 의무가 있습니다.
(2) 국민의 의무를 지키는 것은 모두의 [      ]을 보호하는 바탕이 됩니다.

학습 주제 국민의 기본권

학습 목표 헌법에 명시된 기본권의 종류를 알 수 있다.

[18~20] 다음은 헌법이 보장하는 기본권과 관련 있는 모습입니다.

ㄱ 인간다운 삶을 살 수 있어요.

ㄴ 투표를 통해 원하는 사람을 뽑을 수 있어요.

ㄷ 침해된 권리를 되찾기 위해 재판을 받을 수 있어요.

ㄹ 모두가 똑같은 조건을 가지고 시험을 치를 수 있어요.

ㅁ 나의 의견을 자유롭게 말할 수 있어요.

11종 공통

**18** 다음에서 설명하는 기본권과 관련 있는 모습은 무엇인지 찾아 기호를 쓰시오.

모든 국민이 차별받지 않고 동등하게 대우받을 권리입니다.

( )

11종 공통

**19** 다음 헌법 조항과 관련 있는 기본권을 누리는 모습은 무엇인지 찾아 기호를 쓰시오.

제24조 ① 모든 국민은 법률이 정하는 바에 의하여 선거권을 가진다.

( )

11종 공통

**20** 위 ㄱ과 관련 있는 기본권을 누리는 모습을 한 가지만 더 쓰시오.

_____

_____

---

단원 실력 쌓기 정답 12쪽

수행평가 가이드
다양한 유형의 수행평가!
수행평가 가이드를 이용해 풀어 봐!

**기본권**
• 헌법이 보장하는 국민의 기본적인 권리입니다.
• 기본권은 크게 평등권, 자유권, 참정권, 청구권, 사회권 등으로 나눌 수 있습니다.

2 단원

진도 완료 체크

우리는 국가의 주인으로서 정치에 참여할 권리가 있어!

## 개념 ① 법

### 1. 법의 의미와 성격

| 의미 | 사람들이 지켜야 하는 것들 가운데 사람들의 권리를 보호하고자 국가가 만든 규범 |
|---|---|
| 성격 | • 강제성이 있어 법을 어겼을 때는 제재를 받음.<br>• 사회의 변화에 따라 새로 생기거나 바뀔 수 있음. |

### 2. 도로 위에서 지켜야 하는 법

→ 전동 킥보드 이용자는 횡단보도를 건널 때 전동 킥보드에서 내려 걸어가야 합니다.

차 안에 있는 모든 사람들이 안전띠를 매야 함.

어린이 보호 구역
SCHOOL ZONE
30 속도를 줄이시오

어린이 보호 구역에서는 모든 운전자가 시속 30 km 이내로 운전함.

보행자 전용 횡단보도를 건널 때는 자전거에서 내려 걸어감.

신호등에 초록색 불이 켜졌을 때 횡단보도를 건넘.

➡ 법은 일상생활 속에서 사람들을 보호해 주는 규범이며, 사회생활에서 지켜야 할 행동 기준이 됩니다.

## 개념 ② 법과 도덕

### 1. 도덕의 의미: 인간이 양심에 따라 마땅히 지켜야 할 모든 규범으로 사람들이 자율적으로 지키는 것입니다.

### 2. 법과 도덕을 지키지 않은 사례

| 법을 지키지 않은 상황 | • 공공 기관에 장난 전화를 함.<br>• 돈을 내지 않고 물건을 가져감.<br>• 다른 사람의 작품을 허락 없이 세상에 널리 퍼뜨림. |
|---|---|
| 도덕을 지키지 않은 상황 | • 남매끼리 말다툼을 함.<br>• 친구와의 약속 시간에 늦음.<br>• 웃어른께 자리를 양보하지 않음. → 주변 사람들이 눈치를 줍니다. |

### ☑ 법

사람들이 지켜야 하는 것들 중 사람들의 권리를 보호하고자 ❶ [ㄱ][ㄱ] 가 만든 규범입니다.

이건 법으로 정해져 있어서 꼭 지켜야만 해.

그럼!

꼭 초록불이 켜지면 건너야 하는 거야?

### ☑ 법과 도덕의 차이점

법은 어겼을 때 국가의 제재를 받지만 ❷ [ㄷ][ㄷ] 은 어겼을 때 제재를 받지 않습니다.

교통 신호를 위반 하셨습니다. 신분증을 보여 주세요.

법을 어기면 제재를 받아.

소근소근

정답 ❶ 국가 ❷ 도덕

용어
사전

• 규범(規 법 규 範 법 범)
인간이 행동할 때 마땅히 지켜야 할 기준
• 제재(制 절제할 제 裁 마를 재)
법이나 규정을 어겼을 때 국가가 처벌하거나 금지함.

## 개념③ 사회 변화에 따라 달라지는 법

### 1. 법이 바뀌거나 새로 생기는 경우

① 법이 사회 변화에 맞지 않을 때

② 법이 사람들의 인권을 침해하는 상황이 발생할 때

### 2. 법이 바뀐 사례 예「도로 교통법」→ 교통사고의 위험을 줄이기 위해서입니다.

| 법이 바뀌기 전 | 법이 바뀐 후 |
|---|---|
| 전동 킥보드에 대한 명확한 규칙이 없어 사고 위험이 있었음. | 전동 킥보드를 탈 때는 안전모를 쓰고 혼자 타야 하며, 면허가 있어야 함. |
| 사람이 많은 곳에서 자동차가 시속 60 km 까지 달릴 수 있어 사고가 많이 났었음. | 보행자 통행이 많은 도로에서는 최고 속도를 시속 50 km로 낮춰야 함. |

### 3. 법이 새로 생긴 사례

택배를 이용하는 사람이 많아짐.

쉼터를 설치하는 법이 만들어짐.
└「생활 물류 서비스 산업 발전법」

반려동물을 기르는 사람이 많아짐.

동물을 등록해야 하는 법이 만들어짐.

> 내 교과서 살펴보기 / 김영사, 동아출판, 비상교육

**사회 변화에 따라 새로 생긴 법**

• 환경을 보호하기 위해 투명 페트병을 별도로 분리배출하도록 법으로 정했습니다.

• 어린이 통학 버스 사고를 줄이고자 버스 뒤쪽에 카메라를 설치하도록 법으로 정했습니다.

개념 체크

### ☑ 사회 변화에 따라 달라지는 법

법이 사회❸ ㅂ ㅎ 에 맞지 않으면 법을 바꾸거나 새로 만들 수 있습니다.

### ☑ 새로운 법이 생긴 사례

택배 기사의 인권을 위해 쉼터를 설치하고❹ ㅂ ㄹ ㄷ ㅁ 을 책임감 있게 기르도록 등록해야 하는 법 등이 생겼습니다.

정답 ❸ 변화 ❹ 반려동물

용어 사전

• 반려동물
사람이 정서적으로 의지하고자 가까이 두고 기르는 동물

개념 ④ 우리 생활 속의 법 → 법은 우리의 일상생활 곳곳에 적용되고 있고,
많은 일이 법에 따라 이루어지고 있습니다.

「초·중등 교육법」

모든 국민은 일정한 나이가 되면 초등 학교에 다니도록 정해져 있음.

「학교 급식법」

학생들의 건강과 성장을 위해 안전한 음식 재료를 사용하도록 보장함.

「어린이 식생활 안전 관리 특별법」

학교 주변에서는 건강을 해치는 음식을 못 팔게 함.

「어린이 놀이 시설 안전 관리법」

어린이가 안전하게 놀 수 있도록 정기 적으로 놀이 시설을 관리함.

「도로 교통법」

교통사고의 위험으로부터 보호해 줌.

「저작권법」

창작물을 만든 사람의 권리를 보호함.

☑ 「학교 급식법」

「학교 급식법」은 학생들의 건강과 성장을 위해 ❺( 안전 / 위험 )한 음식 재료를 사용하도록 보장하는 법입니다.

☑ 「저작권법」

음악이나 영화 등 ❻ ㅊ ㅈ ㅁ 을 만든 사람의 권리를 보호하는 법을 「저작권법」이라고 합니다.

정답 ❺ 안전 ❻ 창작물

내 교과서 살펴보기 / 천재교육, 천재교과서, 교학사, 금성출판사, 김영사, 동아출판, 미래엔, 비상교과서, 아이스크림 미디어, 지학사

**일상생활 속 다양한 법**

| 「학교 폭력 예방법」 | 학교에서 학교 폭력 예방을 위한 다양한 교육을 실시함. |
| --- | --- |
| 「소비자 기본법」 | 구입한 물건의 품질에 문제가 있을 때 수리나 환불을 받을 수 있음. |
| 「자원 재활용법」 | 환경을 지키기 위해 슈퍼마켓에서 비닐봉지를 공짜로 제공하지 않음. |

→ 사람들이 장바구니를 이용하는 습관을 갖게 되어 자원을 절약하고 환경을 지킬 수 있습니다.

# 개념 다지기

11종 공통

**1** 법에 대해 알맞게 말한 어린이는 누구입니까?
( )

① 영원: 도덕과 다르게 강제성이 없어.
② 유현: 지키지 않아도 제재를 받지 않아.
③ 진주: 사회 변화에 따라 바뀔 수도 있어.
④ 재헌: 주로 학교에서 선생님들이 만들어.
⑤ 은영: 사람들의 권리를 침해하기 위해 만들어졌어.

천재교육, 금성출판사, 김영사, 비상교육, 지학사

**2** 도로 위에서 지켜야 하는 법으로 알맞은 것을 보기 에서 찾아 기호를 쓰시오.

보기
ㄱ 차 안에 있는 모든 사람이 안전띠를 맵니다.
ㄴ 어린이 보호 구역에서는 빠르게 운전합니다.
ㄷ 신호등에 빨간색 불이 켜졌을 때 횡단보도를 건넙니다.

( )

11종 공통

**3** 다음 중 지키지 않았을 때 국가의 제재를 받는 상황을 두 가지 고르시오. ( , )

①
🔺 다른 사람의 작품을 허락 없이 세상에 널리 퍼뜨림.

②
🔺 남매끼리 말다툼을 함.

③
🔺 웃어른께 자리를 양보하지 않음.

④
🔺 돈을 내지 않고 물건을 가져감.

천재교육

**4** 다음 그림을 보고 알 수 있는 것은 어느 것입니까?
( )

「도로 교통법」이 바뀌어 전동 킥보드를 탈 때는 안전모를 쓰고 혼자 타야 해요.

너무 위험한 거 아니야?

① 법이 새로 생기는 일은 거의 없다.
② 법은 사회 변화에 따라 바뀔 수도 있다.
③ 법은 사회 변화에 상관없이 계속 유지된다.
④ 전동 킥보드를 타는 것은 법을 어기는 행동이다.
⑤ 전동 킥보드를 탈 때 안전모가 없으면 착용하지 않아도 된다.

천재교육, 교학사, 금성출판사, 김영사, 동아출판

**5** 「초·중등 교육법」의 내용으로 알맞은 것은 어느 것입니까? ( )

① 소비자의 권리와 이익을 보장한다.
② 창작물을 만든 사람의 권리를 보호한다.
③ 교통사고의 위험으로부터 우리를 보호한다.
④ 학교에서 학교 폭력 예방을 위해 교육을 실시한다.
⑤ 모든 국민은 일정한 나이가 되면 초등학교에 간다.

천재교육, 천재교과서, 교학사, 금성출판사, 동아출판, 미래엔, 비상교과서, 비상교육, 지학사

**6** 오른쪽 사진과 관련 있는 법으로 알맞은 것은 어느 것입니까? ( )

① 「학교 급식법」
② 「도로 교통법」
③ 「자원 재활용법」
④ 「학교 폭력 예방법」
⑤ 「어린이 놀이 시설 안전 관리법」

**개념 ① 법의 역할** → 사회 구성원 전체의 이익을 추구하고 *정의로운 사회를 만드는 데 도움을 줍니다.

### 1. 개인의 권리 보호

① 개인의 생명과 재산, 정보 등을 보호합니다.

② 사람들 사이에 다툼이 생겼을 때 이를 *공정하게 해결하는 기준과 방법을 제시합니다.

| 기본 의료 혜택 보장 |
|---|
| 사람들의 건강을 지킬 수 있게 함. |

| 개인 정보 보호 |
|---|
| 개인의 자유와 권리가 침해되지 않도록 함. |

| 재판 |
|---|
| 개인 사이의 다툼을 해결해 줌. |

내 교과서 살펴보기 / **천재교육**

**법이 개인의 권리를 보호한 사례**

「근로 기준법」을 통해 근로 기준을 제시하여 근로자의 권리를 보호하고 있습니다.
→ 1일의 근로 시간은 휴게 시간을 제외하고 8시간을 초과할 수 없다는 내용입니다.

### 2. 사회질서 유지

① 환경 파괴와 오염을 방지하여 쾌적하게 살아갈 수 있게 합니다.

② 질서를 만들어 사람들을 보호하고 안전하게 살아갈 수 있게 합니다.

| 환경오염 단속 |
|---|
| 깨끗한 환경에서 살 수 있도록 환경을 보호함. |

| 어린이 보호 구역 지정 |
|---|
| 교통사고를 예방하고, 안전하게 다닐 수 있게 함. |

| 경찰의 순찰 |
|---|
| 범죄로부터 안전하게 지켜 줌. |

---

**개념 체크**

☑ **법이 개인의 권리를 보호하는 모습**

법은 개인의 생명, 정보 등을 보호하고 개인 사이의 ❶ ⬜ ⬜ 을 해결해 줍니다.

☑ **법이 사회질서를 유지하는 모습**

법은 ❷ ⬜ ⬜ 오염을 방지하고, 질서를 만들어 사람들을 보호합니다.

정답 ❶ 다툼 ❷ 환경

용어 사전

•**정의**(正 바를 정 義 옳을 의)
사회를 구성하고 유지하는 올바른 도리
•**공정**(公 공평할 공 正 바를 정)
한쪽으로 치우치지 않고 객관적이고 올바름.

## 개념 ② 법을 지켜야 하는 까닭

**1. 법을 지키지 않았을 때 일어날 수 있는 일:** 다른 사람의 권리를 침해하여 피해를 주고, 갈등을 일으켜 사회를 혼란스럽게 만듭니다.

나쁜 말을 해도 나를 찾지 못할 거야.

→ 사이버 폭력을 당한 사람이 큰 상처를 받음.

빨간불이지만 차가 오지 않으니 건너도 돼.

→ 주변 운전자들도 위험해질 수 있습니다.

→ 신호를 지키지 않은 보행자가 사고를 당할 수 있음.

장애인 전용 주차 구역이 많으니 잠깐 세워도 괜찮겠지.

→ 전용 주차 구역이 확보되지 않아 장애인이 이동하는 데 불편함을 겪음.

창작자의 허락을 받지는 않았지만 사용해도 되겠지?

→ 창작자가 돈을 벌 기회와 권리를 잃어버림.

---

내 교과서 살펴보기 / **천재교육, 미래엔, 아이스크림 미디어**

**법을 어기는 행동과 그 문제점**

| 법을 어기는 행동 | 문제점 |
| --- | --- |
| 반려동물의 대변을 치우지 않음. | 길에서 냄새가 남. |
| 다른 사람의 지갑을 가져감. | 지갑을 잃어버린 사람이 금전적인 피해를 봄. |

**2. 법을 지켜야 하는 까닭:** 모든 사람이 권리를 보호받고 질서 있는 사회 속에서 살아가기 위해서입니다. → 법을 존중하고 지키려는 준법정신을 가져야 합니다.

---

☑ **법을 지키지 않았을 때의 문제점**

법을 어기는 행동은 다른 사람에게 ❸( 이득 / 피해 )을/를 주고, 사회를 혼란스럽게 만듭니다.

나 하나쯤은 쓰레기를 버려도 괜찮지 않을까?
안 돼!
법을 어기는 행동은 다른 사람에게 피해를 줘.

☑ **법을 지켜야 하는 까닭**

모든 사람이 ❹ ㅈ ㅅ 있는 사회 속에 살아가기 위해서는 법을 지켜야 합니다.

생활 속에서 지켜야 할 법이 많은 것 같아.
법을 지켜야 우리의 권리도 보호받을 수 있거든!

용어 사전

● **준법정신**
법률이나 규칙 등을 잘 지키는 정신

2 단원

⌐ 법을 지키지 않아 타인에게 피해를 준 사람에게는 재판을 통해
  그 권리를 제한하기도 합니다.

## 3. 모의재판을 통해 법을 지키는 태도 지니기

### ① 모의재판에 등장하는 사람들

| 판사 | 재판을 진행하고 법에 따라 판결을 내리는 사람 |
| --- | --- |
| 검사 | 법을 어긴 점에 대해 ●심판을 요청하는 사람 |
| 변호인 | 피고인을 대신해 권리를 주장하는 사람 |
| 피고인 | 범죄를 저지른 것으로 의심되어 재판을 받는 사람 |
| 증인 | 사건에 대하여 경험한 사실을 말하는 사람 |

### ② 모의재판 해 보기 예 인터넷 만화 불법 유포 사건

> ◇◇◇ 씨는 한눈에 다양한 인터넷 만화를 볼 수 있는 △△△ 누리집을 만들어 많은 수익을 올렸다. 인터넷 만화 작가 ○○○ 씨는 자신의 만화가 △△△ 누리집에 불법으로 올라갔다는 사실을 알게 되었고, △△△ 누리집의 운영자를 찾아달라고 경찰에 신고하였다. △△△ 누리집의 운영자 ◇◇◇ 씨는 경찰에 붙잡혔고, 재판에 넘겨졌다.

피고인이 인터넷 만화를 불법으로 누리집에 올려 인터넷 만화 작가들의 저작권을 침해했으므로 유죄로 인정합니다.
⌐ 「저작권법」에 어긋납니다.

피고인의 행동으로 수많은 인터넷 만화 작가들이 피해를 봤습니다.

피고인이 자기 잘못을 진심으로 반성하고 있으니 이 점을 고려해 주시기 바랍니다.

죄송합니다. 앞으로 인터넷 만화를 누리집에 함부로 올리지 않겠습니다.

**내 교과서 살펴보기 / 미래엔**

**모의재판 활동 순서**

❶ 사건 파악하기 ➡ ❷ 재판에 참여하는 사람들 알기 ➡ ❸ 사건과 관련된 법 알기 ➡ ❹ 모의재판 활동하기 ➡ ❺ 판사의 판결 확인하기 ➡ ❻ 활동 정리하기

---

### ☑ 모의재판에 등장하는 사람들

판결을 내리는 ❺( 증인 / 판사 )을/를 비롯해 검사, 변호인, 피고인 등이 등장합니다.

피고인을 유죄로 인정합니다!

어흥해!

뭘 잘못했는지는 알려 줘야지.

정답 ❺ 판사

**용어 사전**

● **심판**(審 살필 심 判 판단할 판)
어떤 문제와 관련된 일이나 사람에 대하여 잘잘못을 가려 결정을 내리는 일

# 개념 다지기

**1** 다음 그림과 관련 있는 법의 역할로 알맞은 것을 보기 에서 찾아 기호를 쓰시오.

🔼 사람들의 건강을 지켜 줌.

> **보기**
> ㉠ 사회질서 유지　　　㉡ 개인의 권리 보호

(　　　　　　)

**2** 다음 □ 안에 공통으로 들어갈 법으로 알맞은 것은 어느 것입니까? (　　　　)

오늘은 새벽까지 일하세요.

퇴근 시간입니다. 수고하셨어요.

내일 뵙겠습니다.

원래 6시에 일이 끝난다고 하셨잖아요.

□이 만들어지기 전 → □이 만들어진 후

① 「저작권법」　　　② 「근로 기준법」
③ 「동물 보호법」　　④ 「도로 교통법」
⑤ 「학교 급식법」

**3** 법의 역할로 알맞지 <u>않은</u> 것은 어느 것입니까?
(　　　　)

① 환경 파괴와 오염을 방지한다.
② 개인의 자유와 권리를 침해한다.
③ 사람들 사이의 다툼을 해결한다.
④ 범죄로부터 안전하게 지켜 준다.
⑤ 질서를 만들어 사람들을 보호한다.

**4** 다음과 같은 행동을 했을 때 지갑을 잃어버린 사람이 겪을 수 있는 일로 알맞은 것은 어느 것입니까?
(　　　　)

누가 지갑을 놓고 갔네. 몰래 가져가도 모르겠지?

① 사고를 당할 수 있다.
② 일자리를 잃어버린다.
③ 금전적인 피해를 입을 수 있다.
④ 불이 난 곳에 출동하는 것이 늦어진다.
⑤ 정당하게 돈을 벌 수 있는 기회를 잃어버린다.

**2 단원**

진도 완료 체크

**5** 다음 □ 안에 들어갈 알맞은 말을 보기 에서 찾아 쓰시오.

> 법을 지키지 않아 타인에게 피해를 준 사람에게는 □□을/를 통해 그 권리를 제한하기도 합니다.

> **보기**
> • 재판　　• 국민 투표　　• 사회 보장 제도

(　　　　　　)

**6** 다음에서 설명하는 사람은 누구입니까? (　　　　)

> 재판에 참여하는 사람 중 하나로, 피고인을 대신해 권리를 주장하는 사람입니다.

① 판사　　　　　② 검사
③ 변호인　　　　④ 경찰관
⑤ 소방관

[1~5] 다음은 개념 확인 문제입니다. 물음에 답하시오.

**1** 법에는 ( 강제성 / 자율성 )이 있어 법을 어겼을 때는 제재를 받습니다.

**2** 양심에 따라 마땅히 지켜야 할 모든 규범으로 사람들이 자율적으로 지키는 것은 무엇입니까?
( )

**3** 법이 사회 변화에 맞지 않으면 법을 바꾸거나 새로 만들 수 ( 있습니다 / 없습니다 ).

**4** 법은 ( 순찰 / 재판 )을 통해 개인 사이의 다툼을 해결하는 역할을 합니다.

**5** 재판에서 법을 어긴 점에 대해 심판을 요청하는 사람은 누구입니까? ( )

11종 공통

**6** 다음에서 설명하는 말로 알맞은 것은 어느 것입니까?
( )

> 사람들이 지켜야 하는 것들 가운데 사람들의 권리를 보호하고자 국가가 만든 규범입니다.

① 법 ② 도덕
③ 예절 ④ 관습
⑤ 교칙

천재교육, 천재교과서, 미래엔, 비상교과서, 아이스크림 미디어, 지학사

**7** 다음과 같은 모습에 대한 설명으로 알맞은 것은 어느 것입니까? ( )

🔺 웃어른께 자리를 양보하지 않는 것

① 신고를 당할 수 있다.
② 법을 지키지 않은 상황이다.
③ 주변 사람들이 눈치를 줄 수 있다.
④ 국가의 제재를 받을 수 있는 상황이다.
⑤ 경찰에게 붙잡혀 처벌을 받을 수 있다.

천재교과서

**8** 다음과 같은 법이 생긴 까닭으로 알맞은 것은 어느 것입니까? ( )

① 교통사고가 늘어났기 때문에
② 택배를 이용하는 사람들이 많아졌기 때문에
③ 인터넷을 사용하는 사람들이 많아졌기 때문에
④ 반려동물을 기르는 사람들이 많아졌기 때문에
⑤ 전동 킥보드를 이용하는 사람들이 많아졌기 때문에

천재교육, 천재교과서, 김영사, 비상교과서, 비상교육, 아이스크림 미디어

**9** 음악이나 영화 등 창작물을 만든 사람의 권리를 보호하기 위한 법으로 알맞은 것은 어느 것입니까?

( )

① 「저작권법」
② 「도로 교통법」
③ 「소비자 기본법」
④ 「학교 폭력 예방법」
⑤ 「어린이 식생활 안전 관리 특별법」

미래엔, 비상교과서, 아이스크림 미디어

**10** 「소비자 기본법」에 대한 설명으로 알맞은 것을 보기 에서 찾아 쓰시오.

보기
㉠ 학생들의 건강과 성장을 위한 법입니다.
㉡ 교통사고의 위험으로부터 우리를 보호합니다.
㉢ 구입한 물건의 품질에 문제가 있을 때 환불을 받을 수 있습니다.

( )

천재교과서, 교학사, 금성출판사, 김영사, 미래엔, 비상교과서,
비상교육, 아이스크림 미디어, 지학사

**11** 다음 모습과 관련 있는 법의 역할로 알맞은 것은 어느 것입니까? ( )

▲ 환경오염을 단속함.

① 교통사고를 예방한다.
② 개인의 재산을 보호한다.
③ 범죄로부터 안전하게 지켜 준다.
④ 개인 사이의 다툼을 해결해 준다.
⑤ 깨끗한 환경에서 살 수 있도록 한다.

11종 공통

**12** 법을 어기는 행동을 하고 있는 어린이는 누구입니까?

( )

① 현동: 신호등이 빨간불일 때 길을 건넜어.
② 재웅: 길에서 이웃집 아저씨께 인사를 했어.
③ 윤주: 버스에 서 계신 할머니께 자리를 양보했어.
④ 윤재: 길가에 버려진 쓰레기를 쓰레기통에 버렸어.
⑤ 세리: 친구가 학급 누리집에 올린 사진에 칭찬을 해 줬어.

**[13~14]** 다음은 법을 지키지 않은 사례입니다.

인터넷 만화 작가 ○○○ 씨는 자신의 만화가 △△△ 누리집에 불법으로 올라갔다는 사실을 알게 되어 △△△ 누리집의 운영자를 찾아달라고 경찰에 신고하였습니다. △△△ 누리집의 운영자 ◇◇◇ 씨는 경찰에 붙잡혔고, ㉠ 재판에 넘겨졌습니다.

11종 공통

**13** 밑줄 친 ㉠을 하는 까닭으로 알맞은 것은 어느 것입니까? ( )

① 판사의 인권을 보장하기 위해서
② 법을 지킨 사람의 권리를 제한하기 위해서
③ 법을 잘 지킨 사람들에게 보상을 주기 위해서
④ 법을 어긴 사람이 벌을 받지 않게 하기 위해서
⑤ 법을 지키지 않은 사람의 권리를 제한하기 위해서

11종 공통

**14** 위와 같은 내용으로 모의재판을 할 때 등장하지 않는 사람은 누구입니까? ( )

① 판사 ② 검사
③ 의사 ④ 피고인
⑤ 변호인

**15** 다음과 같은 모습에서 볼 수 있는 법의 성격을 쓰시오.

11종 공통

교통 신호를 위반
하셨습니다. 신분증을
보여 주세요.

**답** 법은 ❶ [          ] 이 있어서 법을 어겼을 때는 ❷ [          ] 를 받는다.

서술형 가이드
어려워하는 서술형 문제!
서술형 가이드를 이용하여 풀어 봐!

**15** 강제성이 있어 꼭 지켜야 하는
법은 [   ] 에 따라 지키
는 도덕과 차이가 있습니다.

**16** 다음은 한별이의 일기입니다.

천재교과서

> 20△△년 △△월 △△일
> 오늘은 학교 수업을 마치고 어머니와 함께 장을 보러 슈퍼마켓에
> 다녀왔다. 어머니께서는 슈퍼마켓에서 적용되고 있는 법을 찾으면
> 내가 좋아하는 아이스크림을 사 주시겠다고 했다. 열심히 주변을 둘러
> 보다가 계산대 근처에서 <u>환경을 지키기 위해 비닐봉지를 공짜로 제
> 공하지 않는다</u>는 문구를 발견했다.

(1) 위 일기에서 밑줄 친 부분과 관련 있는 법을 **보기** 에서 찾아 ○표를 하시오.

**보기**
• 「자원 재활용법」        • 「생활 물류 서비스 산업 발전법」

(2) 위 일기에서 밑줄 친 부분으로 인해 어떻게 환경을 지킬 수 있는지 쓰시오.

_____

_____

**16** (1) 「자원 재활용법」은 환경을
( 지키기 / 더럽히기 ) 위한
법입니다.

(2) 「자원 재활용법」을 통해 사람
들이 ( 비닐봉지 / 장바구니 )
를 이용하는 습관을 갖게
될 것입니다.

**17** 다음에서 공통적으로 나타난 법의 역할은 무엇인지 쓰시오.

11종 공통

• 개인 사이의 다툼 해결        • 개인의 생명, 재산, 정보 보호

_____

_____

**17** 법은 개인의 권리를 보호하고
사회질서를 [   ] 하는 역
할을 합니다.

**Step ③ 수행평가**

학습 주제 일상생활 속 법의 사례

학습 목표 우리 주변에서 적용되고 있는 다양한 법의 종류를 알 수 있다.

수행평가 가이드
다양한 유형의 수행평가!
수행평가 가이드를 이용해 풀어 봐!

**법**

• 사람들이 지켜야 하는 것들 가운데 사람들의 권리를 보호하고자 국가가 만든 규범입니다.

• 사람들이 사회생활에서 지켜야 할 행동 기준이 됩니다.

**[18~20]** 다음은 일상생활 속에서 법이 적용되는 모습입니다.

㉠ 안전하게 횡단보도를 건널 수 있어요.

㉡ 학교 주변에서는 건강을 해치는 음식을 팔지 않아요.
여기부터는 어린이 식품 안전 보호 구역입니다.

㉢ 다양한 음악을 듣거나 영화를 봐요.

㉣ 초등학교에 다니며 공부할 수 있어요.

㉤ 안전한 재료로 만든 급식을 먹을 수 있어요.

㉥ 친구들과 놀이터에서 안전하게 놀 수 있어요.

천재교육, 교학사, 금성출판사, 김영사, 미래엔, 비상교육, 아이스크림 미디어

**18** 다음에서 설명하는 법의 적용을 받고 있는 모습을 찾아 기호를 쓰시오.

어린이가 안전하게 놀 수 있도록 정기적으로 시설을 관리하는 법입니다.

( )

천재교육, 금성출판사, 김영사, 비상교육, 지학사

**19** 「어린이 식생활 안전 관리 특별법」과 관련 있는 모습으로 가장 알맞은 것을 찾아 기호를 쓰시오.

( )

**20** 위와 같은 모습을 보고 알 수 있는 것을 쓰시오.                    11종 공통

우리는 다양한 법과 함께 살아가고 있어.

## 2. 인권 존중과 정의로운 사회

점수

⌕ 배점 표시가 없는 문제는 문제당 4점입니다.

천재교육, 천재교과서, 교학사, 금성출판사, 김영사, 동아출판, 비상교육, 지학사

---

**1 인권을 존중하는 삶**

11종 공통

**1** 인권에 대한 설명에서 다음 밑줄 친 부분에 들어갈 말로 알맞지 <u>않은</u> 것은 어느 것입니까? [6점] (      )

> 인권은 _____ 권리입니다.

① 인간이라면 당연히 누리는
② 일정 기간 동안만 보장되는
③ 모든 사람들이 누릴 수 있는
④ 태어나면서부터 가지게 되는
⑤ 어떤 이유로도 빼앗길 수 없는

천재교과서, 김영사, 동아출판, 비상교과서, 지학사

**2** 오른쪽 인물에 대한 설명으로 알맞은 것은 어느 것입니까? (      )

▲ 마틴 루서 킹

① 어린이날을 만들었다.
② 가족법 개정 운동에 힘썼다.
③ 신분에 따른 차별을 비판했다.
④ 흑인의 자유와 권리를 위해 노력했다.
⑤ 여성의 참정권 획득을 위해 노력했다.

11종 공통

**3** 다음 인물들의 공통점으로 알맞은 것은 어느 것입니까? (      )

> • 허균    • 방정환    • 테레사 수녀

① 『홍길동전』을 지었다.
② 여성의 권리를 주장했다.
③ 흑인에 대한 차별을 비판했다.
④ 인권 신장을 위해 노력한 인물들이다.
⑤ 주로 우리나라에서 활동했던 인물들이다.

---

**4** 다음에서 설명하는 옛날의 인권 신장을 위한 제도를 쓰시오.

> 억울한 일이 생겼을 때 대궐 밖에 있는 북을 쳐서 임금에게 알렸던 제도입니다.

(                    )

🖋 **서술형·논술형 문제**

11종 공통

**5** 다음은 우리 생활 속에서 볼 수 있는 모습입니다.

[총 10점]

㉠ 함께 운동하니 정말 재밌어.

㉡ 여자는 축구를 할 수 없어!

(1) 위 ㉠, ㉡ 중 인권이 침해당하고 있는 모습을 찾아 기호를 쓰시오. [3점]

(                    )

(2) 위 (1)번 답과 같이 생각한 까닭을 쓰시오. [7점]

_____

_____

**6** 인권을 보장하기 위해 사회에서 하는 노력으로 알맞지 않은 것은 어느 것입니까? ( )

① 사회 보장 제도를 운영한다.

② 인권과 관련 있는 법이나 제도를 없앤다.

③ 모든 사람을 위한 편의 시설을 설치한다.

④ 인권 교육을 통해 인권의 가치를 알린다.

⑤ 인권을 보장하기 위한 시민 단체 활동을 한다.

**7** 다음 그림을 보고 알 수 있는 것은 어느 것입니까?

( )

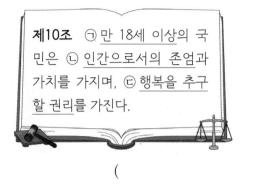

① 할머니는 손자의 인권을 침해하고 있다.

② 남자아이에게는 인형이 어울리지 않는다.

③ 일상생활에서 인권을 존중하는 모습이다.

④ 점원은 편견을 가지고 할머니를 대하고 있다.

⑤ 고정 관념을 가지면 인권 보호를 실천할 수 있다.

**2** 인권 보장과 헌법

**8** 다음 보기에서 헌법에 대한 알맞은 설명은 모두 몇 개입니까? [6점] ( )

보기

㉠ 헌법을 기준으로 국가가 운영됩니다.

㉡ 헌법에서는 인간의 존엄성을 보장합니다.

㉢ 헌법을 고칠 때는 국회의원의 투표만 필요합니다.

㉣ 헌법에 국민이 누려야 할 권리는 담겨 있지 않습니다.

① 1개          ② 2개          ③ 3개

④ 4개          ⑤ 없음.

**9** 다음 헌법의 내용을 보고 알맞지 않은 것을 찾아 기호를 쓰시오.

제10조  ㉠ 만 18세 이상의 국민은 ㉡ 인간으로서의 존엄과 가치를 가지며, ㉢ 행복을 추구할 권리를 가진다.

( )

**10** 다음 밑줄 친 부분에 들어갈 알맞은 말은 어느 것입니까? ( )

헌법 재판소에서 법률이 _____고 결정하면, 그 법률은 개정되거나 폐지됩니다.

① 국민의 인권을 존중한다

② 국민의 자유를 보장한다

③ 국민의 인권을 침해한다

④ 인간의 존엄성을 추구한다

⑤ 국민의 기본적인 권리를 보장한다

**11** 참정권에 속하는 것으로 알맞은 것은 어느 것입니까?

( )

① 차별받지 않을 권리

② 원하는 곳에 거주할 권리

③ 국가에 재판을 요구할 수 있는 권리

④ 자신의 생각을 자유롭게 표현할 권리

⑤ 대표가 되어 나라의 중요한 결정을 할 수 있는 권리

11종 공통

📝 서술형·논술형 문제      11종 공통

**12** 다음은 생활 속에서 기본권을 누리고 있는 모습입니다.

[총 10점]

🔺 학교에서 교육을 받는 모습

(1) 위 그림과 관련 있는 기본권을 보기 에서 찾아 쓰시오. [3점]

보기
• 자유권    • 사회권    • 청구권

(            )

(2) 위 (1)번 답은 어떤 권리인지 쓰시오. [7점]

_____

_____

11종 공통

**13** 다음 설명과 관련 있는 국민의 의무로 알맞은 것은 어느 것입니까? (     )

> 모든 국민은 자신의 가족과 국민 모두의 안전을 위해 나라를 지킬 의무가 있습니다.

① 국방의 의무
② 교육의 의무
③ 근로의 의무
④ 납세의 의무
⑤ 환경 보전의 의무

11종 공통

**14** 납세의 의무와 관련 있는 사진으로 알맞은 것에 ○표를 하시오.

(1)                (2)

🔺 학교에 가는 학생들       🔺 세금을 내는 사람

(         )    (          )

**3 법의 의미와 역할**

[15~16] 다음은 법이나 도덕을 지키지 않은 모습입니다.

ㄱ                ㄴ

🔺 형제끼리 다투는 것      🔺 돈을 내지 않고 물건을 가져가는 것

ㄷ                ㄹ

🔺 어른을 보고 인사하지 않는 것    🔺 횡단보도가 아닌 곳에서 길을 건너는 것

11종 공통

**15** 위 ㄱ~ㄹ 중 도덕을 지키지 않은 모습을 두 가지 찾아 기호를 쓰시오.

(       ,       )

11종 공통

**16** 도덕과 구별되는 법의 성격으로 알맞은 것은 어느 것입니까? (     )

① 개인이 만들 수 있다.
② 반드시 지킬 필요는 없다.
③ 지키지 않았을 때 제재를 받는다.
④ 개인의 양심에 따라 지키는 규범이다.
⑤ 사회가 변화해도 바뀌지 않는 규범이다.

17 「초 · 중등 교육법」과 관련 있는 모습으로 알맞은 것은 어느 것입니까? (          )

천재교육, 교학사, 금성출판사, 김영사, 동아출판

①
일정한 나이가 되어 초등학교에 다니고 있어요.

②
안전하게 횡단보도를 건널 수 있어요.

③
정당한 대가를 내고 영화를 봐요.

④
건강하고 맛있는 급식을 먹을 수 있어요.

11종 공통

18 다음과 같은 모습을 보고 알 수 있는 법의 역할을 한 가지만 쓰시오. [8점]

🔺 어린이 보호 구역을 지정함.

🔺 경찰이 순찰을 함.

_____

[19~20] 다음은 인터넷 만화 불법 유포 사건에 대한 글입니다.

인터넷 만화 작가 ○○○ 씨는 자신의 만화가 △△△ 누리집에 불법으로 올라갔다는 사실을 알게 되어 △△△ 누리집의 운영자를 찾아달라고 경찰에 신고하였습니다. △△△ 누리집의 운영자 ◇◇◇ 씨는 경찰에 붙잡혔고, 재판에 넘겨졌습니다.

천재교과서, 김영사

19 위 사건과 관련 있는 법으로 알맞은 것은 어느 것입니까? (          )
① 「저작권법」
② 「소비자 기본법」
③ 「자원 재활용법」
④ 「생활 물류 서비스 산업 발전법」
⑤ 「어린이 식생활 안전 관리 특별법」

2
단원

진도 완료
체크

11종 공통

20 위와 같은 내용으로 다음과 같이 모의재판을 할 때, ㉠의 역할로 알맞은 것은 어느 것입니까? (          )

① 법에 따라 판결을 내린다.
② 피고인을 대신해 권리를 주장한다.
③ 법을 어긴 점에 대해 심판을 요청한다.
④ 법원에서 자기가 경험한 사실을 진술한다.
⑤ 범죄를 저지른 것으로 의심되어 재판을 받는다.

# 기본권과 우리 생활

**참정권** | 참여할 참參 | 다스릴 정政 | 권리 권權 |

국가의 정치 과정에 참여할 수 있는 권리

⬆ 선거로 대표를 뽑음.

**자유권** | 스스로 자自 | 말미암을 유由 | 권리 권權 |

국가의 간섭을 받지 않고 자유롭게 생각하고 행동할 수 있는 권리

⬆ 원하는 직업을 선택해 일할 수 있음.

**사회권** | 모일 사社 | 모일 회會 | 권리 권權 |

인간다운 삶을 국가에 요구할 수 있는 권리

⬆ 수업을 들으러 학교에 감.

건강하고 쾌적한 환경에서 생활하는 것도
사회권을 보장받는 모습입니다.

# 초등 문해력
# 독해가 힘이다
## 비문학편

## 문해력을 키우면 정답이 보인다 (초등 3~6학년 / 단계별)

### 비문학편(A)
문해 기술을 이미지, 영상 콘텐츠로 쉽게 이해하고
비문학 시사 지문의 구조화를 연습하는 난도 높은 독해력 전문 교재

### 디지털·비문학편 (B)
비문학 문해 기술을 바탕으로 디지털 정보의 선별과
수용, 비판적 독해를 연습하는 비문학·디지털 문해력 전문 교재

# # 뭘 좋아할지 몰라 다 준비했어♥
# # 전과목 교재

## 전과목 시리즈 교재

### ● 무등생 해법시리즈
- 국어/수학　　　　　　　　　　　　1~6학년, 학기용
- 사회/과학　　　　　　　　　　　　3~6학년, 학기용
- SET(전과목/국수, 국사과)　　　　　1~6학년, 학기용

### ● 똑똑한 하루 시리즈
- 똑똑한 하루 독해　　　　　　　　　예비초~6학년, 총 14권
- 똑똑한 하루 글쓰기　　　　　　　　예비초~6학년, 총 14권
- 똑똑한 하루 어휘　　　　　　　　　예비초~6학년, 총 14권
- 똑똑한 하루 한자　　　　　　　　　예비초~6학년, 총 14권
- 똑똑한 하루 수학　　　　　　　　　1~6학년, 총 12권
- 똑똑한 하루 계산　　　　　　　　　예비초~6학년, 총 14권
- 똑똑한 하루 도형　　　　　　　　　예비초~6학년, 총 8권
- 똑똑한 하루 Voca　　　　　　　　　3~6학년, 학기용
- 똑똑한 하루 Reading　　　　　　　초3~초6, 학기용
- 똑똑한 하루 Grammar　　　　　　　초3~초6, 학기용
- 똑똑한 하루 Phonics　　　　　　　예비초~초등, 총 8권

### ● 독해가 힘이다 시리즈
- 초등 수학도 독해가 힘이다　　　　　　　1~6학년, 학기용
- 초등 문해력 독해가 힘이다 문장제수학편　1~6학년, 총 12권
- 초등 문해력 독해가 힘이다 비문학편　　　3~6학년, 총 8권

## 영어 교재

### ● 초등영어 교과서 시리즈
　파닉스(1~4단계)　　　　　　　　　3~6학년, 학년용
　영단어(1~4단계)　　　　　　　　　3~6학년, 학년용
### ● LOOK BOOK 영단어　　　　　　　3~6학년, 단행본
### ● 원서 읽는 LOOK BOOK 영단어　　　3~6학년, 단행본

## 국가수준 시험 대비 교재

### ● 해법 기초학력 진단평가 문제집　　2~6학년·중1 신입생, 총 6권

개념 동영상 강의 · 서술형 문제 동영상 강의 · 온라인 성적 피드백

© Clovers

홈스쿨링
우등생

# 온라인 학습북

초등 사회
**5·1**

천재교육

# 온라인 학습북
## 포인트 ❸가지

▶ 「**개념 동영상 강의**」로 교과서 핵심만 정리!

▶ 「**서술형 문제 동영상 강의**」로 사고력도 향상!

▶ 「**온라인 성적 피드백**」으로 단원별로 내가 부족한 부분 꼼꼼하게 체크!

# 우등생 온라인 학습북 활용법

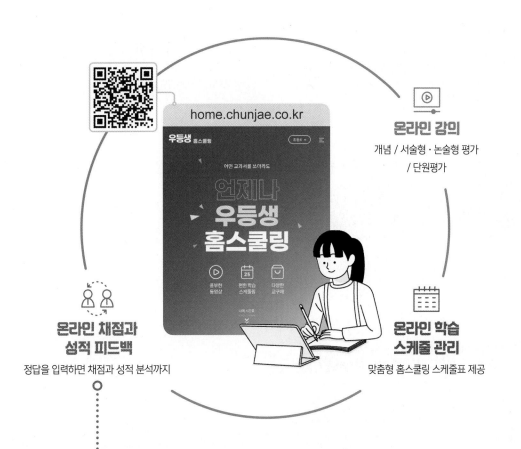

home.chunjae.co.kr

**온라인 강의**
개념 / 서술형 · 논술형 평가
/ 단원평가

**온라인 채점과 성적 피드백**
정답을 입력하면 채점과 성적 분석까지

**온라인 학습 스케줄 관리**
맞춤형 홈스쿨링 스케줄표 제공

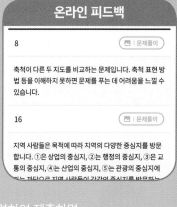

### 정답 입력

| 1 | ① | ② | ③ | ④ | ⑤ |
| 2 | ① | ② | ③ | ④ | ⑤ |
| 3 | ① | ② | ③ | ④ | ⑤ |
| 4 | ① | ② | ③ | ④ | ⑤ |
| 5 | ① | ② | ③ | ④ | ⑤ |
| 6 | ① | ② | ③ | ④ | ⑤ |

### 온라인 피드백

**8** 문제풀이

축척이 다른 두 지도를 비교하는 문제입니다. 축척 표현 방법 등을 이해하지 못하면 문제를 푸는 데 어려움을 느낄 수 있습니다.

**16** 문제풀이

지역 사람들은 목적에 따라 지역의 다양한 중심지를 방문합니다. ①은 상업의 중심지, ②는 행정의 중심지, ③은 교통의 중심지, ④는 산업의 중심지, ⑤는 관광의 중심지에

단원평가의 답을 입력하여 제출하면
틀린 문제에 대한 피드백과 동영상 강의 제공!

# 우등생 사회 5-1
## 홈스쿨링 스피드 스케줄표(10회)

**스피드 스케줄표**는 온라인 학습북을 10회로 나누어
빠르게 공부하는 학습 진도표입니다.

### 1. 국토와 우리 생활

| **1**회 온라인 학습북 4~9쪽 | **2**회 온라인 학습북 10~15쪽 | **3**회 온라인 학습북 16~21쪽 |
|---|---|---|
| 월     일 | 월     일 | 월     일 |

### 1. 국토와 우리 생활 / 2. 인권 존중과 정의로운 사회

| **4**회 온라인 학습북 22~25쪽 | **5**회 온라인 학습북 26~29쪽 | **6**회 온라인 학습북 30~35쪽 |
|---|---|---|
| 월     일 | 월     일 | 월     일 |

### 2. 인권 존중과 정의로운 사회

| **7**회 온라인 학습북 36~41쪽 | **8**회 온라인 학습북 42~47쪽 | **9**회 온라인 학습북 48~51쪽 |
|---|---|---|
| 월     일 | 월     일 | 월     일 |

### 2. 인권 존중과 정의로운 사회

| **10**회 온라인 학습북 52~55쪽 |
|---|
| 월     일 |

스피드
스케줄표
바로가기

# 차례

**1단원**

## ① 우리나라의 위치와 영역

### 우리 국토의 위치

- 아시아 대륙의 동쪽에 위치함.
- 북위 33°~43°, 동경 124°~132°에 위치함.
- 대륙과 해양으로 나아가기 좋은 위치임.

### 우리나라의 영역

**영토**

한 나라의 주권이 미치는 땅

한반도 + 섬

**영해**

영토 주변의 바다

12해리  영토

**영공**

영토와 영해 위의 하늘

영토  영해

✳ 중요한 내용을 정리해 보세요!

● 우리 국토의 위치는?

● 우리나라의 영역은?

---

### 개념 확인하기

정답 17쪽

🖉 다음 문제를 읽고 답을 찾아 ☐ 안에 ✔표를 하시오.

**1** 우리 국토가 위치한 대륙은 어느 것입니까?

㉠ 유럽 ☐  ㉡ 아시아 ☐  ㉢ 아프리카 ☐

**2** 우리나라의 주변에 있는 나라는 어디입니까?

㉠ 영국 ☐  ㉡ 미국 ☐  ㉢ 중국 ☐

**3** 우리 국토의 위치적 특징은 무엇입니까?

㉠ 해양으로 나아가기 불편하다. ☐

㉡ 대륙과 해양으로 나아가기에 좋다. ☐

**4** 영토에 대한 설명으로 알맞은 것은 어느 것입니까?

㉠ 나라의 주권이 미치는 땅의 범위 ☐

㉡ 나라의 주권이 미치는 바다의 범위 ☐

**5** 우리나라의 영역에 대한 설명으로 알맞은 것은 어느 것입니까?

㉠ 영공은 영해 위의 하늘만 포함한다. ☐

㉡ 우리나라 영토의 동쪽 끝은 독도이다. ☐

㉢ 서해안은 해안선을 기준으로 영해를 정한다. ☐

## ❷ 우리 국토의 구분

자연환경에 따른 구분

행정 구역에 따른 구분

산맥과 하천, 고개, 바다 등 자연환경에 따라 지역을 구분했음.

북부 지방, 중부 지방, 남부 지방으로 나눔.

관북, 관서, 관동, 해서, 경기, 호서, 호남, 영남 지방으로 나눔.

북한 지역을 제외하고 특별시 1곳, 광역시 6곳, 도 6곳, 특별자치도 3곳, 특별자치시 1곳으로 이루어져 있음.

✱ 중요한 내용을 정리해 보세요!

● 자연환경에 따른 국토 구분은?

● 행정 구역에 따른 국토 구분은?

---

### 개념 확인하기

정답 17쪽

🖊 다음 문제를 읽고 답을 찾아 ☐ 안에 ✔표를 하시오.

**1** 중부 지방과 남부 지방을 나누는 기준은 무엇입니까?

　㉠ 휴전선 ☐

　㉡ 소백산맥과 금강 하류를 잇는 선 ☐

**2** 남부 지방은 어디입니까?

　㉠ 북한 지역 ☐ 　　㉡ 중부 지방의 남쪽 ☐

**3** 철령관의 서쪽 지역은 어디입니까?

　㉠ 관서 지방 ☐ 　　㉡ 관북 지방 ☐

**4** 영남 지방은 어디입니까?

　㉠ 조령의 남쪽 지역 ☐

　㉡ 금강의 서쪽 지역 ☐

　㉢ 왕이 사는 도읍과 그 주변 지역 ☐

**5** 도청이 있는 행정 구역은 어디입니까?

　㉠ 충청북도 ☐

　㉡ 서울특별시 ☐

　㉢ 세종특별자치시 ☐

**1** 다음 지도를 통해 알 수 있는 우리나라의 위치로 알맞은 것을 두 가지 고르시오. ( , )

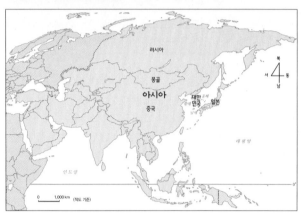

① 중국의 서쪽에 있다.
② 일본의 남쪽에 있다.
③ 대서양과 접하고 있다.
④ 중국과 일본 사이에 있다.
⑤ 아시아 대륙에 위치해 있다.

**2** 다음 ㉠, ㉡에 들어갈 말이 알맞게 짝 지어진 것은 어느 것입니까? ( )

적도를 기준으로 북쪽에 있는 우리나라는 ㉠ 33°~43°에 위치합니다. 또한 경도 0° 선을 기준으로 동쪽에 있는 우리나라는 ㉡ 124°~132°에 위치합니다.

| | ㉠ | ㉡ |
|---|---|---|
| ① | 북위 | 남위 |
| ② | 북위 | 동경 |
| ③ | 북위 | 서경 |
| ④ | 남위 | 동경 |
| ⑤ | 남위 | 서경 |

**3** 우리나라의 영역에 대해 바르게 알고 있는 어린이를 쓰시오.

서진: 우리나라의 영공은 영토 위의 하늘만 포함해.
세영: 서해안과 남해안은 해안선을 기준으로 영해를 설정해.
원권: 우리나라의 영토는 한반도와 한반도에 속한 여러 섬을 포함해.

( )

**4** 우리나라 영토의 남쪽 끝은 어디입니까? ( )
① 경상북도 울릉군 독도
② 함경북도 온성군 유원진
③ 평안북도 용천군 마안도
④ 인천광역시 옹진군 백령도
⑤ 제주특별자치도 서귀포시 마라도

**5** 어린이가 할 수 있는 국토 사랑 방법으로 알맞지 <u>않은</u> 것은 어느 것입니까? ( )
① 독도 지킴이 활동을 한다.
② 늦은 밤에 마을을 순찰한다.
③ 쓰레기를 함부로 버리지 않는다.
④ 국토 사랑 글짓기 대회에 참여한다.
⑤ 책에서 우리 국토에 대한 정보를 찾아본다.

**6** 다음 **보기**에서 우리나라의 중부 지방에 대한 설명으로 알맞은 것을 찾아 기호를 쓰시오.

**보기**
㉠ 휴전선 북쪽 지역을 말합니다.
㉡ 소백산맥과 금강 하류를 잇는 선의 남쪽 지역을 의미합니다.
㉢ 휴전선 남쪽으로부터 소백산맥과 금강 하류를 잇는 선의 북쪽 지역입니다.

(                    )

**9** 우리나라의 행정 구역에 대한 설명으로 알맞은 것은 어느 것입니까? (          )
① 전라남도의 도청은 수원에 있다.
② 특별시는 세종특별시 1곳이 있다.
③ 북한 지역을 포함해 8개의 도가 있다.
④ 북한 지역을 제외하면 우리나라에는 6곳의 광역시가 있다.
⑤ 특별시, 특별자치시, 광역시에서는 그 지역의 일을 도청에서 관리한다.

천재교과서, 교학사, 금성출판사, 김영사, 동아출판, 미래엔, 비상교과서, 비상교육, 아이스크림 미디어

**7** 다음 ☐ 안에 들어갈 '도'로 알맞은 것은 어느 것입니까? (          )

조선 시대의 각 도의 명칭은 대부분 그 지역에서 중심지 역할을 하는 두 도시의 이름을 따서 만들었습니다. ☐는 강릉과 원주, 충청도는 충주와 청주의 앞 글자를 따서 정해졌습니다.

① 함경도　　② 전라도
③ 경상도　　④ 강원도
⑤ 평안도

**10** 다음 ㉠에 들어갈 도청 소재지를 **보기**에서 찾아 쓰시오.

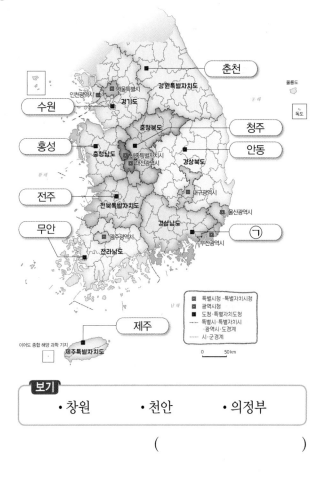

**보기**
•창원　•천안　•의정부

(                    )

**8** 다음 지역에 대한 설명을 바르게 줄로 이으시오.
(1) 경기 지방 •　• ㉠ 조령의 남쪽 지방
(2) 영남 지방 •　• ㉡ 철령관의 북쪽 지방
(3) 관북 지방 •　• ㉢ 왕이 사는 도읍과 그 주변 지역

**연습** 🦉 도움말을 참고하여 내 생각을 차근차근 써 보세요.

## 1 다음 지도를 보고, 물음에 답하시오. [총 10점]

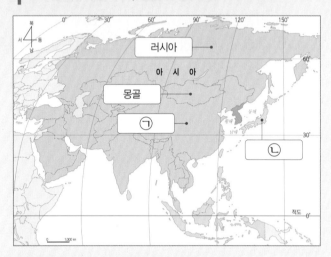

(1) 위 ㉠, ㉡에 들어갈 우리나라 주변에 있는 나라를
**보기**에서 골라 쓰시오. [2점]

**보기**
• 미국　　• 영국　　• 중국　　• 일본

㉠ (　　　　　　) ㉡ (　　　　　　)

(2) 우리나라가 위치한 대륙을 쓰시오. [2점]

(　　　　　　　　　)

(3) 우리 국토의 위치를 위도와 경도로 나타내시오. [6점]

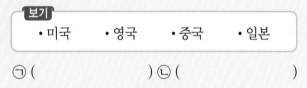
🦉 지도에서 위도와 경도를 살펴보며 써 보세요.
**꼭 들어가야 할 말** 북위 / 동경

## 2 다음은 우리나라의 영역에 대한 설명입니다. [총 8점]

| | • 한반도와 한반도에 속한 여러 섬<br>• 우리나라 영토의 끝 | |
|---|---|---|
| 영토 | 동쪽 끝 | 경상북도 울릉군 독도 |
| | 서쪽 끝 | 평안북도 용천군 마안도 |
| | 남쪽 끝 | 제주특별자치도 서귀포시 마라도 |
| | 북쪽 끝 | 함경북도 온성군 유원진 |
| 영해 | ㉠ | |
| 영공 | 우리나라 영토와 영해 위에 있는 하늘의 범위 | |

(1) 위 표를 참고하여 다음 지도의 빈칸에 들어갈 우리나라
영토는 어디인지 쓰시오. [2점]

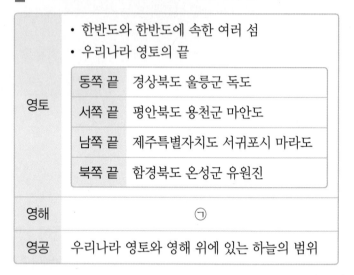

(　　　　　　　　　)

(2) 위 ㉠에 들어갈 영해의 범위를 쓰시오. [6점]

**3** 다음은 우리 국토의 전통적인 지역 구분을 나타낸 지도입니다. [총 10점]

관서 지방
철령관의 서쪽 지방을 '관서'라고 함.

관북 지방
철령관의 북쪽 지방을 '관북'이라고 함.

해서 지방
수도 한성을 중심으로 경기만을 건너 서쪽에 있어서 '해서'라고 함.

관동 지방
철령관의 동쪽 지방을 '관동'이라고 함.

㉠
왕이 사는 도읍의 주변 지역을 의미함.

영남 지방
조령의 남쪽 지방을 '영남'이라고 함.

호서 지방
호수인 의림지의 서쪽, 금강(옛 이름 호강)의 서쪽에 있어서 '호서'라고 함.

호남 지방
㉡

(1) 관서 지방, 관북 지방, 관동 지방을 나누는 기준은 무엇인지 쓰시오. [2점]

( )

(2) 위 ㉠에 들어갈 지방을 쓰시오. [2점]

( )

(3) 위 ㉡에 들어갈 알맞은 내용을 쓰시오. [6점]

_____

**4** 다음 지도를 보고, 물음에 답하시오. [총 10점]

1 단원

진도 완료 체크

(1) 위 지도는 우리나라의 무엇을 나타낸 지도인지 보기에서 골라 쓰시오. [2점]

보기
• 특산물  • 관광지  • 행정 구역

( )

(2) 우리나라 특별시의 이름은 무엇인지 쓰시오. [2점]

( )

(3) 광역시는 몇 곳이며 이름은 무엇인지 쓰시오. [6점]

_____

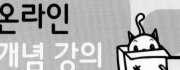
**1 단원**

## ❶ 우리나라 지형의 특징

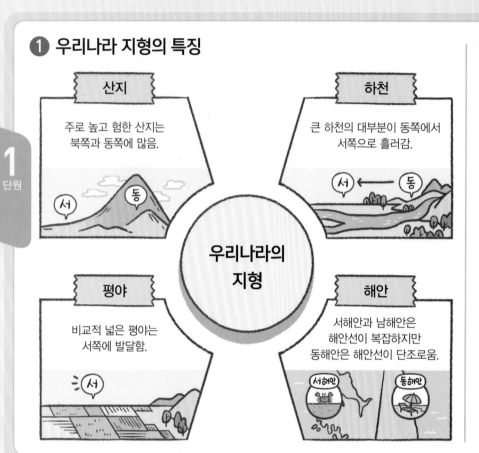

**산지**

주로 높고 험한 산지는 북쪽과 동쪽에 많음.

서 동

**하천**

큰 하천의 대부분이 동쪽에서 서쪽으로 흘러감.

서 ← 동

**우리나라의 지형**

**평야**

비교적 넓은 평야는 서쪽에 발달함.

서

**해안**

서해안과 남해안은 해안선이 복잡하지만 동해안은 해안선이 단조로움.

서해안 동해안

✻ 중요한 내용을 정리해 보세요!

● 우리나라 산지와 하천의 특징은?

● 우리나라 평야와 해안의 특징은?

---

## 개념 확인하기

정답 19쪽

🍃 다음 문제를 읽고 답을 찾아 ☐ 안에 ✔표를 하시오.

**1** 땅의 생김새를 무엇이라고 합니까?

ㄱ 날씨 ☐  ㄴ 지형 ☐  ㄷ 기후 ☐

**2** 우리나라는 높은 산이 주로 어느 쪽에 위치해 있습니까?

ㄱ 서쪽과 남쪽 ☐  ㄴ 북쪽과 동쪽 ☐

**3** 하천 주변에 발달한 넓고 평탄한 땅은 무엇입니까?

ㄱ 섬 ☐  ㄴ 해안 ☐  ㄷ 평야 ☐

**4** 우리나라의 주요 하천이 서쪽과 남쪽으로 흘러가는 까닭은 무엇입니까?

ㄱ 우리 국토가 동쪽이 높고 서쪽이 낮아서 ☐
ㄴ 우리 국토가 서쪽이 높고 동쪽이 낮아서 ☐

**5** 동해안에 대한 설명으로 알맞은 것은 무엇입니까?

ㄱ 섬이 많다. ☐
ㄴ 해안선이 단조롭다. ☐
ㄷ 해안선이 복잡하다. ☐

## ❷ 우리나라의 기후와 자연재해

**우리나라의 기온**

남쪽 지역이 북쪽 지역에 비해, 겨울철에 해안 지역이 내륙 지방에 비해 따뜻함.

**우리나라의 강수량**

여름에 연평균 강수량의 절반 이상이 내림.

**우리나라의 자연재해**

| 봄 | 여름·가을 | 겨울 |
|---|---|---|
| 가뭄, 황사 | 폭염, 태풍 | 폭설, 한파 |

✱ 중요한 내용을 정리해 보세요!

● 우리나라 기온의 특징은?

● 우리나라 강수량의 특징은?

● 우리나라에서 발생하는 자연재해는?

**1 단원**

---

### 개념 확인하기

정답 19쪽

🖋 다음 문제를 읽고 답을 찾아 ☐ 안에 ✔표를 하시오.

**1** 우리나라의 1월과 8월 중 평균 기온이 높은 달은 언제입니까?

　ㄱ 1월 ☐　　ㄴ 8월 ☐

**2** 우리나라 기온의 특징으로 알맞은 것은 무엇입니까?

　ㄱ 북쪽으로 갈수록 기온이 높아진다. ☐

　ㄴ 겨울에 해안 지역이 내륙 지역보다 따뜻하다. ☐

**3** 계절별 강수량의 차이가 가장 작은 지역은 어디입니까?

　ㄱ 서울 ☐　　ㄴ 중강진 ☐　　ㄷ 울릉도 ☐

**4** 여름철에 주로 발생하는 자연재해는 무엇입니까?

　ㄱ 비가 내리지 않아 땅이 메마르는 가뭄 ☐

　ㄴ 비가 많이 내려 강물이 흘러넘치는 홍수 ☐

　ㄷ 짧은 시간 안에 많은 양의 눈이 내리는 폭설 ☐

**5** 황사가 주는 피해는 무엇입니까?

　ㄱ 피부, 눈, 호흡기에 질병을 일으킨다. ☐

　ㄴ 피부가 얼어 동상에 걸릴 위험이 있다. ☐

　ㄷ 식수를 비롯한 각종 용수가 부족해진다. ☐

천재교육, 천재교과서, 비상교과서, 동아출판, 지학사, 교학사

**1** 다음에서 설명하는 지형은 무엇입니까? (          )

> 물이 흘러가면서 만든 크고 작은 물줄기로, 높은 곳에서 낮은 곳으로 흐릅니다.

① ⚠ 산지    ② ⚠ 해안
③ ⚠ 하천    ④ ⚠ 평야

**2** 우리나라 지형의 특징에 대해 바르게 말한 어린이는 누구입니까? (          )

 ① 우리나라는 국토의 약 70%가 평야로 이루어져 있어.

 ② 높은 산지는 주로 북쪽과 동쪽에 분포하며 낮은 산지와 평야는 남서쪽에 분포해.

 ③ 우리나라의 큰 하천은 대부분 동해로 흘러.

 ④ 우리나라는 대체로 서쪽이 높고 동쪽이 낮은 지형이야.

**3** 다음은 사람들이 지형을 이용하는 모습입니다. ㉠, ㉡에 들어갈 지형을 보기 에서 찾아 쓰시오.

- ㉠ 에 목장을 만들어 양을 기릅니다.
- 물살이 빠른 ㉡ 에서 래프팅을 즐깁니다.

보기
- 하천    • 산지    • 해안

㉠ (                    )
㉡ (                    )

**4** 다음 중 우리나라 서해안의 모습에 ○표를 하시오.

(1)                    (2)

(            )    (            )

**5** 우리나라의 기후에 대해 바르게 알고 있는 어린이를 쓰시오.

> 서진: 여름에는 덥고 비가 많이 와.
> 세영: 계절별로 기온의 차이가 작아.
> 원권: 계절에 따라 불어오는 바람이 같아.
> 예림: 우리나라는 저위도에 위치해 사계절이 뚜렷해.

(                    )

**6** 다음 지도를 보고 알 수 있는 우리나라 기온의 특징을 보기 에서 찾아 기호를 쓰시오.

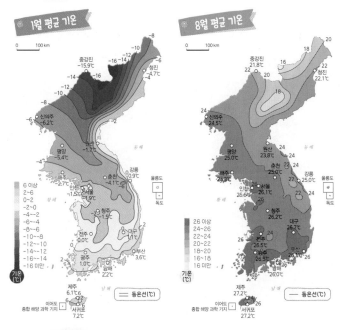

보기
㉠ 계절에 따라 기온의 차이가 큽니다.
㉡ 대체로 북쪽에서 남쪽으로 갈수록 기온이 낮아집니다.
㉢ 해안 지역의 겨울 기온은 내륙 지역보다 낮은 편입니다.

(                    )

**7** 우리나라 강수량의 특징으로 알맞은 것은 어느 것입니까? (          )
① 겨울철에 강수량이 가장 많다.
② 계절에 따른 강수량의 차이는 없다.
③ 북부 지방이 남부 지방보다 강수량이 많다.
④ 제주도와 남해안 지역은 다른 지역보다 강수량이 적다.
⑤ 울릉도는 눈이 많이 내려 겨울철 강수량이 다른 지역에 비해 많다.

**8** 다음과 같은 피해가 발생하는 자연재해는 무엇입니까?
(          )

일사병, 열사병 등에 걸릴 위험이 있습니다.

① 홍수          ② 가뭄          ③ 한파
④ 폭염          ⑤ 태풍

**9** 한파에 대한 설명으로 알맞은 것은 어느 것입니까?
(          )
① 비가 많이 내려 강물이 흘러넘치는 현상이다.
② 오랫동안 비가 내리지 않아 땅이 메마른 현상이다.
③ 겨울철에 기온이 갑자기 내려가면서 발생하는 추위이다.
④ 짧은 시간 안에 한꺼번에 많은 양의 눈이 내리는 현상이다.
⑤ 하루 최고 기온이 33℃ 이상으로 올라가는 매우 심한 더위이다.

**10** 자연재해의 피해를 줄이기 위한 국가의 노력으로 알맞지 <u>않은</u> 것은 어느 것입니까? (          )
① 기상 특보를 발령한다.
② 자연재해를 미리 관측한다.
③ 국민을 대상으로 재난 대비 훈련을 실시한다.
④ 그늘막, 댐 등과 같은 자연재해 대비 시설을 설치한다.
⑤ 자연재해가 발생했을 때 피해를 복구할 수 있는 대책을 미리 세워 놓지 않는다.

# 서술형·논술형 평가

**연습** 🦉 도움말을 참고하여 내 생각을 차근차근 써 보세요.

## 1 다음 사진을 보고, 물음에 답하시오. [총 10점]

ⓖ
🔺 해안

ⓛ
🔺 하천

ⓒ
🔺 평야

ⓔ
🔺 산지

(1) 위 ㉠~㉣과 같이 땅의 생김새를 무엇이라고 하는지 쓰시오. [2점]

(          )

(2) 다음에서 설명하는 것의 기호를 쓰시오. [2점]

> 바다와 맞닿은 육지 부분으로 갯벌이 나타나거나 모래사장이 있는 곳도 있습니다.

(          )

(3) 위 ㉢을 이용하는 모습을 쓰시오. [6점]

> 🦉 평야의 특징을 생각하며 써 보세요.
> **꼭 들어가야 할 말** 농사 / 도시

## 2 다음은 계절에 따른 사람들의 생활 모습입니다. [총 10점]

ⓖ
🔺 꽃구경

ⓛ
🔺 에어컨 사용

ⓒ
🔺 단풍 구경

ⓔ
🔺 썰매 타기

(1) 위 ㉠~㉣ 중 봄철 사람들의 생활 모습으로 알맞은 것의 기호를 쓰시오. [2점]

(          )

(2) 위 ㉡ 생활 모습을 볼 수 있는 계절의 특징을 **보기** 에서 골라 쓰시오. [2점]

> **보기**
> • 한파    • 삼한사온    • 꽃샘추위    • 열대야 현상

(          )

(3) 위 ㉣ 생활 모습을 볼 수 있는 계절에 불어오는 바람의 특징을 쓰시오. [6점]

_____

_____

**3** 다음은 우리나라 여러 지역의 강수량을 나타낸 그래프입니다. [총 10점]

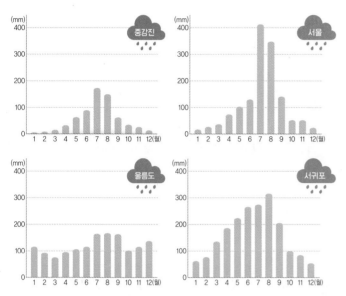

(1) 그래프의 가로축과 세로축 중 강수량을 나타내는 것은 무엇인지 쓰시오. [2점]

( )

(2) 강수량 그래프를 비교해 봤을 때 강수량이 많은 계절을 보기 에서 골라 쓰시오. [2점]

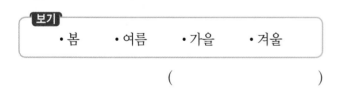

보기
• 봄   • 여름   • 가을   • 겨울

( )

(3) 울릉도 강수량의 특징을 한 가지만 쓰시오. [6점]

_____

_____

**4** 다음 사진을 보고, 물음에 답하시오. [총 10점]

⌃ 황사                    ⌃ 가뭄

⌃ 폭설                    ⌃ 홍수

(1) 위와 같이 피할 수 없는 자연 현상으로 일어나는 피해를 무엇이라고 하는지 쓰시오. [2점]

( )

(2) 다음에서 설명하는 것을 위에서 찾아 쓰시오. [2점]

> 오랫동안 비가 오지 않거나 적게 오는 기간이 지속되는 현상입니다.

( )

(3) 황사의 피해를 줄이기 위한 방법을 한 가지만 쓰시오. [6점]

_____

_____

# ❶ 우리나라의 인구 변화와 도시 발달의 특징

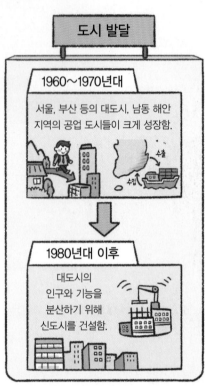

✳ 중요한 내용을 정리해 보세요!

● 우리나라 인구 구성 변화의 특징은?

● 우리나라 인구 분포의 특징은?

● 우리나라 도시 발달의 특징은?

## 개념 확인하기

정답 21쪽

🖊 다음 문제를 읽고 답을 찾아 ☐ 안에 ✔표를 하시오.

**1** 오늘날 우리나라 인구 구성의 특징은 무엇입니까?

　　ㄱ 노년층 인구 비율이 낮아지고 있다. ☐

　　ㄴ 유소년층 인구 비율이 낮아지고 있다. ☐

**2** 인구 밀도가 높은 지역은 어디입니까?

　　ㄱ 수도권 ☐

　　ㄴ 산지 지역 ☐

　　ㄷ 농어촌 지역 ☐

**3** 도시 지역에 인구 밀도가 높은 까닭은 무엇입니까?

　　ㄱ 일자리가 많기 때문이다. ☐

　　ㄴ 자연환경이 아름답기 때문이다. ☐

**4** 1970년대 우리나라 도시 발달의 특징은 무엇입니까?

　　ㄱ 신도시가 건설되었다. ☐

　　ㄴ 남동 해안 지역에 도시가 발달했다. ☐

**5** 국토의 균형적인 발전을 위해 수도권의 행정 기능을 옮겨 만든 도시는 어디입니까?

　　ㄱ 서울특별시 ☐　　ㄴ 세종특별자치시 ☐

## ❷ 우리나라 산업과 교통의 발달

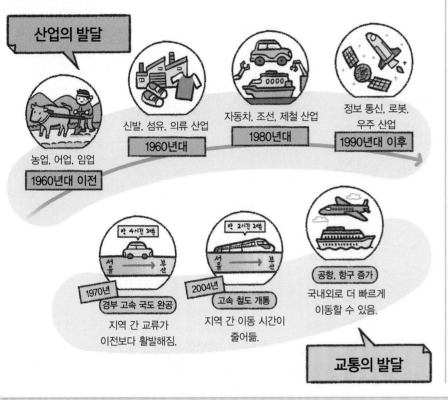

산업의 발달

농업, 어업, 임업
**1960년대 이전**

신발, 섬유, 의류 산업
**1960년대**

자동차, 조선, 제철 산업
**1980년대**

정보 통신, 로봇, 우주 산업
**1990년대 이후**

약 4시간 3분
서울 → 부산
**1970년**
경부 고속 국도 완공
지역 간 교류가 이전보다 활발해짐.

약 2시간 2분
서울 → 부산
**2004년**
고속 철도 개통
지역 간 이동 시간이 줄어듦.

공항, 항구 증가
국내외로 더 빠르게 이동할 수 있음.

교통의 발달

✳ 중요한 내용을 정리해 보세요!

● 우리나라 산업 발달의 모습은?

● 우리나라 교통 발달의 모습은?

1
단원

---

### 개념 확인하기

정답 21쪽

🌱 다음 문제를 읽고 답을 찾아 ☐ 안에 ✔표를 하시오.

**1** 1960년대에 발달한 산업의 특징은 무엇입니까?

㉠ 일손이 많이 필요하다. ☐

㉡ 촌락을 중심으로 발달했다. ☐

**2** 1980년대에 발달한 산업은 무엇입니까?

㉠ 제철 산업 ☐　　㉡ 로봇 산업 ☐

**3** 2000년대 이후에 발달한 산업은 무엇입니까?

㉠ 임업 ☐　　㉡ 서비스업 ☐

**4** 2004년에 개통되어 지역 간 이동 시간을 줄여 준 교통 시설은 무엇입니까?

㉠ 고속 철도 ☐

㉡ 경부 고속 국도 ☐

㉢ 영동 고속 국도 ☐

**5** 항공 교통의 발달로 달라진 생활 모습은 무엇입니까?

㉠ 생활권이 이전보다 좁아졌다. ☐

㉡ 국내외를 빠르게 이동할 수 있게 되었다. ☐

[1~2] 다음은 우리나라의 인구 피라미드입니다.

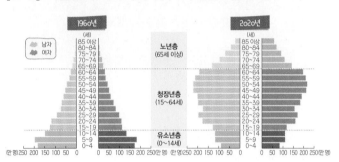

**1** 위 인구 피라미드를 보고 잘못 말한 어린이를 쓰시오.

> 영수: 인구 피라미드의 세로축은 연령을 나타내고, 위로 갈수록 연령이 높아져.
> 용성: 인구 피라미드에서 가로축의 왼쪽은 남자, 오른쪽은 여자의 인구를 나타내.
> 다빈: 높은 연령층의 인구가 많고 낮은 연령층의 인구가 적으면 아랫부분이 넓은 피라미드 모양이 돼.
> 지혁: 인구 피라미드는 한 나라 또는 일정한 지역의 인구를 성별, 연령별로 나누어 나타낸 그래프야.

(       )

**2** 다음은 위 인구 피라미드를 통해 알 수 있는 우리나라 인구 구성의 변화와 특징입니다. ☐ 안에 들어갈 알맞은 말을 쓰시오.

> 유소년층 인구가 줄고 노년층 인구가 늘어나 저출산·☐ 사회의 특징이 나타납니다.

(       )

**3** 다음은 오늘날 우리나라 인구 분포의 특징입니다. ☐ 안에 들어갈 도시는 어디입니까? (    )

> 오늘날 우리나라에서 인구가 가장 많이 모여 사는 지역은 ☐ 을/를 중심으로 한 수도권입니다.

① 서울      ② 부산      ③ 대구
④ 광주      ⑤ 대전

**4** 인구가 줄어드는 지역에서 발생하는 문제는 어느 것입니까? (    )

① 교통 혼잡      ② 주택 부족
③ 주차 문제      ④ 쓰레기 증가
⑤ 의료 시설 부족

**5** 1960년대에 도시가 빠르게 성장하게 된 까닭으로 알맞은 것을 보기 에서 찾아 기호를 쓰시오.

> **보기**
> ㉠ 대도시의 인구와 기능을 분산하기 위해 신도시를 건설했기 때문에
> ㉡ 산업이 발달하면서 촌락에 살던 사람들이 일자리를 찾아 도시로 이동했기 때문에

(       )

천재교육

**6** 다음 도시에 대한 설명을 바르게 줄로 이으시오.

(1) 서울특별시 •

(2) 경상북도 포항시 •

(3) 세종 특별자치시 •

• ㉠ 제철소가 대규모로 건설되어 있음.

• ㉡ 우리나라의 수도이자 가장 큰 도시임.

• ㉢ 수도권의 행정 기능을 옮겨 만들었음.

**7** 다음 ㉠에 들어갈 검색 결과로 알맞은 것은 어느 것입니까? ( )

우리나라에서 1990년대 이후 발달한 산업 **검색**

㉠

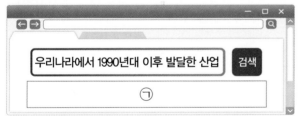

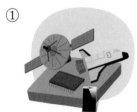
① ▲ 정보 통신, 우주 산업

② ▲ 자동차, 조선, 제철 산업

③

▲ 신발, 섬유, 의류 산업

④ ▲ 농업, 어업, 임업

**8** 대전에서 첨단 산업이 발달한 까닭은 무엇입니까? ( )

① 소비 시장이 넓기 때문에
② 석회석이 풍부하기 때문에
③ 해안가에 위치하고 있기 때문에
④ 기업, 대학교, 연구소가 협력하기 때문에
⑤ 독특하고 아름다운 자연환경이 있기 때문에

**9** 다음 □ 안에 들어갈 교통수단은 무엇입니까? ( )

**고속 철도 개통으로 서울~강릉 100분 시대**

2017년 12월 22일, 서울~강릉 고속 철도가 개통했다. □을/를 이용하면 서울역에서는 1시간 54분, 청량리역에서는 1시간 26분이면 강릉역에 도착할 수 있다. 이전까지 열차로 강릉을 가려면 청량리역에서 강릉역까지 무궁화호로 6시간 가까이 걸렸고, 승용차나 고속버스를 이용해도 서울에서 강릉까지 3시간 정도 걸렸다.

① 여객선      ② 비행기      ③ 우주선
④ 자전거      ⑤ 고속 열차

**10** 인문환경의 변화에 따라 달라진 국토의 모습으로 알맞지 않은 것은 어느 것입니까? ( )

① 인구가 많은 지역을 중심으로 교통이 발달했다.
② 도시의 성장으로 교통과 산업이 더욱 발달했다.
③ 산업이 발달한 곳은 일자리가 많아 인구가 많다.
④ 교통의 발달로 사람과 물품의 이동이 활발해졌다.
⑤ 교통이 발달한 곳은 산업이 쇠퇴하거나 인구가 줄어들었다.

**연습** 🦉 도움말을 참고하여 내 생각을 차근차근 써 보세요.

## 1 다음은 우리나라의 연령별 인구 비율 변화 그래프입니다. [총 10점]

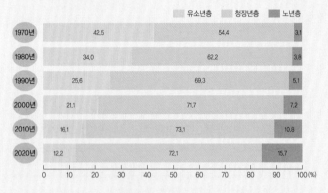

| | 유소년층 | 청장년층 | 노년층 |
|---|---|---|---|
| 1970년 | 42.5 | 54.4 | 3.1 |
| 1980년 | 34.0 | 62.2 | 3.8 |
| 1990년 | 25.6 | 69.3 | 5.1 |
| 2000년 | 21.1 | 71.7 | 7.2 |
| 2010년 | 16.1 | 73.1 | 10.8 |
| 2020년 | 12.2 | 72.1 | 15.7 |

0 10 20 30 40 50 60 70 80 90 100(%)

(1) 유소년층과 노년층 중 점점 인구 비율이 늘고 있는 인구 집단을 쓰시오. [2점]

(                    )

(2) 다음 내용이 위 그래프를 통해 알 수 있는 우리나라 인구 구성의 특징으로 알맞으면 ○표, 알맞지 않으면 ×표를 하시오. [2점]

> 우리나라는 저출산·고령 사회로 들어섰습니다.

(                    )

(3) 오늘날 우리나라 인구 구성의 특징으로 발생할 수 있는 문제를 쓰시오. [6점]

> 🦉 저출산으로 인한 문제를 생각하며 써 보세요.
> **꼭 들어가야 할 말** 인구수 / 줄어들다

## 2 다음은 2020년의 인구 분포를 나타낸 지도입니다. [총 10점]

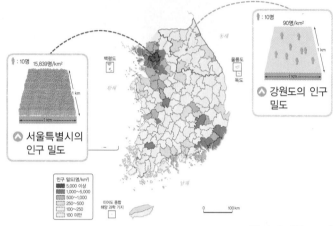

[출처: 통계청, 2020.]

(1) 서울특별시와 강원도 중 인구가 밀집된 지역은 어디인지 쓰시오. [2점]

(                    )

(2) 다음은 위와 같은 인구 분포가 나타난 까닭입니다. ☐ 안에 들어갈 알맞은 말을 쓰시오. [2점]

> 대도시 지역은 산업이 발달하여 ☐가 많기 때문에 인구가 많습니다.

(                    )

(3) 위와 같이 인구 분포가 지역적으로 고르지 않을 때 인구가 늘어나는 지역에서 발생하는 문제를 쓰시오.

[6점]

**3** 다음은 우리나라의 신도시입니다. [총 10점]

⬆ 세종특별자치시

⬆ 안산시

⬆ 동탄 신도시

(1) 다음 설명과 관련 있는 도시를 기호로 쓰시오. [2점]

> 경기도에 위치한 공업 도시로, 서울의 공업 기능을 분산하기 위해 대규모 산업 단지를 건설하면서 발달했습니다.

(　　　　　　　)

(2) 국토의 균형적인 발전을 위해 수도권의 행정 기능을 옮겨 만든 도시는 어디인지 기호를 쓰시오. [2점]

(　　　　　　　)

(3) 위와 같은 도시를 만든 까닭을 쓰시오. [6점]

_____

_____

**4** 다음은 지역별로 다양한 산업이 발달 모습입니다.

[총 10점]

| 구분 | 발달한 산업의 종류 |
|---|---|
| 서울 | 소비 시장이 넓어 서비스업, 운송업 등 다양한 산업이 발달했음. |
| 대전 | 기업, 연구소, 대학교가 협력해 　㉠　이 성장했음. |
| 동해 | 시멘트의 주원료인 석회석이 풍부해 시멘트 산업이 발달했음. |
| 　㉡　 | 풍부한 노동력을 바탕으로 섬유와 패션 산업이 성장했음. |
| 부산 | 원료를 수입하고 제품을 수출하기 좋은 해안가에 위치해 물류 산업이 발달했음. |
| 제주 | 독특하고 아름다운 자연환경 덕분에 관광 산업이 발달했음. |

(1) 위 ㉠에 들어갈 산업을 보기에서 골라 쓰시오. [2점]

> **보기**
> • 농업　　　• 첨단 산업　　　• 서비스업

(　　　　　　　)

(2) 위 ㉡에 들어갈 도시는 대구와 삼척 중 어디인지 쓰시오.
[2점]

(　　　　　　　)

(3) 위와 같이 오늘날에 산업이 지역별로 각기 다르게 발달한 까닭을 쓰시오. [6점]

_____

_____

**1** 11종 공통

다음 ☐ 안에 들어갈 나라는 어디입니까? (       )

① 미국
③ 프랑스
⑤ 인도네시아

② 러시아
④ 말레이시아

**2** 11종 공통

우리나라의 위치에 대한 설명으로 알맞은 것은 어느 것입니까? (       )

① 대서양과 접해 있다.
② 남반구에 위치해 있다.
③ 아시아 대륙의 서쪽에 위치해 있다.
④ 해양으로 진출하기에 불리한 위치이다.
⑤ 북위 33°~43°, 동경 124°~132°에 위치해 있다.

**3** 11종 공통

우리나라의 영공에 대한 설명으로 알맞은 것은 어느 것입니까? (       )

① 우리나라 바다의 영역이다.
② 한반도와 한반도에 속한 여러 섬이다.
③ 우리나라의 영역 중 땅에서의 영역을 말한다.
④ 다른 나라 비행기가 허가 없이 들어올 수 있다.
⑤ 우리나라 영토와 영해 위에 있는 하늘의 범위를 말한다.

**4** 11종 공통

다음 ☐ 안에 들어갈 말로 알맞은 것은 어느 것입니까?
(       )

> 관동 지방은 ☐☐☐을/를 기준으로 영동 지방과 영서 지방으로 구분할 수 있습니다.

① 금강
③ 경기해
⑤ 소백산맥

② 조령
④ 태백산맥

**5** 11종 공통

다음 ㉠, ㉡에 해당하는 우리나라의 행정 구역이 알맞게 짝 지어진 것은 어느 것입니까? (       )

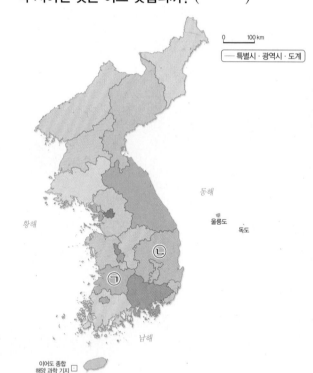

| | ㉠ | ㉡ |
|---|---|---|
| ① | 함경북도 | 경기도 |
| ② | 평안남도 | 강원특별자치도 |
| ③ | 경상남도 | 충청도 |
| ④ | 전라남도 | 황해도 |
| ⑤ | 전북특별자치도 | 경상북도 |

**6** 우리나라의 각 도청 소재지로 알맞지 <u>않은</u> 것은 어느 것입니까? (          )

① 경기도 – 수원

② 강원특별자치도 – 경주

③ 충청북도 – 청주

④ 전북특별자치도 – 전주

⑤ 경상남도 – 창원

11종 공통

**7** 다음에서 설명하는 지형은 무엇입니까? (          )

넓고 평탄한 땅으로 농사짓기가 좋아서 사람들이 많이 모여 삽니다.

①
▲ 평야

②
▲ 산지

③
▲ 하천

④
▲ 해안

11종 공통

**8** 우리나라의 지형에 대한 설명으로 알맞지 <u>않은</u> 것은 어느 것입니까? (          )

① 국토의 약 70%가 평야이다.

② 동쪽이 높고 서쪽이 낮은 지형이다.

③ 높고 험한 산은 대부분 북쪽과 동쪽에 많다.

④ 큰 하천은 대부분 동쪽에서 서쪽으로 흘러간다.

⑤ 하천 주변의 평야에는 농사지을 땅이 넓게 나타난다.

천재교과서, 금성출판사, 김영사, 미래엔, 비상교과서, 비상교육, 아이스크림 미디어

**9** 다음에서 설명하는 자연환경을 이용하는 모습은 어느 것입니까? (          )

물이 흘러가면서 만든 크고 작은 물줄기로, 높은 곳에서 낮은 곳으로 흐릅니다.

①
▲ 목장

②
▲ 댐

③
▲ 해수욕장

④ 
▲ 스키장

11종 공통

**10** 서해안에 대한 설명으로 알맞은 것은 어느 것입니까? (          )

① 해안선이 단조롭다.

② 크고 작은 섬이 많아 다도해라 부른다.

③ 밀물과 썰물의 차가 커서 갯벌이 발달했다.

④ 물이 깨끗하고 파도가 잔잔해 양식업이 발달했다.

⑤ 동해안에 비해 길게 뻗은 모래사장이 펼쳐진 곳이 많다.

**11** 우리나라의 기후에 대한 설명으로 알맞지 <u>않은</u> 것은 어느 것입니까? (       )

① 겨울에는 춥고 눈이 내린다.

② 계절별로 기온의 차이가 크다.

③ 여름에는 덥고 비가 많이 온다.

④ 중위도에 위치해 사계절이 나타난다.

⑤ 봄과 가을은 춥고, 여름과 겨울보다 기간이 길다.

**13** 우리나라 기온의 특징으로 알맞지 <u>않은</u> 것은 어느 것입니까? (       )

① 남쪽과 북쪽의 기온 차가 크다.

② 여름철 기온이 겨울철 기온보다 높다.

③ 겨울철에 동해안이 서해안보다 기온이 높다.

④ 대체로 남쪽에서 북쪽으로 갈수록 기온이 높아진다.

⑤ 같은 계절이라도 지역에 따라 기온의 차이가 나타난다.

천재교과서, 교학사, 금성출판사, 김영사,
동아출판, 미래엔, 비상교과서, 비상교육

**14** 울릉도에서 우데기를 만들었던 까닭은 무엇입니까?

(       )

① 가뭄에 대비하기 위해서

② 겨울에 눈이 많이 내리기 때문에

③ 여름에 홍수가 자주 일어나기 때문에

④ 집 안에 바람이 잘 통하게 하기 위해서

⑤ 주변에서 나무를 쉽게 구할 수 있었기 때문에

11종 공통

**12** 다음과 같은 바람이 불어오는 계절에 볼 수 있는 사람들의 생활 모습은 어느 것입니까? (       )

▲ 모내기하기

▲ 해수욕 즐기기

▲ 선풍기 사용하기

▲ 눈썰매 타기

11종 공통

**15** 홍수로 인한 피해는 어느 것입니까? (       )

① 강한 바람이 불어 간판이 날아간다.

② 도로에 눈이 많이 쌓여 이동이 힘들다.

③ 열사병과 같은 더위로 인한 질병을 일으킨다.

④ 하천이 흘러넘쳐 주변의 도로나 건물 등이 물에 잠긴다.

⑤ 미세한 모래 먼지는 건강에 좋지 않은 영향을 끼친다.

**16** 다음 인구분포도를 보고 바르게 말한 어린이는 누구입니까? (      )

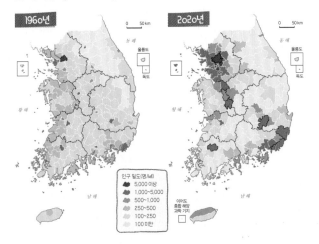

① 민주: 오늘날에는 수도권의 인구 밀도가 가장 낮아.

② 현정: 1960년에는 평야가 발달한 남서쪽 지역의 인구 밀도가 낮았어.

③ 지수: 1960년에는 산지가 발달한 북동쪽 지역의 인구 밀도가 높았어.

④ 해림: 인구 밀도가 낮을수록 상대적으로 많은 인구가 모여 산다는 것을 의미해.

⑤ 미연: 오늘날에는 수도권과 공업 도시가 발달한 남동 해안 지역에 많은 사람이 살고 있어.

**17** 우리나라의 도시에 대한 설명으로 알맞은 것은 어느 것입니까? (      )

① 2000년대부터 경기도에 신도시를 건설했다.

② 1970년대에는 남동쪽 공업 도시들이 성장했다.

③ 1960년대에 비해 강원도 지역에 도시 수가 가장 많이 늘어났다.

④ 본격적인 도시 발달은 2000년대 이후 공업이 발달하면서부터이다.

⑤ 세종특별자치시는 우리나라의 수도로 인구와 여러 기능이 집중된 도시이다.

**18** 다음에서 설명하는 도시는 어디입니까? (      )

> 우리나라 제2의 도시로 해안 지역에 위치하여 큰 항구가 발달했습니다.

① 서울특별시        ② 부산광역시

③ 대전광역시        ④ 광주광역시

⑤ 세종특별자치시

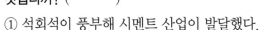

**19** 제주에서 발달한 산업의 특징으로 알맞은 것은 어느 것입니까? (      )

① 석회석이 풍부해 시멘트 산업이 발달했다.

② 기업, 연구소, 대학교가 협력하여 첨단 산업이 발달했다.

③ 독특하고 아름다운 자연환경을 바탕으로 관광 산업이 발달했다.

④ 풍부한 자본과 넓은 소비 시장을 바탕으로 다양한 산업이 발달했다.

⑤ 게임 산업이 발달하여 게임 기업과 이와 관련된 여러 가지 시설이 모여 있다.

**20** 다음과 같은 모습에 가장 큰 영향을 미치는 요인은 어느 것입니까? (      )

> • 사람들의 생활권이 넓어졌습니다.
> • 사람과 물자의 이동이 더욱 활발해졌습니다.

① 기후 변화        ② 교통 발달

③ 지형 변화        ④ 교육 발달

⑤ 농업 발달

・답안 입력하기    ・평가 분석표 받기

**1** 다음은 우리 국토의 위치를 설명한 것입니다. ㉠, ㉡에 들어갈 말이 알맞게 짝 지어진 것은 어느 것입니까?

11종 공통

( )

> 우리 국토는 ㉠ 대륙의 ㉡ 에 위치한 반도입니다.

| | ㉠ | ㉡ |
|---|---|---|
| ① | 유럽 | 북쪽 |
| ② | 아시아 | 동쪽 |
| ③ | 아시아 | 서쪽 |
| ④ | 아프리카 | 남쪽 |
| ⑤ | 북아메리카 | 서쪽 |

**2** 우리나라의 영해는 기준선으로부터 몇 해리까지입니까? ( )

11종 공통

① 6해리 ② 12해리
③ 18해리 ④ 24해리
⑤ 48해리

**3** 우리 국토를 사랑하는 방법으로 알맞은 것은 어느 것입니까? ( )

11종 공통

① 길거리에 쓰레기를 버린다.
② 꽃을 꺾어 장난감을 만든다.
③ 우리 자연을 소중하게 여긴다.
④ 독도 문제에 관심을 가지지 않는다.
⑤ 국토를 지키시는 국군에게 감사한 마음을 갖지 않는다.

**4** 다음 지도를 보고 잘못 말한 어린이는 누구입니까?

11종 공통

( )

① 선아: 북부 지방은 지금의 북한 지역이야.
② 민정: 남부 지방은 가장 남쪽에 있는 지역이야.
③ 진영: 북부 지방과 중부 지방은 휴전선을 경계로 나눠.
④ 운용: 중부 지방과 남부 지방은 멸악산맥을 기준으로 나눠.
⑤ 영경: 우리나라는 북부 지방, 중부 지방, 남부 지방으로 나눌 수 있어.

**5** 다음 일기 예보의 ☐ 안에 들어갈 알맞은 말은 어느 것입니까? ( )

11종 공통

오늘 ☐ 지방은 곳에 따라 비가 내리겠습니다.

① 관북 ② 경기 ③ 영남
④ 호남 ⑤ 해서

**6** 다음은 우리나라의 행정 구역을 정리한 표입니다. ㉠에 들어갈 지역이 <u>아닌</u> 곳은 어디입니까? (          )

| 북한 지역을 제외한 우리나라의 행정 구역 | |
|---|---|
| 특별시 | 서울특별시 |
| 특별자치시 | 세종특별자치시 |
| 광역시 | 인천광역시, 대전광역시, 대구광역시, 광주광역시, 울산광역시, 부산광역시 |
| 도 | ㉠ |
| 특별자치도 | 강원특별자치도, 전북특별자치도, 제주특별자치도 |

① 경기도          ② 충청남도
③ 전라남도        ④ 경상북도
⑤ 함경남도

**7** 다음에서 설명하는 지형은 무엇입니까? (          )

• 모래사장이나 갯벌이 나타납니다.
• 바다와 육지가 맞닿아 있는 부분입니다.

①
🔺 해안

②
🔺 평야

③
🔺 하천

④
🔺 산지

**8** 사람들이 평야를 이용하는 모습으로 알맞은 것은 어느 것입니까? (          )

① 휴양림을 만든다.
② 농사를 많이 짓는다.
③ 다목적 댐을 건설한다.
④ 염전을 만들어 소금을 얻는다.
⑤ 스키장을 만들어 여가 생활을 즐긴다.

**9** 우리나라의 해안에 대한 설명으로 알맞지 <u>않은</u> 것은 어느 것입니까? (          )

① 동해안은 섬이 적다.
② 서해안은 해안선이 복잡하다.
③ 동해안은 해안선이 단순하다.
④ 동해안은 갯벌이 넓게 발달해 있다.
⑤ 남해안은 섬이 많아 다도해라고 부른다.

**10** 다음과 같은 생활 모습을 볼 수 있는 계절의 기후 특징은 어느 것입니까? (          )

물놀이를 즐기고, 짧은 반소매 옷을 입습니다.

① 추위가 이어진다.
② 눈이 내리기도 한다.
③ 가끔 꽃샘추위가 온다.
④ 장마가 지나고 무더위가 이어진다.
⑤ 기온이 낮아져 서늘한 날씨가 이어진다.

**11** 기온에 따른 옛날 사람들의 생활 모습으로 알맞은 것은 어느 것입니까? (       )

① 여름에는 솜옷을, 겨울에는 모시옷을 입었다.

② 겨울철 추위에 대비해 난방 시설인 온돌을 설치했다.

③ 남부 지방에서는 바람이 잘 통하도록 정주간을 만들었다.

④ 북부 지방에서는 추위를 막기 위해 대청마루를 넓게 설치했다.

⑤ 기온이 높은 남부 지방으로 갈수록 음식을 싱겁고 담백하게 만들었다.

11종 공통

**12** 다음 보기 에서 우리나라의 강수량에 대한 알맞은 설명을 모두 고른 것은 어느 것입니까? (       )

보기
㉠ 일 년 내내 강수량이 고른 편입니다.
㉡ 지역에 따른 강수량의 차이가 큽니다.
㉢ 연평균 강수량은 세계 평균보다 적은 편입니다.
㉣ 대체로 남부 지방이 북부 지방보다 강수량이 많습니다.

① ㉠, ㉡          ② ㉠, ㉢          ③ ㉡, ㉢
④ ㉡, ㉣          ⑤ ㉢, ㉣

천재교과서, 교학사, 김영사, 금성출판사, 동아출판,
미래엔, 비상교과서, 비상교육

**13** 터돋움집에 대한 설명으로 알맞은 것은 어느 것입니까?
(       )

① 물 위에 지은 집이다.

② 가뭄에 대비하기 위한 집이다.

③ 단단하지 않은 바위 속을 파서 지었다.

④ 겨울철에 눈이 많이 오는 지역에서 지었다.

⑤ 여름철에 홍수로 인한 피해를 막기 위해 지은 집이다.

11종 공통

**14** 다음 대화의 ☐ 안에 들어갈 자연재해로 알맞은 것은 어느 것입니까? (       )

원권: 비가 많이 오네.
연후: 이러다가 ☐ 이/가 발생하겠어.
원권: 농경지나 도로, 건물이 물에 잠기는 피해가 생길까 봐 걱정이야.

①
[출처: 연합뉴스]
⚠ 가뭄

②
⚠ 한파

③
[출처: 뉴스뱅크]
⚠ 홍수

④
⚠ 폭설

11종 공통

**15** 폭염에 대처하는 방법으로 알맞은 것은 어느 것입니까?
(       )

① 해안가에 가지 않는다.

② 물을 자주 마시지 않는다.

③ 가방이나 손으로 머리를 보호한다.

④ 햇볕에 너무 오랜 시간 동안 노출되지 않도록 한다.

⑤ 창문과 창틀이 분리되지 않도록 테이프로 고정시킨다.

김영사, 동아출판, 비상교과서, 비상교육

**16** 저출산 문제를 해결하기 위한 인구 정책 포스터로 알맞은 것은 어느 것입니까? (          )

①

②

③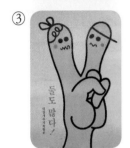

④

11종 공통

**17** 다음 지도를 통해 알 수 있는 내용이 <u>아닌</u> 것은 어느 것입니까? (          )

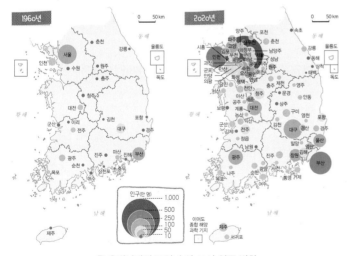

🔺 우리나라의 도시 수와 도시 인구 변화

① 도시 수가 늘어났다.

② 도시 인구가 많이 증가했다.

③ 수도권 지역에 도시가 많이 생겨났다.

④ 남동 해안 지역의 인구가 많이 감소했다.

⑤ 오늘날 도시가 일부 지역에 집중하고 있으며, 지역 차가 매우 크다.

11종 공통

**18** 우리나라의 시기별 산업 발달 모습으로 알맞은 것은 어느 것입니까? (          )

① 1960년대 이전: 반도체 산업

② 1960년대: 자동차, 제철 산업

③ 1970~1980년대: 농업, 어업, 임업

④ 1990년대: 신발, 섬유, 의류 산업

⑤ 2000년대 이후: 우주 산업, 로봇 산업, 서비스업

천재교육, 천재교과서, 교학사, 금성출판사, 김영사, 동아출판, 비상교과서

**19** 동해에서 시멘트 산업이 발달한 까닭은 무엇입니까? (          )

① 소비 시장이 넓어서

② 갯벌이 발달해 있어서

③ 첨단 산업이 발달해 있어서

④ 자동차 산업이 발달해 있어서

⑤ 제품 생산에 필요한 원료가 풍부해서

11종 공통

**20** 교통의 발달로 달라진 사람들의 생활 모습으로 알맞지 <u>않은</u> 것은 어느 것입니까? (          )

① 사람과 물건의 이동이 빨라졌다.

② 사람들의 생활권은 더욱 좁아졌다.

③ 사람들이 느끼는 국토의 크기가 상대적으로 작아졌다.

④ 비행기를 타고 국내외로 빠르게 이동할 수 있게 되었다.

⑤ 고속 열차를 타고 먼 거리를 짧은 시간에 이동할 수 있게 되었다.

1 단원

진도 완료 체크

· 답안 입력하기    · 평가 분석표 받기

## ❶ 인권의 의미와 특징

모든 사람에게 평등하게 보장됨.

모든 사람이 태어나면서부터 가짐.

다른 사람이 함부로 빼앗을 수 없음.

**인권**

모든 사람이 존중받으며 사람답게 살 권리

✳ 중요한 내용을 정리해 보세요!

● 인권이란?

● 인권의 특징은?

---

## 개념 확인하기

정답 25쪽

🍃 다음 문제를 읽고 답을 찾아 ☐ 안에 ✔표를 하시오.

**1** 모든 사람이 존중받으며 사람답게 살 권리를 무엇이라고 합니까?

㉠ 평등 ☐    ㉡ 인권 ☐

**2** 인권을 누릴 수 있는 대상은 누구입니까?

㉠ 모든 사람 ☐    ㉡ 일부 여성 ☐

㉢ 일부 외국인 ☐    ㉣ 일부 어린이 ☐

**3** 인권을 가지기 시작하는 때는 언제입니까?

㉠ 태어났을 때 ☐

㉡ 만 18세 이상이 되었을 때 ☐

**4** 인권에 대한 설명으로 알맞은 것은 어느 것입니까?

㉠ 일시적으로 보장되는 권리이다. ☐

㉡ 다른 사람에게 빼앗길 수 없는 권리이다. ☐

**5** 인간의 존엄성을 지키기 위해 1948년 국제 연합 총회에서 발표한 것은 무엇입니까?

㉠ 세계 인권 선언 ☐    ㉡ 인간 환경 선언 ☐

## ② 인권 보장을 위한 사회의 노력

인권 교육

인권 보장을 위한 국가기관 운영

인권 보장을 위한 노력

시민 단체 활동

사회 보장 제도 운영

공공 편의 시설 설치 및 운영

무료 예방 접종

✳ 중요한 내용을 정리해 보세요!

● 인권 보장이 필요한 까닭은?

● 인권을 보장하기 위해 사회에서 하는 노력은?

2 단원

---

### 개념 확인하기

정답 25쪽

🍃 다음 문제를 읽고 답을 찾아 ☐ 안에 ✔표를 하시오.

**1** 다양한 사회적 위험으로부터 모든 국민을 보호하기 위해 국가에서 시행하는 제도는 무엇입니까?

㉠ 사회 보장 제도 ☐    ㉡ 국민 투표 제도 ☐

**2** 우리 사회에서 다양한 공공 편의 시설을 설치하고 운영하는 까닭은 무엇입니까?

㉠ 많은 사람을 차별하기 위해 ☐

㉡ 모든 사람의 편리하고 안전한 생활을 위해 ☐

**3** 시각 장애인을 위해 설치한 공공 편의 시설은 무엇입니까?

㉠ 횡단보도 ☐    ㉡ 점자 블록 ☐

**4** 인권을 침해당했을 때 도움을 요청할 수 있는 국가기관은 어디입니까?

㉠ 법원 ☐    ㉡ 기차역 ☐    ㉢ 보건소 ☐

**5** 국가 인권 위원회에서 하는 일은 무엇입니까?

㉠ 인권 침해를 위한 법을 만든다. ☐

㉡ 인권 보장을 위한 정책을 제안한다. ☐

**1** 다음 그림을 보고 알 수 있는 것은 어느 것입니까?
(          )

휴식이 필요할 때 쉴 수 있어요.

교육을 받을 수 있어요.

① 인권은 일부 사람만 누릴 수 있다.
② 교육을 받을 권리는 학생에게만 있다.
③ 일상생활에서는 자유를 보장받기 어렵다.
④ 우리는 일상생활에서 인권을 누리고 있다.
⑤ 다른 사람이 우리의 인권을 빼앗을 수 있다.

천재교과서, 교학사, 김영사, 동아출판, 미래엔,
비상교과서, 비상교육, 아이스크림 미디어

**2** 다음 법전에 담긴 내용에 대한 설명으로 알맞지 <u>않은</u>
것을 두 가지 고르시오. (          ,          )

🔺 『경국대전』

① 아픈 사람을 돕는 내용은 없다.
② 조선을 다스리는 기준이 된 법이 담겨 있다.
③ 가난한 사람들의 인권은 존중하고 있지 않다.
④ 신분이 낮은 사람들의 인권을 보장해 주기도 했다.
⑤ 우리 조상들이 인권을 중요하게 생각했다는 것을
알 수 있다.

천재교육

**3** 다음에서 설명하는 곳은 어디입니까? (          )

가난한 백성들이 신분에 상관없이 무료로 치료를
받을 수 있던 곳입니다.

① 명통시           ② 활인서
③ 집현전           ④ 규장각
⑤ 성균관

**4** 사형과 같은 무거운 형벌은 세 번의 재판을 거치도록
했던 옛날의 제도는 어느 것입니까? (          )
① 격쟁             ② 상언
③ 상소             ④ 신분제
⑤ 삼복제

**5** 다음 ㉠, ㉡에 들어갈 알맞은 인물을 【보기】에서 찾아
각각 쓰시오.

• ㉠ 은/는 한글 점자를 만들어 시각 장애인
에게 동등한 교육의 기회를 주고자 노력했습니다.
• ㉡ 은/는 『홍길동전』을 지어 신분에 따른
차별을 비판했습니다.

【보기】
• 허균     • 방정환     • 박두성     • 이효재

㉠ (          )
㉡ (          )

**[6~7]** 다음은 우리 주변에서 볼 수 있는 모습입니다.

ㄱ: 위로 올라갈 수가 없네.

ㄴ: 피부색이 달라 말이 안 통할 것 같아.

ㄷ: 망가진 지 한참 된 것 같은데, 아직도 그대로야!

ㄹ: 몸이 아픈데 병원에 갈 수가 없네.

**6** 위 ㉠~㉣에 대한 설명으로 알맞은 것은 어느 것입니까? (        )

① 모든 사람이 인권을 보장받고 있다.

② ㉠은 편견으로 인한 인권 침해 사례이다.

③ ㉡은 성별에 따른 차별을 당하는 모습이다.

④ ㉢은 놀 권리를 침해당하고 있는 모습이다.

⑤ ㉣에서는 종교에 따라 행동할 수 있는 권리가 침해되었다.

**7** 위와 같은 모습의 문제점으로 알맞은 것을 두 가지 고르시오. (      ,      )

① 모든 사람이 존중받을 수 있다.

② 피해를 본 사람이 상처를 받는다.

③ 사회적 편견이나 차별이 사라진다.

④ 인권 침해를 당한 사람이 행복하게 살 수 있다.

⑤ 피해를 본 사람이 인간다운 삶을 누리기 어렵다.

**8** 인권 보장을 위해 만들어진 것을 찾아 기호를 쓰시오.

ㄱ
△ 어린이 보호 구역

ㄴ
△ 높이가 똑같은 세면대

(                    )

천재교육, 천재교과서, 교학사, 금성출판사, 김영사, 동아출판, 비상교과서, 비상교육, 아이스크림 미디어, 지학사

**9** 국가 인권 위원회에서 하는 일로 알맞은 것은 어느 것입니까? (        )

① 공공 편의 시설을 설치한다.

② 사회 보장 제도를 실시한다.

③ 인권 보장을 위한 법을 만든다.

④ 재판을 통해 사람들의 권리를 구제한다.

⑤ 인권 보장을 위한 정책을 제안하고 검토한다.

**10** 다음 그림에 나타난 인권 보호를 실천하는 방법은 어느 것입니까? (        )

① 인권 개선 편지 쓰기

② 인권 캠페인 활동하기

③ 시민 단체에 기부하기

④ 인권 보호 포스터 그리기

⑤ 인권 보호 홍보 영상 만들기

**연습** 🦉 도움말을 참고하여 내 생각을 차근차근 써 보세요.

## 1 다음은 우리 주변에서 인권을 존중하는 모습입니다.

[총 10점]

⊙

🔺 [ ]를 만듦.

©

🔺 엘리베이터에 발판을 놓음.

(1) 위 ⊙의 □ 안에 들어갈 시설로 알맞은 것에 ○표를 하시오. [2점]

> 몸이 불편한 사람의 자유로운 이동을 위한 ( 계단 / 경사로 )입니다.

(2) 위 ©은 누구를 위한 시설인지 **보기** 에서 찾아 쓰시오. [2점]

> **보기**
> • 어린이    • 외국인    • 선생님

( )

(3) 위 ⊙, ©을 참고하여 인권의 특징을 쓰시오. [6점]

> 🦉 그림에서 인권을 어떻게 존중하고 있는지를 생각하며 써 보세요.
> **꼭** 들어가야 할 말  모든 사람 / 평등 / 당연

## 2 다음은 인권 신장을 위해 노력한 인물입니다. [총 10점]

| 허균 | 당시 신분 제도를 비판하는 내용이 담긴 『 (가) 』을 지었음. |
|---|---|
| 방정환 | 모든 어린이가 꿈과 희망을 품고 행복하게 자라기를 바라는 마음으로 어린이날을 만들었음. |
| (나) | 빈민가에서 가난한 사람들과 아픈 사람들을 사랑으로 돌봤음. |
| 마틴 루서 킹 | 백인에게 차별받는 <u>흑인의 인권을 신장하고자 노력했음.</u> |

(1) 위 (가)에 들어갈 알맞은 책을 **보기** 에서 찾아 기호를 쓰시오. [2점]

> **보기**
> ⊙ 심청전          © 홍길동전
> © 별주부전        ② 장화홍련전

( )

(2) 위 (나)에 들어갈 알맞은 인물을 쓰시오. [2점]

( )

(3) 위에서 밑줄 친 부분과 같이 마틴 루서 킹이 흑인의 인권 신장을 위해 한 일을 한 가지 쓰시오. [6점]

**3** 다음은 인권이 침해된 사례입니다. [총 10점]

> **가고 싶은 곳에 가기 힘들어요**
>
> 시각 장애가 있는 민준이의 삼촌이 혼자서 수영장에 가는 것은 힘든 일입니다. 집에서 수영장까지 가는 순환 버스를 타기 때문에 수영장 건물 입구까지는 잘 갈 수 있지만 건물 안에는 <u>점자 블록</u>이 설치되지 않아 누군가의 도움이 필요합니다.

(1) 위와 같이 인권을 침해받을 수 있는 사람을 보기 에서 찾아 기호를 쓰시오. [2점]

> **보기**
> ㉠ 외국인            ㉡ 장애인
> ㉢ 독거 노인          ㉣ 다문화 가정 어린이

(                    )

(2) 위에서 밑줄 친 '점자 블록'을 찾아 기호를 쓰시오.
[2점]

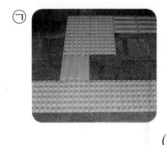
㉠

㉡

(                    )

(3) 위 민준이의 삼촌이 이러한 불편함을 겪으면 안 되는 까닭을 쓰시오. [6점]

_____

_____

**4** 다음은 인권 보호를 생활에서 실천하는 모습입니다.
[총 10점]

(가) 인권은 쌓을수록 낮아지는 담장입니다.
(나)
훌륭한 경찰관이 될 수 있을 거야.
제 꿈은 경찰관입니다.

(1) 위 (가)와 관련 있는 인권 보호 실천 방법을 보기 에서 찾아 기호를 쓰시오. [2점]

> **보기**
> ㉠ 그림 그리기          ㉡ 표어 만들기
> ㉢ 동영상 만들기        ㉣ 포스터 그리기

(                    )

진도 완료 체크

(2) 다음은 위 (나)에 대한 설명입니다. (       ) 안의 알맞은 말에 ○표를 하시오. [2점]

> 인권 보호를 실천하기 위해 일상생활에서 인권을 ( 비난 / 존중 )하는 말을 사용합니다.

(3) 위와 같은 방법 외에 인권 보호를 실천할 수 있는 일을 다음 낱말을 넣어 쓰시오. [6점]

> • 침해        • 관공서        • 편지

_____

_____

# ❶ 헌법

**의미**

헌법

우리나라의 최고법으로 모든 법의 기본이 되는 법

**내용**

• 국민의 기본적 권리와 의무
• 국가기관을 조직하고 운영하는 원칙

**중요성**

인권

국민의 행복, 인권, 자유, 권리 등을 보장함.

✳ 중요한 내용을 정리해 보세요!

● 헌법이란?

● 헌법에 담긴 내용은?

● 헌법이 중요한 까닭은?

---

## 개념 확인하기

정답 27쪽

✎ 다음 문제를 읽고 답을 찾아 ☐ 안에 ✔표를 하시오.

**1** 우리나라의 최고법으로 모든 법의 기본이 되는 법은 무엇입니까?

    ㉠ 헌법 ☐　　　　㉡ 민법 ☐

**2** 헌법에 국민의 권리를 제시한 까닭은 무엇입니까?

    ㉠ 의무의 중요성을 강조하기 위해 ☐

    ㉡ 국회의원에게만 권리를 주기 위해 ☐

    ㉢ 국민의 권리가 침해되지 않게 하기 위해 ☐

**3** 헌법이 추구하는 목적은 무엇입니까?

    ㉠ 개인의 자유 침해 ☐

    ㉡ 인간의 존엄성 보장 ☐

**4** 헌법의 내용을 새로 정하거나 바꾸기 위해 거쳐야 하는 것은 무엇입니까?

    ㉠ 국민 투표 ☐　　　　㉡ 대통령 선거 ☐

**5** 우리나라의 헌법이 만들어지고 공포된 것을 기념하는 날을 무엇이라고 합니까?

    ㉠ 개천절 ☐　　㉡ 광복절 ☐　　㉢ 제헌절 ☐

## ❷ 국민의 기본권

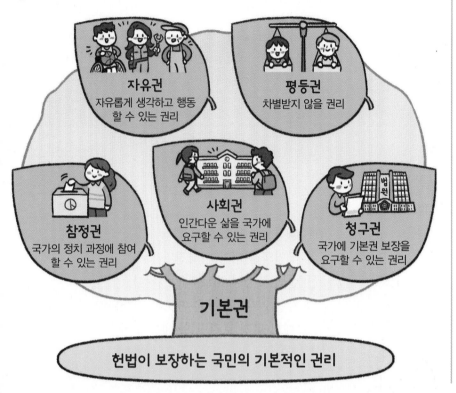

자유권
자유롭게 생각하고 행동할 수 있는 권리

평등권
차별받지 않을 권리

참정권
국가의 정치 과정에 참여할 수 있는 권리

사회권
인간다운 삶을 국가에 요구할 수 있는 권리

청구권
국가에 기본권 보장을 요구할 수 있는 권리

기본권

헌법이 보장하는 국민의 기본적인 권리

✳ 중요한 내용을 정리해 보세요!

● 기본권이란?

● 기본권의 종류는?

**2**
단원

---

### 개념 확인하기

정답 27쪽

🌱 다음 문제를 읽고 답을 찾아 ☐ 안에 ✔표를 하시오.

**1** 헌법이 보장하는 국민의 기본적인 권리를 무엇이라고 합니까?

㉠ 기본권 ☐    ㉡ 재산권 ☐

**2** 기본권에 대한 설명으로 알맞은 것은 어느 것입니까?

㉠ 어떠한 경우에도 제한될 수 없다. ☐

㉡ 필요한 경우 법률에 따라 제한될 수 있다. ☐

**3** 국가의 정치 과정에 참여할 수 있는 권리는 무엇입니까?

㉠ 노동권 ☐    ㉡ 저작권 ☐    ㉢ 참정권 ☐

**4** 우리가 학교에서 교육을 받는 것은 어떤 기본권을 보장받는 모습입니까?

㉠ 자유권 ☐    ㉡ 사회권 ☐    ㉢ 청구권 ☐

**5** 기본권을 침해당했을 때 국가에 기본권 보장을 요구할 수 있는 권리는 무엇입니까?

㉠ 청구권 ☐    ㉡ 참정권 ☐    ㉢ 평등권 ☐

**[1~2]** 다음은 어떤 법에 담긴 조항입니다.

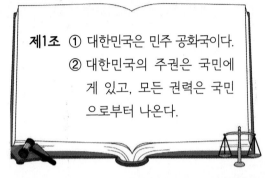

제1조 ① 대한민국은 민주 공화국이다.
② 대한민국의 주권은 국민에게 있고, 모든 권력은 국민으로부터 나온다.

천재교육, 천재교과서, 교학사, 금성출판사, 김영사, 미래엔,
비상교과서, 아이스크림 미디어, 지학사

**1** 위와 같은 내용이 담겨 있는 우리나라의 최고법은 무엇인지 쓰시오.

( )

**2** 위 1번 답이 담고 있는 내용으로 알맞지 <u>않은</u> 것을 두 가지 고르시오. ( , )

① 국민이 지켜야 할 의무
② 학급 토론을 할 때의 규칙
③ 국민이 누리는 기본적인 권리
④ 국가기관을 조직하고 운영하는 원칙
⑤ 급식 먹는 순서를 공평하게 정하는 방법

**3** 헌법에 대한 설명으로 알맞은 것을 보기 에서 찾아 기호를 쓰시오.

보기
㉠ 헌법의 내용은 절대 고칠 수 없습니다.
㉡ 헌법을 기준으로 국가가 운영되고 있습니다.
㉢ 대통령은 헌법의 내용에 어긋나는 결정을 내릴 수 있습니다.

( )

천재교육

**4** 다음 ㉠에 들어갈 내용에 대한 설명으로 알맞은 것은 어느 것입니까? ( )

헌법 제35조 ① 모든 국민은 건강하고 쾌적한 환경에서 생활할 권리를 가지며, 국가와 국민은 환경 보전을 위하여 노력하여야 한다.

▼

「대기 환경 보전법」 제정

▼

㉠

① 환경오염이 심해진다.
② 국민의 권리가 사라진다.
③ 헌법 조항이 새로 만들어진다.
④ 차량 2부제와 같은 제도가 시행된다.
⑤ 「대기 환경 보전법」의 내용이 바뀐다.

교학사, 김영사, 동아출판, 미래엔, 비상교과서, 비상교육, 아이스크림 미디어

**5** 다음 신문 기사의 ☐ 안에 공통으로 들어갈 말로 알맞은 것은 어느 것입니까? ( )

'인터넷 실명제', ☐ 간다

인터넷 실명제는 인터넷 이용자의 실명과 주민 등록 번호가 확인되어야만 인터넷 게시판에 글을 올릴 수 있는 제도로, 성숙한 인터넷 문화를 조성하고자 시행되었다. 그러나 인터넷 실명제에 반대하는 사람들은 표현의 자유가 침해된다며 ☐ 에 심판을 요청하였다.

① 국회
② 법원
③ 헌법 재판소
④ 행정 복지 센터
⑤ 국가 인권 위원회

**6** 다음 그림에 나타난 기본권을 알맞게 짝 지은 것은 어느 것입니까? ( )

| | ㉠ | ㉡ |
|---|---|---|
| ① | 참정권 | 자유권 |
| ② | 자유권 | 평등권 |
| ③ | 청구권 | 참정권 |
| ④ | 행복 추구권 | 사회권 |
| ⑤ | 공무 담임권 | 청구권 |

**8** 다음 그림에 나타난 국민의 의무로 알맞은 것을 보기 에서 찾아 쓰시오.

보기
• 국방    • 근로    • 환경 보전

( )의 의무

**9** 헌법에 나타난 의무와 관련하여 다음 ( ) 안의 알맞은 말에 ○표를 하시오.

국민의 의무를 지키는 것은 자신과 다른 사람의 기본권을 ( 보호 / 침해 )하는 바탕이 됩니다.

**7** 기본권의 제한에 대해 알맞게 말한 어린이를 쓰시오.

기본권은 어떠한 경우에도 제한될 수 없어.

기본권은 제한될 수 있지만 자유와 권리의 본질적인 내용을 침해해서는 안 돼.

⬆ 유진          ⬆ 민재

( )

**10** 개인의 권리만 주장하거나 의무를 다하지 않을 때 일어날 수 있는 일로 알맞은 것은 어느 것입니까?
( )

① 사회가 혼란스러워진다.
② 나라가 건강하게 유지된다.
③ 모든 사람이 이익을 얻는다.
④ 모든 사람들의 기본권이 보장된다.
⑤ 사람들이 서로의 입장을 이해하게 된다.

**연습** 🐱 도움말을 참고하여 내 생각을 차근차근 써 보세요.

**1** 다음은 헌법에 담긴 내용 중 일부입니다. [총 10점]

> 제10조 모든 국민은 인간으로서의 존엄과 가치를 가지며, 행복을 추구할 권리를 가진다. 국가는 개인이 가지는 불가침의 기본적 인권을 확인하고 이를 보장할 의무를 진다.

(1) 위 조항을 읽고 바르게 말한 어린이를 쓰시오. [2점]

> 현경: 국가에서는 우리의 인권을 보장해 주지 않아.
> 진우: 우리가 행복을 추구하는 것도 헌법에서 보장하는 권리구나.

(        )

(2) 다음 밑줄 친 '이것'은 무엇인지 쓰시오. [2점]

> 헌법의 내용을 새로 정하거나 고칠 때는 이것을 해야 합니다. 이것은 국가의 중요한 일을 국민이 최종적으로 투표해 결정하는 제도입니다.

(        )

(3) 헌법의 내용을 새로 정하거나 고칠 때 (2)번 답을 거치는 까닭을 쓰시오. [6점]

> 🐱 헌법이 담고 있는 내용을 생각하며 써 보세요.
> **꼭 들어가야 할 말** 국가 / 기준 / 운영

_____

_____

**2** 다음은 헌법으로 보장된 권리입니다. [총 10점]

| 평등권 | 법을 공평하게 적용받아 차별받지 않을 권리 |
|---|---|
| 자유권 | 자유롭게 생각하고 행동할 수 있는 권리 |
| 참정권 | ㉠ |
| 청구권 | 기본권이 침해되었을 때 국가에 어떤 일을 해 달라고 요구할 수 있는 권리 |
| 사회권 | 인간답게 살 수 있도록 국가에 요구할 수 있는 권리 |

(1) 위와 같이 헌법으로 보장된 국민의 기본적인 권리를 무엇이라고 하는지 쓰시오. [2점]

(        )

(2) 다음 내용과 관련 있는 권리를 위에서 찾아 쓰시오. [2점]

| 법 조항 | 사례 |
|---|---|
| 제27조 ① 모든 국민은 헌법과 법률이 정한 법관에 의하여 법률에 의한 재판을 받을 권리를 가진다. | 억울한 일이 없도록 재판을 청구해 받을 수 있음. |
| 제26조 ① 모든 국민은 법률이 정하는 바에 의하여 국가기관에 문서로 청원할 권리를 가진다. | 놀이터를 수리해 달라고 구청에 민원을 냄. |

(        )

(3) 위 ㉠에 들어갈 알맞은 말을 쓰시오. [6점]

_____

_____

**3** 다음은 헌법에 나타난 국민의 의무입니다. [총 10점]

ㄱ

ㄴ

ㄷ

ㄹ

(1) 위 ㄱ~ㄹ 중 국방의 의무와 관련 있는 것을 찾아 기호를 쓰시오. [2점]

(                    )

(2) 위 ㄱ~ㄹ 중 다음에서 설명하는 의무와 관련 있는 것을 찾아 기호를 쓰시오. [2점]

> 모든 국민은 보호하는 자녀에게 적어도 초등 교육과 법이 정하는 교육을 받게 할 의무가 있습니다.

(                    )

(3) 국민의 의무 중 ㄱ에 대한 설명을 쓰시오. [6점]

_____

_____

**4** 다음은 기본권과 의무가 서로 충돌해 문제가 되는 상황입니다. [총 10점]

> ○○시는 멸종 위기종이 발견된 지역을 생태 보호 지역으로 지정할 계획을 세우고 그 인근의 땅을 개발하지 못하도록 제한했습니다. 이 과정에서 땅 주인과 ○○시 사이에 의견이 서로 충돌하고 있습니다.

땅 주인: 이곳은 제 땅입니다. 개인의 땅을 개발하지 못하게 하는 것은 [          ]을 침해한다고 생각합니다.

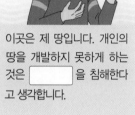

○○시 관계자: 환경을 지켜야 할 책임과 의무는 모두에게 있습니다. 멸종 위기에 처한 동물을 보호하려면 이 지역을 생태 보호 지역으로 지정해야 합니다.

2단원

진도 완료 체크

(1) 위 [ ] 안에 들어갈 기본권을 쓰시오. [2점]

(                    )

(2) 다음과 같이 말한 친구가 강조하는 것은 권리와 의무 중 어느 것인지 쓰시오. [2점]

> 지은: 이곳을 생태 보호 지역으로 지정한다면 사라질 위기에 처한 동물을 살릴 수 있을 거야.

(                    )

(3) 위와 같은 문제 상황이 발생하게 된 원인을 쓰시오. [6점]

_____

_____

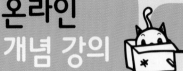

**2** 단원

### ❶ 일상생활 속 법

「도로 교통법」
교통사고의 위험으로부터 우리를 보호해 줌.

「초·중등 교육법」
일정한 나이가 되면 초등학교에 다님.

우리 생활 속의 법

「학교 급식법」
안전한 음식 재료로 만든 급식을 먹음.

「저작권법」
음악, 영화 등 창작물을 만든 사람의 권리를 보호함.

✳ 중요한 내용을 정리해 보세요!

● 법이란?

● 우리 생활 속에서 적용되는 법의 사례는?

---

### 개념 확인하기

정답 29쪽

✐ 다음 문제를 읽고 답을 찾아 ☐ 안에 ✔표를 하시오.

**1** 사람들이 지켜야 하는 것들 가운데 사람들의 권리를 보호하고자 국가가 만든 규범을 무엇이라고 합니까?

㉠ 법 ☐　　㉡ 도덕 ☐　　㉢ 질서 ☐

**2** 「초·중등 교육법」의 내용은 무엇입니까?

㉠ 정기적으로 놀이 시설을 관리한다. ☐

㉡ 일정한 나이가 되면 초등학교에 다닌다. ☐

㉢ 어린이 보호 구역에서 천천히 운전한다. ☐

**3** 음악, 영화 등 창작물을 만든 사람이 창작물에 행사하는 권리는 무엇입니까?

㉠ 청구권 ☐　　㉡ 참정권 ☐　　㉢ 저작권 ☐

**4** 교통사고의 위험으로부터 우리를 보호해 주는 법은 무엇입니까?

㉠ 「도로 교통법」 ☐　　㉡ 「자원 재활용법」 ☐

**5** 「학교 급식법」에 대한 설명으로 알맞은 것은 어느 것입니까?

㉠ 학교 폭력을 예방하기 위한 법이다. ☐

㉡ 학생들의 건강과 성장을 위한 법이다. ☐

## ❷ 법의 역할

개인의 권리 보호

사람들의 건강을 지켜 줌.

개인 정보를 보호함.

개인 사이의 다툼을 해결해 줌.

교통사고를 예방함.

범죄로부터 안전하게 지켜 줌.

사회질서 유지

깨끗한 환경에서 살 수 있도록 환경을 보호함.

✴ 중요한 내용을 정리해 보세요!

● 개인의 권리를 보호하는 법의 모습은?

● 사회질서를 유지하는 법의 모습은?

2
단원

---

### 개념 확인하기

정답 29쪽

🌿 다음 문제를 읽고 답을 찾아 ☐ 안에 ✔표를 하시오.

**1** 법의 역할로 알맞은 것은 어느 것입니까?

㉠ 사회질서를 유지한다. ☐

㉡ 개인의 인권을 침해한다. ☐

**2** 개인의 권리를 보호하는 법의 역할과 관련 있는 모습은 어느 것입니까?

㉠ 개인 정보를 유출한다. ☐

㉡ 기본적인 의료 혜택을 보장한다. ☐

**3** 개인 사이의 다툼을 해결하는 법의 역할과 관련 있는 것은 무엇입니까?

㉠ 범죄 ☐  ㉡ 순찰 ☐  ㉢ 재판 ☐

**4** 어린이 보호 구역을 법으로 지정한 까닭은 무엇입니까?

㉠ 교통사고를 예방하기 위해 ☐

㉡ 개인의 정보를 보호하기 위해 ☐

**5** 사람들이 쾌적하게 살아갈 수 있게 하는 법의 역할과 관련 있는 모습은 무엇입니까?

㉠ 구조 활동 ☐  ㉡ 환경오염 단속 ☐

천재교육, 김영사, 지학사

**1** 도로 위에서 지켜야 하는 법으로 알맞지 <u>않은</u> 것을 두 가지 고르시오. (　　,　　)

① 전동 킥보드를 타고 횡단보도를 건넌다.
② 차 안에서는 운전하는 사람만 안전띠를 맨다.
③ 어린이 보호 구역에서는 속도를 줄여 운전한다.
④ 횡단보도를 건널 때는 자전거에서 내려 걸어간다.
⑤ 신호등에 초록색 불이 켜졌을 때 횡단보도를 건넌다.

**2** 다음을 법과 도덕의 뜻에 맞게 줄로 바르게 이으시오.

(1) 강제성이 있어 반드시 지켜야 하는 규범 ・　　　・ ㉠ 도덕

(2) 양심에 비추어 마땅히 지켜야 할 규범 ・　　　・ ㉡ 법

**3** 법을 바꾸거나 새로 만들 수 있는 경우는 언제입니까? (　　　)

① 사회질서가 잘 유지될 때
② 법의 개수가 너무 적을 때
③ 법이 사회 변화에 맞지 않을 때
④ 사람들이 모두 법을 잘 지킬 때
⑤ 법이 대통령의 마음에 들지 않을 때

천재교육

**4** 다음 그림 속 사람의 인권을 보장하기 위해 새로 생긴 법으로 알맞은 것은 어느 것입니까? (　　　)

더운 날씨에 일했더니 너무 힘드네.

① 반려동물은 반드시 등록해야 하는 법
② 전동 킥보드를 탈 때 안전모를 써야 하는 법
③ 학교 급식은 안전한 음식 재료를 사용해야 하는 법
④ 슈퍼마켓에서 비닐봉지 무료 제공을 금지하는 법
⑤ 보다 나은 환경에서 일할 수 있도록 쉼터를 설치하는 법

천재교육, 김영사, 비상교육

**5** 다음 사진과 관련 있는 법으로 알맞은 것은 어느 것입니까? (　　　)

GREEN FOOD ZONE
여기부터는 어린이 식품안전보호구역 입니다.
금연・금주구역
SMOKE・DRINK FREE ZONE

① 「저작권법」
② 「도로 교통법」
③ 「근로 기준법」
④ 「생활 물류 서비스 산업 발전법」
⑤ 「어린이 식생활 안전 관리 특별법」

**6** 법의 역할로 알맞은 것은 어느 것입니까? (          )

① 개인 정보를 유출시킨다.

② 사회를 혼란스럽게 만든다.

③ 다른 사람의 생명에 해를 끼친다.

④ 사람들 간에 다툼이 생기게 한다.

⑤ 정의로운 사회를 만드는 데 도움을 준다.

**7** 개인의 권리를 보호하는 법의 역할과 관련 있는 모습을 두 가지 고르시오. (     ,     )

①
🔺 기본 의료 혜택 보장

②
🔺 어린이 보호 구역 지정

③
🔺 개인 정보 보호

④
🔺 환경오염 단속

**8** 법을 지키지 <u>않은</u> 어린이를 쓰시오.

> 도윤: 신호를 지켜 횡단보도를 건넜어요.
> 해나: 아버지와 같이 쓰레기 분리배출을 했어요.
> 희재: 좋아하는 영화를 허락 없이 누리집에 올렸
> 어요.

(                    )

**9** 다음 법을 지켜야 하는 까닭에 대한 설명에서 (     ) 안의 알맞은 말에 ○표를 하시오.

> 모든 사람이 권리를 보호받고 질서 있는 사회
> 에 살아가기 위해서는 법을 존중하고 지키려는
> ( 준법 / 범법 ) 정신을 가져야 합니다.

**10** 다음 재판에서 ㉠에 대한 설명으로 알맞은 것은 어느 것입니까? (          )

피고인의 행동으로 수많은 인터넷 작가들이 피해를 봤습니다.

① 재판을 진행하는 판사이다.

② 범죄를 수사하는 소방관이다.

③ 피고인의 권리를 주장하는 증인이다.

④ 법에 따라 판결을 내리는 변호인이다.

⑤ 범죄에 대해 심판을 요청하는 검사이다.

2
단원

**연습** 🦉 도움말을 참고하여 내 생각을 차근차근 써 보세요.

**1** 다음은 법의 성격을 알 수 있는 그림입니다. [총 10점]

⬆ 2014년부터 어린이 통학 버스의 뒤쪽에 카메라를 반드시 설치하도록 법으로 정했음.

⬆ 교통 신호를 위반한 운전자에게 경찰이 신분증을 보여 줄 것을 요구함.

(1) 위 그림을 참고하여 다음 ☐ 안에 들어갈 알맞은 말을 쓰시오. [2점]

> 법은 사람들이 사회생활에서 지켜야 할 행동 기준으로서 이를 어겼을 때는 ☐☐를 받습니다.

( )

(2) 위와 같은 법에 대한 설명으로 ( ) 안의 알맞은 말에 ○표를 하시오. [2점]

> 법이 사회의 변화에 맞지 않거나 인권을 침해할 때에는 법을 바꾸거나 다시 만들 수 ( 있 / 없 )습니다.

(3) 위 그림을 참고하여 법이란 무엇인지 쓰시오. [6점]

> 🦉 그림을 보고, 법의 성격을 생각하며 써 보세요.
> **꼭 들어가야 할 말** 국가 / 강제성

_____

_____

**2** 다음은 우리 생활 속에 적용되는 법입니다. [총 10점]

| 「초·중등 교육법」 | 모든 국민은 일정한 나이가 되면 초등학교에 다니도록 정해져 있음. |
|---|---|
| 「도로 교통법」 | 교통사고의 위험으로부터 우리를 보호해 줌. |
| 「소비자 기본법」 | ㉠ |
| 「어린이 놀이 시설 안전 관리법」 | 어린이가 안전하게 놀 수 있도록 정기적으로 시설을 관리함. |

(1) 위 표를 보고 알 수 있는 것을 알맞게 말한 어린이를 쓰시오. [2점]

> 주환: 학교에서는 법을 적용받지 않아.
> 정아: 우리 생활 속 많은 일이 법에 따라 이루어져.

( )

(2) 「어린이 놀이 시설 안전 관리법」과 관련 있는 사진에 ○표를 하시오. [2점]

(가)       (나)

( )      ( )

(3) 위 ㉠에 들어갈 알맞은 내용을 쓰시오. [6점]

_____

_____

**3** 다음은 법의 역할을 알 수 있는 그림입니다. [총 10점]

ㄱ

🔺 소방관이 화재 현장에서 진화와 구조 활동을 함.

ㄴ

🔺 재판을 함.

ㄷ
어린이보호구역
어린이 어린이
보호구역 보호구역
30 30
🔺 어린이 보호 구역을 설정함.

ㄹ
🔺 경찰들이 순찰을 함.

(1) 다음 내용과 관련 있는 그림을 위에서 찾아 기호를 쓰시오. [2점]

사람들을 범죄로부터 안전하게 지켜 줍니다.

(              )

(2) 다음과 같은 법의 역할과 관련 있는 그림을 위에서 찾아 기호를 쓰시오. [2점]

개인 간에 발생한 분쟁을 해결해 줍니다.

(              )

(3) 위 ㄷ 그림에 어울리는 법의 역할을 쓰시오. [6점]

_____

_____

**4** 다음은 누리집 영화 불법 유포를 다룬 신문 기사입니다. [총 10점]

**최신 영화를 불법으로 유포한 20대, 처벌 위기**

◇◇ 영화 제작사는 지난 17일 인터넷에 최신 영화를 불법으로 올린 ○○○ 씨(26)를 고소했다. △△ 경찰서 사이버 수사 팀은 ○○○ 씨가 누리집에 게시되어 있는 영화를 내려받은 후 이를 다른 누리집에 다시 올리는 방법으로 [        ]을 침해했다고 밝혔다.

(1) 다음은 위 [ ] 안에 들어갈 말에 대한 설명입니다. [ ] 안에 들어갈 알맞은 말을 쓰시오. [2점]

음악, 영화, 출판물 등을 만든 사람이 창작물에 행사하는 권리입니다.

(              )

(2) 위 ○○○ 씨가 재판을 받을 때 해당하는 역할을 보기 에서 찾아 기호를 쓰시오. [2점]

보기
ㄱ 검사          ㄴ 판사
ㄷ 변호인        ㄹ 피고인

(              )

(3) 위를 참고하여 법을 지켜야 하는 까닭을 한 가지 쓰시오. [6점]

_____

_____

**1** 인권에 대한 설명으로 알맞지 <u>않은</u> 것은 어느 것입니까? (       )

11종 공통

① 태어나면서 갖는 권리이다.
② 모든 사람에게 평등하게 주어진다.
③ 사람으로서 당연히 누리는 권리이다.
④ 경찰관은 개인의 인권을 침해할 수 있다.
⑤ 종교, 성별 등을 이유로 인권을 침해받아서는 안 된다.

**2** 다음 사진의 낮은 세면대는 주로 누구를 위해서 놓은 것입니까? (       )

천재교육, 천재교과서, 비상교육

① 어른                ② 노인
③ 갓난아이          ④ 키가 큰 사람
⑤ 키가 작은 어린이

**3** 테레사 수녀가 인권 신장을 위해 한 일은 어느 것입니까? (       )

금성출판사, 김영사, 동아출판, 비상교과서, 비상교육

① 어린이날을 만들었다.
②『홍길동전』을 지어 신분 제도를 비판했다.
③ 가난하고 아픈 사람들을 위해 평생을 바쳤다.
④ 백인에게 차별받는 흑인의 인권을 신장하려고 노력했다.
⑤ 시민 단체를 만들어 인권 신장을 위한 사회 활동을 했다.

**4** 다음 조선 시대의 인권 신장을 위한 기관에 대한 설명에서 ㉠, ㉡에 들어갈 말을 바르게 짝 지은 것은 어느 것입니까? (       )

천재교육, 교학사, 미래엔, 비상교육, 지학사

• ㉠ : 나라의 평안을 빌고 기우제를 지내는 등의 일을 했던, 시각 장애인들로 구성된 관청입니다.
• ㉡ : 가난한 백성들이 신분에 상관없이 무료로 치료를 받을 수 있었던 곳입니다.

|   | ㉠ | ㉡ |
|---|---|---|
| ① | 활인서 | 성균관 |
| ② | 명통시 | 활인서 |
| ③ | 규장각 | 명통시 |
| ④ | 성균관 | 규장각 |
| ⑤ | 활인서 | 명통시 |

**5** 다음 글에서 반 친구들은 수희가 우리나라 사람과 무엇이 다르다는 편견을 가지고 있습니까? (       )

천재교과서, 교학사, 금성출판사, 김영사, 동아출판,
미래엔, 비상교과서, 아이스크림 미디어, 지학사

수희는 한국인 아버지와 외국인 어머니 사이에서 태어났습니다. 같은 반 친구들과 대부분 잘 지내지만, 가끔 짓궂은 친구들이 수희의 외모를 놀릴 때가 있습니다. 수희는 그럴 때마다 속상합니다.

① 성별                ② 종교
③ 직업                ④ 나이
⑤ 피부색

2 단원

**6** 학교에서 다음과 같은 활동을 하는 까닭은 어느 것입니까? (       )

> • 인성 교육
> • 다문화 이해 교육
> • 친구 사랑 편지 쓰기
> • 학교 폭력 예방 교육

① 인권을 보장하기 위해서
② 정보화에 대비하기 위해서
③ 저출산에 대비하기 위해서
④ 경제 발전을 이루기 위해서
⑤ 남북통일을 앞당기기 위해서

천재교육, 천재교과서, 교학사, 김영사, 동아출판, 비상교과서,
비상교육, 아이스크림 미디어, 지학사

**7** 다음 민지가 인권 보호를 실천하기 위해 할 수 있는 일은 어느 것입니까? (       )

> 민지: 어제 공공 기관에 갔는데 건물 입구에 계단이 많았습니다. 그래서 휠체어에 앉아 있는 장애인이 공공 기관에 들어가지 못하고 다시 돌아가는 모습을 보니 안타까운 마음이 들었습니다.

① 경사로를 만든다.
② 공공 기관을 견학한다.
③ 휠체어를 직접 들어서 옮긴다.
④ 공공 기관 앞에서 시위를 한다.
⑤ 관련 기관에 인권 개선을 위한 편지를 쓴다.

11종 공통

**8** 헌법에서 담고 있는 내용으로 알맞지 <u>않은</u> 것은 어느 것입니까? (       )

① 대한민국 국민이 누려야 할 권리
② 대한민국 국민이 지켜야 할 의무
③ 국가 조직을 운영하는 기본 원칙
④ 학교에서 학생이 지켜야 할 규칙
⑤ 모든 국민이 행복한 생활을 하는 데 필요한 내용

11종 공통

**9** 국민의 권리를 헌법에 제시한 까닭으로 알맞은 것은 어느 것입니까? (       )

① 국민보다 국가가 더 중요해서
② 국민 중에 권리를 가진 사람들이 적어서
③ 국민의 권리보다 의무가 훨씬 더 중요해서
④ 헌법에서 정하지 않으면 국민의 인권이 없어져서
⑤ 국가가 함부로 국민의 권리를 침해할 수 없도록 하기 위해서

천재교과서, 교학사, 금성출판사, 김영사, 비상교과서, 아이스크림 미디어, 지학사

**10** 다음 헌법 조항에서 □ 안에 공통으로 들어갈 알맞은 말은 어느 것입니까? (       )

> 제1조 ② 대한민국의 주권은 □□□에게 있고, 모든 권력은 □□□(으)로부터 나온다.

① 국민
② 시장
③ 판사
④ 대통령
⑤ 국회의원

11종 공통

**11** 헌법이 보장하는 기본권 중 다음 사진과 가장 관련 있는 것은 어느 것입니까? (       )

△ 선거로 대표를 뽑음.

① 평등권
② 자유권
③ 참정권
④ 청구권
⑤ 사회권

2. 인권 존중과 정의로운 사회 | **49**

11종 공통

**12** 인간다운 삶을 살 수 있도록 국가에 요구할 수 있는 권리를 알맞게 쓴 어린이는 누구입니까? (        )

①
청구권

②
참정권

③
자유권

④
사회권

11종 공통

**13** 다음에서 설명하는 국민의 의무와 관련 있는 모습으로 알맞은 것은 어느 것입니까? (        )

> 모든 국민은 보호하는 자녀에게 적어도 초등 교육과 법이 정하는 교육을 받게 할 의무가 있습니다.

①

②

③

④

교학사, 미래엔, 비상교육

**14** 다음에서 밑줄 친 ㉠이 침해당한 권리는 어느 것입니까? (        )

> ○○시는 멸종 위기종이 발견된 지역을 생태 보호 지역으로 지정할 계획을 세우고 그 인근의 땅을 개발하지 못하도록 제한했습니다. 이 과정에서 ㉠ 땅 주인과 ○○시 사이에 의견이 서로 충돌하고 있습니다.

① 교육을 받을 수 있는 권리
② 직업을 선택할 수 있는 권리
③ 환경을 보전할 수 있는 권리
④ 다른 나라에서 살 수 있는 권리
⑤ 재산을 자유롭게 사용할 수 있는 권리

천재교육, 김영사, 지학사

**15** 횡단보도를 건널 때 지켜야 할 규칙으로 알맞은 것은 어느 것입니까? (        )

① 자전거를 끌고 건넌다.
② 휴대 전화를 보면서 건넌다.
③ 신호등이 빨간불일 때 건넌다.
④ 오른쪽, 왼쪽을 살피지 않고 앞만 보고 건넌다.
⑤ 차가 없으면 신호등이 빨간불일 때에도 건넌다.

11종 공통

**16** 법으로 정해져 있는 것으로 알맞지 **않은** 것은 어느 것입니까? (        )

① 소비자의 권리를 보장하는 것
② 일정한 나이가 되면 학교에 가는 것
③ 학교 폭력 예방을 위한 교육을 하는 것
④ 대중교통에서 어른에게 자리를 양보하는 것
⑤ 차 안에 있는 모든 사람들이 안전띠를 매야 하는 것

천재교육, 금성출판사, 김영사, 비상교육, 지학사

**17** 다음 사진과 관련 있는 법에 대한 설명으로 알맞은 것은 어느 것입니까? (          )

GREEN FOOD ZONE
여기부터는 **어린이 식품안전보호구역**입니다.

금연·금주구역
SMOKE·DRINK FREE ZONE

① 어린이 놀이 시설을 안전하게 관리한다.
② 장애인들이 차별받지 않고 일할 수 있도록 한다.
③ 슈퍼마켓에서 비닐봉지를 무료로 제공하지 못하게 한다.
④ 음악, 영화, 출판물 등 창작물을 만든 사람의 저작권을 보호한다.
⑤ 학교와 학교 주변에서 어린이의 건강을 해치는 식품의 판매를 금지한다.

교학사, 김영사, 동아출판, 미래엔, 비상교과서, 비상교육

**18** 다음과 같은 활동과 관련 있는 법의 역할은 어느 것입니까? (          )

> 불이 나면 소방관이 위험에 처한 사람을 구조해 주는 것이 법으로 정해져 있습니다.

① 개인 정보를 보호해 준다.
② 개인의 생명을 보호해 준다.
③ 소수자의 인권을 보장해 준다.
④ 도로의 교통을 원활하게 해 준다.
⑤ 범죄를 일으키는 사람을 처벌해 준다.

천재교과서

**19** 다음과 같이 법을 지키지 않으면 생길 수 있는 일로 알맞은 것은 어느 것입니까? (          )

장애인 전용 주차 구역이 많으니 내가 불법 주차해도 장애인이 불편하지 않을 거야.

① 길이 더러워지고 냄새가 난다.
② 장애인이 이동하는 데 불편함을 겪는다.
③ 금전적으로 피해를 보는 사람이 많아진다.
④ 소음 때문에 잠을 자지 못하는 사람이 생긴다.
⑤ 몸이 불편한 사람들을 위한 주차 공간이 많아진다.

**2**
단원

진도 완료 체크

천재교과서, 김영사

**20** 다음 신문 기사와 같은 불법 행위로 영화 제작사가 입는 피해는 어느 것입니까? (          )

> 최신 영화를 불법으로 유포한 20대, 처벌 위기

① 개인 정보가 유출된다.
② 생명의 위협을 느낀다.
③ 치료를 받는 데 많은 돈이 든다.
④ 돈을 내고 영화를 봐서 억울하다.
⑤ 돈을 벌 수 있는 기회를 잃어버린다.

·답안 입력하기   ·평가 분석표 받기

11종 공통

**1** 인권에 대해 바르게 이야기하지 <u>않은</u> 어린이는 누구입니까? (    )

① 진우: 모든 사람이 사람답게 살아갈 권리를 말해.

② 승현: 일정 기간이 아니라 영구히 보장되는 권리야.

③ 혜영: 모든 사람이 태어나면서부터 가지는 권리를 말해.

④ 수정: 성별, 외모 등에 따라 누릴 수 있는 권리가 달라.

⑤ 찬희: 다른 사람이 힘이나 권력으로 함부로 빼앗을 수 없어.

천재교육, 천재교과서, 김영사, 동아출판,
미래엔, 비상교과서, 비상교육, 지학사

**2** 세계 인권 선언의 내용으로 알맞은 것은 어느 것입니까? (    )

① 사생활은 보호받을 수 없다.

② 자기 생각을 표현하면 안 된다.

③ 자유로운 문화생활은 즐길 수 없다.

④ 자유롭고 안전하게 살아갈 수 있다.

⑤ 사람들은 나이에 따라 차별받을 수 있다.

천재교과서, 교학사, 금성출판사, 김영사, 지학사

**3** 다음과 같이 옛날에 억울한 일을 직접 말했던 방법은 어느 것입니까? (    )

제 형님의 억울한 일을 해결해 주십시오!

① 상언                    ② 상소
③ 격쟁                    ④ 신문고
⑤ 삼복제

11종 공통

**4** 허균이 다음 책을 통해 주장했던 내용은 어느 것입니까? (    )

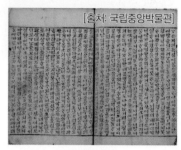

[출처: 국립중앙박물관]

△ 「홍길동전」

① 어린이를 존중해야 한다.

② 어린이날을 만들어야 한다.

③ 노인의 인권을 존중해야 한다.

④ 신분 차별을 하지 말아야 한다.

⑤ 우리나라의 경제 발전을 이루어야 한다.

동아출판

**5** 다음 글에서 ☐ 안에 들어갈 가장 알맞은 말은 어느 것입니까? (    )

> 시각 장애가 있는 도란이의 삼촌이 혼자서 수영장에 가는 것은 힘든 일입니다. 집에서 수영장까지 가는 순환 버스를 타기 때문에 수영장 건물 입구까지는 잘 갈 수 있지만, 건물 안에는 ☐이/가 설치되지 않아 길을 찾을 때 누군가의 도움이 필요합니다.

① 계단                    ② 지도
③ 승강기                  ④ 자동문
⑤ 점자 블록

11종 공통

**6** 인권 보호를 생활에서 실천할 수 있는 방법으로 알맞지 **않은** 것은 어느 것입니까? (        )

① 인권 사진 찍기

② 인권 표어 만들기

③ 인권 동영상 만들기

④ 인권 개선 편지 쓰기

⑤ 인권을 무시하는 말 사용하기

11종 공통

**7** 다음은 헌법에서 담고 있는 내용입니다. ㉠, ㉡에 들어갈 말을 바르게 짝 지은 것은 어느 것입니까? (        )

> • 대한민국 국민이 누려야 할  ㉠
> • 대한민국 국민이 지켜야 할  ㉡

|   | ㉠ | ㉡ |
|---|---|---|
| ① | 의무 | 자유 |
| ② | 의무 | 평등 |
| ③ | 권리 | 의무 |
| ④ | 권리 | 명령 |
| ⑤ | 자유 | 평등 |

천재교육, 교학사, 금성출판사, 김영사, 미래엔

**8** 다음에서 설명하는 제도는 어느 것입니까? (        )

> 국가의 중요한 일을 국민이 최종적으로 투표해 결정하는 제도로, 헌법의 내용을 새로 정하거나 고칠 때 필요합니다.

① 삼복제

② 국민 투표

③ 상언 제도

④ 사회 보장 제도

⑤ 지방 자치 제도

11종 공통

**9** 다음 헌법의 내용에서 ☐ 안에 들어갈 알맞은 말은 어느 것입니까? (        )

> 제10조 모든 국민은 인간으로서의 존엄과 가치를 가지며, 행복을 추구할 권리를 가진다. ☐은/는 개인이 가지는 불가침의 기본적 인권을 확인하고 이를 보장할 의무를 진다.

① 국가

② 회사

③ 대통령

④ 국무총리

⑤ 국회의원

11종 공통

**10** 다음 그림과 관련 있는 기본권에 대한 설명으로 알맞은 것은 어느 것입니까? (        )

▲ 억울한 일이 없도록 재판을 청구함.

① 자유롭게 생각하고 행동할 수 있는 권리

② 다른 사람의 권리를 침해할 수 있는 권리

③ 법을 공평하게 적용받아 차별받지 않을 권리

④ 인간답게 살 수 있도록 국가에 요구할 수 있는 권리

⑤ 기본권이 침해되었을 때 국가에 어떤 일을 해 달라고 요구할 수 있는 권리

11종 공통

## 11
다음 밑줄 친 부분과 가장 관련 있는 기본권은 어느 것입니까? (    )

> 우리는 성별, 장애 등의 <u>차별 없이</u> 교실에서 함께 공부할 수 있습니다.

① 평등권      ② 자유권
③ 노동권      ④ 참정권
⑤ 청구권

11종 공통

## 12
다음에서 설명하는 의무는 어느 것입니까? (    )

> 모든 국민은 개인과 나라의 발전을 위해 일할 의무가 있습니다.

① 교육의 의무
② 납세의 의무
③ 근로의 의무
④ 국방의 의무
⑤ 환경 보전의 의무

11종 공통

## 13
국방의 의무를 실천하는 모습으로 알맞은 것은 어느 것입니까? (    )

① 자녀를 학교에 보낸다.
② 입대를 하여 나라를 지킨다.
③ 아침에 사무실로 출근을 한다.
④ 세금을 내기 위해 세무서에 간다.
⑤ 환경을 위해 분리배출을 철저히 한다.

11종 공통

## 14
법에 대한 설명으로 알맞지 <u>않은</u> 것은 어느 것입니까? (    )

① 법을 어겼을 때는 제재를 받는다.
② 국가에 속한 사람들의 행동 기준이다.
③ 모든 국민이 함께 지키기로 약속한 규칙이다.
④ 법은 한 번 만들어지면 그 내용을 바꾸거나 없앨 수 없다.
⑤ 사회의 질서를 유지하고 국가에 속한 사람들의 안전을 위해 만들어진다.

천재교육, 천재교과서, 비상교과서, 비상교육, 아이스크림 미디어

## 15
「저작권법」과 관련 있는 모습으로 알맞은 것은 어느 것입니까? (    )

①
▲ 안전하게 길을 건넘.

②
▲ 학교에서 급식을 먹음.

③
▲ 친구들과 놀이터에서 놂.

④
▲ 정당한 대가를 내고 영화를 봄.

천재교육, 천재교과서, 교학사, 동아출판, 미래엔, 비상교과서,
비상교육, 아이스크림 미디어, 지학사

**16** 개인 간에 발생한 분쟁을 해결해 주는 법의 역할과 관련 있는 것은 어느 것입니까? ( )

①
♠ 무료 예방 접종을 함.

②
♠ 환경오염을 단속함.

③
♠ 재판을 함.

④
♠ 저작권을 침해함.

천재교과서, 교학사, 김영사, 동아출판, 비상교과서, 비상교육, 아이스크림 미디어

**17** 다음 신문 기사에 나온, 법을 통해 보호하는 것은 어느 것입니까? ( )

내일부터 주민 번호 수집 금지

① 평등권          ② 저작권
③ 창작물          ④ 자유권
⑤ 개인 정보

천재교육, 미래엔, 아이스크림 미디어

**18** 다음 사진에 어울리는 법의 역할로 알맞은 것은 어느 것입니까? ( )

♠ 어린이 보호 구역 설정

① 세금을 더 많이 걷는다.
② 교통사고를 예방해 준다.
③ 학교 폭력을 예방해 준다.
④ 개인의 재산을 보호해 준다.
⑤ 도시로 인구가 몰리는 것을 막아 준다.

11종 공통

**19** 다음과 같은 순찰 활동을 하는 까닭으로 알맞은 것은 어느 것입니까? ( )

① 범죄를 예방하기 위해서
② 저작권을 침해하기 위해서
③ 식품의 질을 높이기 위해서
④ 무료 예방 접종을 해 주기 위해서
⑤ 소비자의 권리를 보호하기 위해서

진도 완료
체크

11종 공통

**20** 법을 지켜야 하는 까닭으로 알맞지 <u>않은</u> 것은 어느 것입니까? ( )

① 법을 지키지 않으면 처벌을 받기 때문에
② 법을 지키지 않으면 남에게 피해를 주기 때문에
③ 법을 지키면 다른 사람의 권리를 무시할 수 있기 때문에
④ 법을 지키지 않으면 사회질서가 유지될 수 없기 때문에
⑤ 법을 지키면 많은 사람이 다 함께 행복하게 살 수 있기 때문에

· 답안 입력하기   · 평가 분석표 받기

MEMO

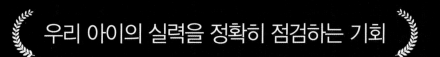

## 수학 전문 교재

● 연산 학습

**빅터연산**　　　　　　　　　　　　　예비초~6학년, 총 20권

● 개념 학습

**개념클릭 해법수학**　　　　　　　　　1~6학년, 학기용

● 수준별 수학 전문서

**해결의법칙(개념/유형/응용)**　　　　　1~6학년, 학기용

● 단원평가 대비

**수학 단원평가**　　　　　　　　　　　1~6학년, 학기용

● 상위권 학습

**최고수준 S 수학**　　　　　　　　　　1~6학년, 학기용

**최고수준 수학**　　　　　　　　　　　1~6학년, 학기용

**최강 TOT 수학**　　　　　　　　　　 1~6학년, 학년용

● 경시대회 대비

**해법 수학경시대회 기출문제**　　　　　3~6학년, 학기용

## 예비 중등 교재

● **해법 반편성 배치고사 예상문제**　　　6학년

● **해법 신입생 시리즈(수학/명머)**　　　6학년

## 맞춤형 학교 시험대비 교재

● **멸공 전과목 단원평가**　　　　　　　1~6학년, 학기용(1학기 2~6년)

## 한자 교재

● **한자능력검정시험 자격증 한번에 따기**　　8~3급, 총 9권

● **씽씽 한자 자격시험**　　　　　　　　8~5급, 총 4권

● **한자 전략**　　　　　　　　　　　　8~5급Ⅱ, 총 12권

# 배움으로 행복한 내일을 꿈꾸는
# 천재교육 커뮤니티 안내 . . .

교재 안내부터 구매까지 한 번에!
## 천재교육 홈페이지

자사가 발행하는 참고서, 교과서에 대한 소개는 물론
도서 구매도 할 수 있습니다. 회원에게 지급되는 별을 모아
다양한 상품 응모에도 도전해 보세요!

다양한 교육 꿀팁에 깜짝 이벤트는 덤!
## 천재교육 인스타그램

천재교육의 새롭고 중요한 소식을 가장 먼저 접하고 싶다면?
천재교육 인스타그램 팔로우가 필수!
깜짝 이벤트도 수시로 진행되니 놓치지 마세요!

수업이 편리해지는
## 천재교육 ACA 사이트

오직 선생님만을 위한, 천재교육 모든 교재에 대한 정보가 담긴
아카 사이트에서는 다양한 수업자료 및 부가 자료는 물론
시험 출제에 필요한 문제도 다운로드하실 수 있습니다.

https://aca.chunjae.co.kr

천재교육을 사랑하는 샘들의 모임
## 천사샘

학원 강사, 공부방 선생님이시라면 누구나 가입할 수 있는 천사샘!
교재 개발 및 평가를 통해 교재 검토진으로 참여할 수 있는 기회는 물론
다양한 교사용 교재 증정 이벤트가 선생님을 기다립니다.

아이와 함께 성장하는 학부모들의 모임공간
## 튠맘 학습연구소

튠맘 학습연구소는 초·중등 학부모를 대상으로 다양한 이벤트와 함께
교재 리뷰 및 학습 정보를 제공하는 네이버 카페입니다.
초등학생, 중학생 자녀를 둔 학부모님이라면 튠맘 학습연구소로 오세요!

# 群 鷄 一 鶴

무리·**군**    닭·**계**    한·**일**    학·**학**

'닭의 무리 가운데에서 한 마리의 학(鶴)'이란 뜻으로,
많은 사람 가운데서 뛰어난 인물을 이르는 말이다.

어떤 **교과서**를 쓰더라도
ALWAYS 우등생

정답은 정확하게, **풀이**는 자세하게

# 꼼꼼 풀이집

초등 **사회**

# 5·1

천재교육

# 꼼꼼 풀이집
## 포인트 3가지

▶ **더 알아보기, 왜 틀렸을까** 등과 함께 친절한 해설 제공

▶ **단계별 배점**과 **채점 기준**을 제시하여 서술형 문항 완벽 대비

▶ 온라인 학습북 〈단원평가〉에 정답과 함께 **문항 분석표** 제시

# 정답과 풀이

**5-1**

# 1. 국토와 우리 생활

## ❶ 우리 국토의 위치와 영역

### 개념 다지기      11쪽

**1** ②      **2** ②      **3** ㉠ 북위 ㉡ 동경
**4** (1) ㉣ (2) ㉠ (3) ㉢ (4) ㉡      **5** 동해안      **6** ④

**1** 우리나라는 아시아 대륙의 동쪽에 위치해 있습니다.

**2** 우리나라 주변에는 몽골, 중국, 일본, 러시아 등의 나라가 있습니다.

**3** 우리 국토는 북위 33°~43°, 동경 124°~132° 사이에 위치해 있습니다.

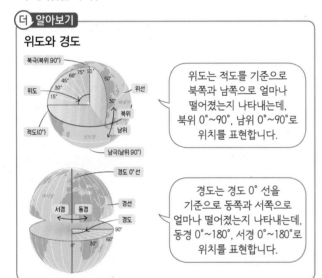

**더 알아보기**

**위도와 경도**

위도는 적도를 기준으로 북쪽과 남쪽으로 얼마나 떨어졌는지 나타내는데, 북위 0°~90°, 남위 0°~90°로 위치를 표현합니다.

경도는 경도 0° 선을 기준으로 동쪽과 서쪽으로 얼마나 떨어졌는지 나타내는데, 동경 0°~180°, 서경 0°~180°로 위치를 표현합니다.

**4** 독도는 동쪽 끝에 있는 섬이고, 마라도는 남쪽 끝에 있는 섬입니다.

**5** 동해안은 해안선이 단순하고 섬이 적어 해안선이 영해를 결정하는 기준선이 됩니다. 서해안과 남해안은 해안선이 복잡하고 섬이 많아 가장 바깥에 있는 섬들을 직선으로 연결한 선이 기준선이 됩니다.

**6** 국토 환경을 보호하고, 우리 국토에 대한 관심을 가지고 국토에 대한 지식을 쌓는 것 역시 국토를 사랑하는 방법입니다.

⬆ 국토 환경 보호하기      ⬆ 국토에 대한 지식 쌓기

### 개념 다지기      15쪽

**1** ③      **2** ㉢      **3** ③      **4** ③      **5** 지우
**6** ①

**1** 우리 국토는 큰 산이나 강 등의 자연환경을 기준으로 나눌 수 있습니다.

**2** ㉠은 북부 지방, ㉡은 중부 지방입니다.

**더 알아보기**

**국토의 구분**
- 북부 지방: 지금의 북한 지역
- 중부 지방: 휴전선 남쪽으로부터 소백산맥과 금강의 하류를 잇는 선의 북쪽 지역
- 남부 지방: 중부 지방의 남쪽 지역

**3** 금강(옛 이름 호강)의 남쪽에 있어서 '호남'이라고 합니다.

**4** 왕이 사는 도읍의 주변 지역을 경기라고 합니다.

**5** 우리나라는 북한 지역을 제외하면 특별시 1곳과 광역시 6곳, 도 6곳과 특별자치도 3곳, 특별자치시 1곳으로 이루어져 있습니다.

**6** 특별자치도와 도의 행정 업무를 담당하는 곳은 도청이고, 특별시와 특별자치시, 광역시의 행정 업무를 담당하는 곳은 시청입니다.

### 단원 실력 쌓기      16~19쪽

**Step 1**
**1** 동    **2** 영토    **3** 소백    **4** 관서    **5** 서울
**6** ⑤    **7** 진영    **8** 아시안 하이웨이    **9** ②
**10** ㉠, ㉡    **11** ①    **12** (1) 북부 지방 (2) 남부 지방
(3) 중부 지방      **13** ④    **14** 강원특별자치도

**Step 2**
**15** ❶ 33 ❷ 132
**16** (1) 12
(2) 예 우리나라의 영토와 영해 위에 있는 하늘이다.
**17** 예 1곳이며, 세종특별자치시이다.

> **15** 경도
> **16** (1) 영해
>      (2) 하늘
> **17** 특별자치시

**Step 3**
**18** 중국    **19** 아시아
**20** 예 삼면이 바다로 둘러싸인 반도 국가이므로 대륙과 해양으로 진출하기에 유리하다.

**1** 우리나라는 아시아 대륙의 동쪽에 위치한 반도 국가로 태평양과 접해 있습니다. 우리나라 주변에는 중국, 일본, 러시아 등의 나라가 있습니다.

**2** 영토는 한 나라의 주권이 미치는 땅을 말합니다.

**3** 중부 지방은 휴전선 남쪽으로부터 소백산맥과 금강의 하류를 잇는 선의 북쪽 지역입니다.

**4** 철령관을 기준으로 서쪽을 관서 지방, 북쪽을 관북 지방이라고 합니다.

**5** 세종은 특별자치시입니다.

**6** 우리 국토는 적도를 기준으로 북반구에 있으며, 아시아의 동쪽에 위치해 있습니다.

**7** 위도는 적도를 기준으로 북쪽과 남쪽으로 얼마나 떨어졌는지 나타내며, 경도는 경도 0° 선을 기준으로 동쪽과 서쪽으로 얼마나 떨어졌는지를 나타냅니다.

**8** 자동차를 타고 경부 고속 국도를 달리다보면 아시안 하이웨이라고 적힌 표지판을 볼 수 있습니다.

> **더 알아보기**
>
> **아시안 하이웨이**
>
> 우리나라는 대륙과 해양을 연결하는 곳에 위치하고 있어 세계 육상 교통과 해상 교통의 중심지로서 성장하고 있습니다. 특히 아시안 하이웨이는 우리나라의 이러한 위치적 장점을 잘 보여 줍니다. 아시안 하이웨이는 아시아와 유럽의 여러 나라를 연결하는 국제 도로망을 말합니다. 아시안 하이웨이가 모두 연결되면 우리나라에서 자동차를 타고 아시아의 여러 나라를 거쳐 유럽까지 갈 수 있습니다.

**9** 우리나라의 영토 끝은 유원진(북쪽), 독도(동쪽), 마라도(남쪽), 마안도(서쪽)입니다.

북쪽 끝
함경북도 온성군 유원진

서쪽 끝
평안북도 용천군 마안도

동쪽 끝
경상북도 울릉군 독도

대한민국

황해

동해
울릉도
독도

남쪽 끝
제주특별자치도 서귀포시 마라도

남해

이어도

▲ 우리나라 영토의 끝

**10** 영해를 정할 때 동해안은 해안선을 기준선으로, 서해안과 남해안은 가장 바깥에 위치한 섬들을 직선으로 연결한 선을 기준선으로 합니다.

**11** 독도 지킴이 활동, 환경 보호 활동, 국토 관련 행사 참여하기 등 국토를 외부의 침입으로부터 지키고 아름답게 가꾸기 위해 노력해야 합니다.

**12** 큰 산이나 강 등의 자연환경을 기준으로 국토를 나눌 수 있습니다.

**13** 높은 고개, 하천, 저수지, 바다 등을 기준으로 지역을 구분할 수도 있습니다.

> **왜 틀렸을까?**
>
> ① 경기 지방: 왕이 사는 도읍의 주변 지역을 뜻합니다.
> ② 영남 지방: 조령의 남쪽을 뜻합니다.
> ③ 관서 지방: 철령관의 서쪽에 있다는 뜻입니다.
> ⑤ 호서 지방: 의림지의 서쪽, 금강(옛 이름 호강)의 서쪽에 있다는 뜻입니다.

**14** 우리나라는 6개의 도가 있습니다.

**15** 우리 국토는 적도를 기준으로 북반구에 있으며, 북위 33°~43°, 동경 124°~132°에 위치하고 있습니다.

**16** 한 나라의 영역은 그 나라의 주권이 미치는 범위로, 영토, 영해, 영공으로 이루어집니다. 각 나라의 영역에는 그 나라의 주권이 미치므로 다른 나라의 세력이 함부로 들어갈 수 없습니다.

| 채점 기준 | | |
|---|---|---|
| (1) | '12'라고 정확히 씀. | |
| (2) | **정답 키워드** 영토 \| 영해 \| 하늘 <br> '우리나라의 영토와 영해 위에 있는 하늘이다.'라는 내용을 정확히 씀. | 상 |
| | 영공의 의미를 썼으나 구체적이지 않음. | 하 |

**17** 특별자치시는 세종특별자치시 1곳입니다.

| 채점 기준 | | |
|---|---|---|
| **정답 키워드** 1곳 \| 세종특별자치시 <br> '1곳이며, 세종특별자치시이다.'라는 내용을 정확히 씀. | | 상 |
| '1곳', '세종특별자치시' 중 한 가지만 정확히 씀. | | 하 |

**18** 우리나라 주변에는 중국, 일본, 러시아 등이 있습니다.

**19** 우리나라는 아시아 대륙의 동쪽에 있고, 태평양과 맞닿아 있습니다.

**20** 우리나라는 반도 국가로, 도로나 철도를 이용하여 대륙으로 나아가기 유리하고, 배를 이용하여 해양으로 나아가기에도 좋습니다.

## ❷ 우리 국토의 자연환경

### 개념 다지기 23쪽

**1** ①    **2** ③    **3** 민주    **4** ①, ⑤    **5** 남해안
**6** 갯벌

**1** 섬은 주위가 강물이나 바닷물로 둘러싸여 있는 땅으로, 우리나라에는 약 3,300여 개의 섬이 있습니다.

> **왜 틀렸을까?**
> ② 하천: 물이 흘러가면서 만든 크고 작은 물줄기로, 높은 곳에서 낮은 곳으로 흐릅니다.
> ③ 평야: 하천 주변에 나타나는 넓고 평탄한 땅입니다.
> ④ 산지: 높은 산들이 모여 이룬 지형으로, 땅의 높낮이 차이가 크고 경사가 가파릅니다.
> ⑤ 해안: 바다와 육지가 맞닿아 잇는 부분으로, 모래사장이나 갯벌 등이 나타납니다.

**2** 산지는 높이 솟은 산들이 모여 이룬 지형으로 땅의 높이가 높은 곳과 낮은 곳의 차이가 심하게 나타납니다.

> **왜 틀렸을까?**
> ①, ②는 해안, ④는 하천, ⑤는 평야에 대한 설명입니다.

**3** 우리나라의 지형은 동쪽이 높고 서쪽이 낮기 때문에 우리나라의 하천은 대부분 서쪽과 남쪽으로 흘러갑니다.

**4** 하천에 댐을 건설해 전기를 생산하고, 홍수나 가뭄의 피해를 막습니다. 강물이 빠르게 흐르는 하천 상류 지역에서 래프팅을 즐깁니다.

> **왜 틀렸을까?**
> ②는 바다를 이용하는 모습, ③, ④는 산지를 이용하는 모습입니다.

**5** 남해안은 해안선이 복잡하며, 특히 크고 작은 섬이 많아 다도해라고 부릅니다.

△ 남해안(경상남도 통영시)

**6** 서해안은 해안선이 복잡하고 밀물과 썰물의 차가 커서 갯벌이 발달했습니다.

> **왜 틀렸을까?**
> 모래사장은 해안선이 단조로운 동해안에서 발달했습니다.

### 개념 다지기 27쪽

**1** 겨울    **2** ③    **3** ③    **4** ①, ④    **5** ㉢
**6** (2) ○

**1** 겨울에는 북서쪽에서 차갑고 건조한 바람이 불어옵니다.

**2** 우리나라는 중위도에 위치하여 사계절이 뚜렷하게 나타납니다. 그래서 계절에 따라 기온과 강수량의 차이가 크고 불어오는 바람의 성질이 다릅니다.

> **더 알아보기**
> **중위도**
> 저위도와 고위도의 중간으로, 대략 위도 30°~60°를 말합니다.
>
>

**3** 기온이 낮아져 서늘한 날씨가 이어지는 가을에는 곡식을 수확하고 단풍 구경을 갑니다.

△ 곡식 수확      △ 단풍 구경

> **왜 틀렸을까?**
> ①은 봄철, ②는 겨울철, ④, ⑤는 여름철의 생활 모습입니다.

**4** 차가운 북서풍을 막아 주는 태백산맥과 수심이 깊은 동해의 영향으로 동해안의 겨울 기온은 서해안보다 높은 편입니다.

**5** 여름철에는 장마와 태풍의 영향으로 일시적으로 비가 많이 내립니다.

> **왜 틀렸을까?**
> ㉠ 주로 여름철에 강수가 집중됩니다.
> ㉡ 대체로 남쪽에서 북쪽으로 갈수록 강수량이 줄어듭니다.
> ㉣ 중강진은 다른 지역보다 겨울철에 강수량이 적습니다.

**6** 터돋움집은 여름철에 비가 많이 오는 지역에서 집이 물에 잠기는 것을 막으려고 지은 집입니다.

> **왜 틀렸을까?**
> (1)은 우데기를 설치한 집으로, 울릉도에서는 눈이 많이 내렸을 때 생활 공간을 확보하기 위해 우데기를 만들었습니다.

## 개념 다지기　31쪽

1 ②, ③　2 (1) ⓒ (2) ㉠ (3) ⓒ　3 ⑤　4 산사태
5 ④　6 ③

**1** 겨울철에는 폭설, 한파와 같은 자연재해가 발생합니다.

> **왜 틀렸을까?**
> ① 황사와 ④ 가뭄은 주로 봄에 발생하고, ⑤ 폭염은 주로 여름에 발생하는 자연재해입니다.

> **더 알아보기**
> **자연재해의 종류**
>
> | 황사 | 중국이나 몽골의 사막에서 발생한 미세한 모래 먼지가 우리나라까지 날아와 가라앉는 현상 |
> |---|---|
> | 가뭄 | 오랫동안 비가 내리지 않아 땅이 메마른 현상 |
> | 폭염 | 하루 최고 기온이 33℃ 이상으로 올라가는 매우 심한 더위 |
> | 홍수 | 비가 많이 내려 강물이 흘러넘치는 현상 |
> | 태풍 | 매우 강한 바람과 많은 비를 동반하는 자연 현상 |
> | 폭설 | 짧은 시간 안에 한꺼번에 많은 양의 눈이 내리는 현상 |
> | 한파 | 겨울철에 기온이 갑자기 내려가면서 발생하는 추위 |

**2** 자연재해는 자연 현상이 인간의 생명과 재산에 피해를 주는 것입니다. 가뭄, 한파, 태풍 등의 자연재해로 인한 피해를 줄이기 위해 대비해야 합니다.

△ 가뭄

△ 태풍

**3** 지진은 지구 내부의 힘을 받아 땅이 흔들리고 갈라지는 현상입니다. 각종 시설물이 부서지거나 무너지고, 화재, 지진 해일, 산사태 등이 함께 발생하여 사람들의 생명과 재산에 큰 피해를 줍니다. 우리나라는 2016년과 2017년에 경상북도 경주와 포항 지역을 중심으로 규모가 큰 지진이 연속으로 발생했습니다.

> **왜 틀렸을까?**
> ①은 태풍, ②는 가뭄, ③은 한파, ④는 폭설에 대한 설명입니다.

**4** 산사태는 폭우나 지진 등으로 산 중턱의 바윗돌이나 흙이 갑자기 무너져 내리는 현상입니다.

**5** 휴대 전화를 통해 긴급 재난 문자가 전송되기 때문에 정부에서 발령하는 기상 특보를 쉽게 확인할 수 있습니다.

**6** 홍수가 났을 때 주변이 물에 잠겨 고립될 수 있는 상황이면 높은 곳으로 대피하고 구조를 기다립니다.

> **더 알아보기**
> **자연재해 발생 시 안전 수칙**
>
> | 황사 | 황사가 실내로 들어오지 않도록 창문을 닫고, 가능한 한 밖에 나가지 않음. |
> |---|---|
> | 폭염 | 물을 자주 마시고 햇볕에 너무 오랜 시간 동안 노출되지 않도록 함. |
> | 태풍 | 거센 바람에 유리창이 깨지지 않도록 창문을 창틀에 테이프로 단단하게 고정함. |
> | 한파 | 외출할 때는 모자, 목도리, 장갑 등의 보온 용품과 미끄럼이 방지된 신발을 착용함. |

## 단원 실력 쌓기　32~35쪽

**Step ①**

1 지형　2 산지　3 많　4 가뭄
5 제설함　6 ④　7 ①　8 연아
9 (3) ○　10 ⑤　11 ③　12 여름　13 ④
14 (1) ㉠ (2) ⓒ (3) ⓒ

**Step ②**

15 (1) 하천　(2) ⑳ 해수욕장
16 ⑳ 기온이 높은 남부 지방에서는 음식이 쉽게 상하는 것을 막으려고 맵고 짜게 음식을 만들었고, 기온이 낮아 음식이 상할 염려가 적은 북부 지방에서는 음식을 싱겁게 만들었다.
17 (1) 봄
(2) ⑳ 실내로 황사가 들어오지 않도록 창문을 닫는다. 외출할 때는 마스크를 쓰고, 집에 돌아와서는 손발을 잘 씻는다.

> 15 (1) 댐
> 　(2) 갯벌
> 16 높아집니다
> 17 (1) 봄
> 　(2) 닫고

**Step ③**

18 8월　19 낮아집니다
20 ⑳ 강릉의 기온이 서울의 기온보다 높다.

**1** 우리나라는 삼면이 바다로 열린 반도 국가로 산지, 하천, 평야, 해안, 섬 등 다양한 지형이 나타납니다.

⌃ 하천

⌃ 평야

⌃ 해안

⌃ 섬

**2** 우리나라는 산지가 많은 편입니다. 낮은 산들이 모여 있는 산지도 있고, 산지의 산봉우리들이 길게 이어져 산맥을 이룬 곳도 있습니다.

**3** 제주도, 남해안 일대, 대관령 부근 등은 강수량이 많은 지역이고, 북부 지방과 경상북도 내륙은 상대적으로 강수량이 적은 지역입니다.

**4** 가뭄이 심하면 농작물이 말라 죽고, 식수를 비롯한 각종 용수가 부족해집니다.

**5** 폭염에 대비하여 횡단보도에 그늘막을 설치하고 폭설에 대비하여 제설 차량을 마련해 놓고, 길 곳곳에 제설함을 비치해 놓습니다.

**6** 산지는 여러 산이 모여 있는 지형으로 경사가 가파릅니다.

**7** ㉠은 한강입니다.

**8** 우리나라는 국토의 약 70%가 산지입니다.

> **왜 틀렸을까?**
> 운용: 하천은 파란색, 평야는 초록색으로 표시되어 있습니다.
> 민경: 갈색으로 표시된 곳이 넓은 곳으로 보아 산지가 많은 것을 알 수 있습니다.

**9** 동해안은 해안선이 단조롭고, 서해안은 갯벌이 발달했으며 남해안은 섬이 많아 다도해라고 불립니다.

**10** 여름에는 남동쪽에서 덥고 습한 바람이 불어옵니다.

> **왜 틀렸을까?**
> ①, ③은 겨울, ②는 가을, ④는 봄의 특징입니다.

**11** 우리나라는 남북으로 길게 뻗어 있어 남쪽 지역과 북쪽 지역의 기온 차이가 큽니다.

**12** 기온이 높을 때는 통풍이 잘되는 옷을 입었고, 시원한 대청에서 더위를 피했습니다.

**13** ①은 중강진, ②는 서울, ③은 서귀포의 강수량을 나타낸 그래프입니다.

**14** 자연재해는 홍수, 가뭄, 태풍, 지진, 황사 등 피할 수 없는 자연 현상으로 인해 일어나는 피해를 말합니다.

> **더 알아보기**
>
> **자연재해로 인한 피해**
>
> | 지진 | • 각종 시설물이 부서지거나 무너짐.<br>• 화재, 지진 해일, 산사태 등이 함께 발생하여 사람들의 생명과 재산에 큰 피해를 줌. |
> |---|---|
> | 한파 | 피부가 얼어 동상에 걸릴 위험이 있고, 보일러나 수도관이 얼어서 터질 수 있음. |
> | 홍수 | 저지대의 농경지나 도로, 건물 등이 물에 잠기고 산사태가 일어나기도 함. |

**15** 지형은 사람들의 생활 모습과 관계가 깊습니다.

**16** 기온이 높아 음식이 쉽게 상하는 남부 지방에서는 소금과 젓갈이 많이 들어간 음식을 만들어 먹었습니다.

> **채점 기준**
>
> | **정답 키워드** 기온이 높다 \| 상하다 \| 맵다 \| 기온이 낮다 \| 싱겁다 | |
> |---|---|
> | '기온이 높은 남부 지방에서는 음식이 쉽게 상하는 것을 막으려고 맵고 짜게 음식을 만들었고, 기온이 낮아 음식이 상할 염려가 적은 북부 지방에서는 음식을 싱겁게 만들었다.' 등의 내용을 정확히 씀. | 상 |
> | 지역에 따라 김치를 담그는 방법이 다른 까닭을 썼으나 구체적이지 않음. | 하 |

**17** 황사는 중국이나 몽골의 사막에서 발생한 미세 모래 먼지가 우리나라까지 날아와 가라앉는 현상입니다.

> **채점 기준**
>
> | (1) | '봄'이라고 정확히 씀. | |
> |---|---|---|
> | (2) | **정답 키워드** 창문 \| 닫다 \| 마스크<br>'실내로 황사가 들어오지 않도록 창문을 닫는다.', '외출할 때는 마스크를 쓰고, 집에 돌아와서는 손발을 잘 씻는다.' 등의 내용을 정확히 씀. | 상 |
> | | 황사가 발생했을 때의 안전 수칙을 썼으나 구체적이지 않음. | 하 |

**18** 여름인 8월의 평균 기온이 겨울인 1월의 평균 기온보다 높습니다.

**20** 강릉은 가까이에 있는 동해의 영향을 받고, 강릉의 서쪽에 위치한 태백산맥이 차가운 북서풍을 막아 주어 1월 평균 기온이 서울보다 높습니다.

## ❸ 우리 국토의 인문환경

### 개념 다지기 39쪽

**1** 세영 **2** ㉢ **3** ① **4** ②
**5** (1) ㉡ (2) ㉢ (3) ㉠ **6** (1) ○ (3) ○

**1** 14세 이하 유소년층 인구는 점점 줄어들고 있고, 65세 이상 노년층 인구는 점점 늘어나고 있습니다.

**2** 우리나라는 아이를 적게 낳는 가정이 많아지면서 태어나는 아이의 수가 줄어들어 유소년층 인구 비율이 낮아지고 있습니다. 2000년대에는 출산율이 너무 낮아져서 출산율을 높이려는 표어를 만들었습니다.

#### 더 알아보기

**시대별 출산 관련 정책 표어**

| 1960년대 | 덮어 놓고 낳다 보면 거지꼴을 못 면한다. |
|---|---|
| 1970년대 | 딸·아들 구별 말고 둘만 낳아 잘 기르자. |
| 1980년대 | 둘도 많다. |
| 2000년대 | 아빠! 혼자는 싫어요. 엄마! 저도 동생을 갖고 싶어요. |

**3** 우리나라에서 인구가 가장 밀집한 지역은 서울을 중심으로 하여 인천과 경기를 포함한 수도권입니다.

#### 더 알아보기

**인구 밀도가 낮은 지역**

| 농어촌 지역 | 산지 지역 |
|---|---|
| [출처: 게티이미지] | [출처: 게티이미지] |
| 농어촌 지역은 사람들이 일자리를 찾아 도시로 이동하면서 인구가 줄어들었음. | 산지 지역은 농사지을 땅이 부족해 예로부터 인구가 적었음. |

**4** 인구가 늘어나는 지역은 주택 부족, 교통 혼잡, 환경 오염 등의 문제가 발생합니다.

**5** 1960~1970년대에는 대도시와 남동 해안 지역의 공업 도시가 발달했고, 1980년대 이후에는 대도시의 인구와 여러 기능을 분산하기 위해 신도시를 건설했습니다.

**6** 대도시의 인구 집중으로 인한 문제를 해결하기 위해 수도권에 집중되어 있는 공공 기관, 연구소, 기업 등을 지방으로 이전시킵니다.

### 개념 다지기 43쪽

**1** ② **2** (1) ㉡ (2) ㉢ (3) ㉠ **3** 고속 철도
**4** ⑤ **5** (2) ○ **6** 연후

**1** 1960년대에는 풍부한 노동력을 바탕으로 신발, 섬유 등 생활에 필요한 물건을 만드는 산업이 대도시를 중심으로 발달했습니다.

**2** 광주는 자동차 산업이 발달하여 자동차 공장과 이와 관련된 여러 부품 공장들이 모여 있습니다. 대구는 많은 인구를 바탕으로 섬유 산업이 발달했으며, 오늘날 패션 산업이 발달하고 있습니다. 부산은 해안가에 위치하여 항구가 발달해 상품을 수송, 운반, 보관하는 물류 산업이 발달했습니다.

**3** 고속 철도가 개통되면서 생활권이 매우 넓어졌습니다.

**4** 교통의 발달로 지역 간 이동 시간이 줄어들고 사람들의 생활권이 넓어졌습니다.

**5** 산업이 발달하면 일자리와 인구가 늘어나면서 도시가 발달합니다.

**6** 산업이 발달한 곳에 일자리가 많아 인구가 많습니다.

### 단원 실력 쌓기 44~47쪽

#### Step 1
**1** 인구 **2** 서울 **3** 울산 **4** 대전
**5** 늘어났습니다 **6** (2) ○ **7** ③ **8** 평야
**9** ㉠ **10** ② **11** (1) ㉠ (2) ㉢ (3) ㉡
**12** ㉡ **13** 동해 **14** 아람

#### Step 2
**15** ❶ 감소 ❷ 증가
**16** (1) 노동력
(2) 예 원료를 수입하고 제품을 수출하기 좋은 해안가에 위치해 물류 산업이 발달했다.
**17** 예 생활권이 넓어졌다. 지역 간 사람과 물자의 교류가 더 활발해졌다.

> **15** 고령화
> **16** (1) 섬유
> (2) 예 해안가
> **17** 넓어

#### Step 3
**18** 도시의 인구 **19** 서울, 부산
**20** 예 과거에 비해 수도권과 남동 해안 지역을 중심으로 도시 수와 도시 인구가 크게 증가했다.

1  인구는 한 나라 또는 일정한 지역에 사는 사람의 수로, 인구 구성을 살펴보면 그 지역의 특성을 파악할 수 있습니다.

2  수도권 지역에 전체 인구의 절반 정도가 살고 있습니다.

3  1970년대에는 포항, 울산, 마산, 창원과 같은 남동쪽 공업 도시들의 인구가 크게 늘어났습니다.

4  대전은 기업, 대학교, 연구소가 모여 함께 일하기 때문에 첨단 산업이 발달했습니다.

5  과거보다 고속 국도 노선이 많이 늘었고, 다양한 지역을 연결하고 있습니다.

6  저출산으로 새로 태어나는 아기의 수는 점점 줄어들고 있습니다.

7  전통적 농업 국가였던 우리나라는 평야가 많이 분포하는 남서쪽 지역에 인구 밀도가 높았습니다.

8  주로 농사를 짓고 살았던 과거에는 평야가 발달한 지역의 인구 밀도가 높았습니다.

9  사람들이 지나치게 많이 모여 사는 도시 지역에서는 주택 부족, 교통 혼잡, 환경오염 등의 문제가 발생합니다.

10 서울특별시는 우리나라의 수도로 우리나라 도시 중에 가장 많은 인구가 사는 최대의 도시입니다.

△ 서울특별시

11 도시 문제를 해결하기 위해 1980년대부터 대도시 주변 지역에 대도시의 인구와 기능을 분담하는 신도시를 건설했습니다. 안산시는 서울의 공업 기능을 분산하기 위해, 경기도 화성시에 있는 동탄 신도시는 수도권의 인구를 분산하기 위해, 세종특별자치시는 국토의 균형적인 발전을 위해 만든 도시입니다.

△ 안산시

△ 동탄 신도시

12 1970~1980년대에는 제철, 조선, 자동차 등의 산업이 원료 수입과 제품 수출에 유리한 남동쪽 해안 지역에서 발달했습니다.

13 동해는 풍부한 석회석 자원을 바탕으로 시멘트 공업이 발달했습니다.

**더 알아보기**

**지역별 발달한 산업**

| 서울 | 인구와 회사가 밀집해 있어 금융 산업 등 다양한 서비스업이 발달했음. |
|---|---|
| 성남(판교) | 게임 산업이 발달해 게임 기업과 이와 관련된 여러 가지 시설이 모여 있음. |
| 대구 | 많은 인구를 바탕으로 섬유 산업이 발달했으며, 오늘날 패션 산업이 발달하고 있음. |
| 제주 | 독특하고 아름다운 자연환경을 바탕으로 관광 산업이 발달했음. |

14 산업의 발달은 지역의 일자리를 늘려 인구를 집중시키고, 인구가 모이는 지역은 도시가 성장합니다.

15 우리나라는 저출산·고령 사회로 들어섰습니다.

16 자연환경과 인문환경의 차이에 따라 지역별로 서로 다른 산업이 발달했습니다.

**채점 기준**

| (1) | '노동력'이라고 정확히 씀. | |
|---|---|---|
| (2) | **정답 키워드** 수입 \| 수출 \| 해안가 \| 물류 산업<br>'원료를 수입하고 제품을 수출하기 좋은 해안가에 위치해 물류 산업이 발달했다.'라는 내용을 정확히 씀. | 상 |
| | 부산에서 발달한 산업을 썼으나 구체적이지 않음. | 하 |

17 오늘날에는 교통의 발달로 지역 간 이동 시간이 줄어들어 사람과 물자의 지역 간 교류가 더욱 활발해졌습니다.

**채점 기준**

| **정답 키워드** 생활권 \| 넓어지다 \| 교류 \| 활발해지다<br>'생활권이 넓어졌다.', '지역 간 사람과 물자의 교류가 더 활발해졌다.' 등 교통의 발달로 달라진 모습을 알맞게 씀. | 상 |
|---|---|
| 교통의 발달로 달라진 모습을 썼으나 구체적이지 않음. | 하 |

18 지도에서 원의 위치는 도시의 위치를 나타내고, 원의 크기는 도시의 인구를 나타냅니다.

19 1960년에 인구가 100만 명 이상인 도시는 서울, 부산 2곳뿐입니다.

20 1960년에 비해 2020년에는 도시 수와 도시 인구가 크게 늘었다는 것을 알 수 있습니다.

## 대단원 평가

**1** ⑤　　**2** ②　　**3** 예 동해안은 해안선이 단순하고 섬이 적지만, 서해안과 남해안은 해안선이 복잡하고 섬이 많기 때문이다.　　**4** 지현　　**5** ②, ⑤　　**6** ㉡

**7** ㉠ 특별자치시 ㉡ 광역시　　**8** ①　　**9** (1) 서

(2) 예 우리나라는 동쪽이 높고 서쪽이 낮은 지형이기 때문에 큰 하천은 주로 서쪽과 남쪽으로 흘러간다.　　**10** ④

**11** 여름　　**12** 예 겨울철 추위를 극복하기 위해 목화를 넣은 솜옷을 입었고, 여름에는 더위를 피하기 위해 통풍이 잘되는 모시로 만든 옷을 입었다.　　**13** ②　　**14** ②

**15** (1) ㉢ (2) ㉣ (3) ㉡ (4) ㉠

**16** ❶ 줄어들고 ❷ 늘어났습니다　　**17** ㉢　　**18** ④

**19** ㉣, ㉡, ㉢, ㉠　　**20** ③

**1** 우리나라는 아시아 대륙의 동쪽에 위치한 반도 국가로, 태평양과 맞닿아 있습니다.

**2** 우리나라의 영토는 한반도와 한반도에 속한 여러 섬입니다.

**3** 일반적으로 해안선을 기준으로 12해리까지를 영해로 정하지만 해안선이 너무 복잡하거나 섬이 많은 경우에는 해안선을 기준으로 영해를 정하기 어렵습니다.

| 채점 기준 | |
|---|---|
| 정답 키워드 동해안 \| 해안선 \| 단순 \| 서해안 \| 남해안 \| 해안선 \| 복잡<br>'동해안은 해안선이 단순하고 섬이 적지만, 서해안과 남해안은 해안선이 복잡하고 섬이 많기 때문이다.'라는 내용을 정확히 씀. | 10점 |
| 영해를 정하는 기준이 다른 까닭을 썼으나 구체적이지 않음. | 3점 |

**4** 국토를 아름답게 가꾸기 위해 노력하고 우리 국토에 관심을 가져야 합니다.

| 더 알아보기 |
|---|
| **우리 국토를 지키고 가꾸는 방법**<br>• 국토 환경을 오염하지 않습니다.<br>• 우리 국토에 관심을 가지고 국토에 관한 지식을 쌓습니다.<br>• 우리 국토를 여행하며 우리 국토의 소중함을 생각해 봅니다.<br>• 많은 사람이 우리 국토에 관심을 갖도록 우리 국토의 소중함을 홍보합니다. |

**5** 소백산맥과 금강을 잇는 선을 기준으로 중부 지방과 남부 지방을 구분합니다.

**6** ㉠은 관북 지방, ㉡은 호서 지방에 대한 설명입니다.

**7** 우리나라에는 6개의 광역시가 있습니다.

**8** 평야는 하천 주변에 있는 넓고 평평한 땅으로, 땅의 높낮이 차이가 거의 없어 농사짓기에 유리합니다.

**9** 물은 높은 곳에서 낮은 곳으로 흘러갑니다.

| 채점 기준 | | |
|---|---|---|
| (1) | '서'라고 정확히 씀. | 3점 |
| (2) | 정답 키워드 동쪽 \| 높다 \| 서쪽 \| 낮다<br>'우리나라는 동쪽이 높고 서쪽이 낮은 지형이기 때문에 큰 하천은 주로 서쪽과 남쪽으로 흘러간다.' 등의 내용을 정확히 씀. | 7점 |
| | 우리나라의 주요 하천이 서쪽과 남쪽으로 흐르는 까닭을 썼으나 구체적이지 않음. | 3점 |

**10** 동해안은 모래사장이 크게 발달해 있어 여름철에 해수욕장으로 많이 이용되고 있습니다.

**11** 우리나라의 여름은 날씨가 덥고 비가 많이 내립니다.

**12** 우리 조상들은 겨울에는 추위를 극복하기 위해 솜옷이나 가죽옷을 입었고, 여름에는 더위를 극복하기 위해 바람이 잘 통하는 모시옷이나 삼베옷을 입었습니다.

| 채점 기준 | |
|---|---|
| 정답 키워드 겨울 \| 추위 \| 솜옷 \| 여름 \| 더위 \| 모시옷<br>'겨울철 추위를 극복하기 위해 목화를 넣은 솜옷을 입었고, 여름에는 더위를 피하기 위해 통풍이 잘되는 모시로 만든 옷을 입었다.' 등의 내용을 정확히 씀. | 10점 |
| 우리나라 기온의 특징과 관련하여 옛날 사람들의 의생활 모습을 썼으나 구체적이지 않음. | 3점 |

**13** 우리나라는 대체로 남쪽에서 북쪽으로 갈수록 강수량이 줄어듭니다.

**14** 폭염으로 온열 질환이 나타날 수 있으며, 가축·수산물 폐사 등의 피해가 발생하기도 합니다.

**15** 태풍이나 지진, 홍수와 같은 자연재해의 발생을 사람의 힘으로 막을 수 없지만 적절한 대비를 통해 그 피해를 줄일 수 있습니다.

**16** 오늘날 우리나라의 인구 구성은 저출산·고령 사회의 특징을 잘 보여 줍니다.

**17** 촌락보다 일자리가 많고, 산업이 발달한 도시 지역이 유소년층과 청장년층 인구 비율이 높습니다.

**18** 세종특별자치시는 국토의 균형적인 발전을 위해 수도권의 행정 기능을 옮겨 만든 도시입니다.

**19** 우리나라의 산업은 1960년대 이전까지는 농업 중심이었으나, 1960년대 이후 공업과 서비스업 중심으로 변화했습니다.

**20** 교통의 발달로 지역 간 이동 시간이 줄어 사람들의 생활권이 점점 더 넓어지고 있습니다.

## 2. 인권 존중과 정의로운 사회

### ❶ 인권을 존중하는 삶

**개념 다지기** 59쪽

**1** 인권　**2** ⑤　**3** (2) ○　**4** ①　**5** ⑤
**6** ㉠

**1** 인권은 인간이 태어나면서부터 당연히 누리게 되는 권리입니다.

**2** 사람은 태어날 때부터 존엄하기 때문에 인간이라면 누구나 인권을 누릴 자격이 있습니다.

**3** 키가 작은 어린이도 쉽게 손을 씻을 수 있도록 화장실에 낮은 세면대를 설치하는 등 우리 주변에서는 인권을 존중하는 다양한 사례를 볼 수 있습니다.

**4** 허균은 신분에 따라 사람을 차별하는 것이 옳지 않다는 생각을 알리기 위해 『홍길동전』에서 신분에 따른 차별을 비판했습니다.

> **더 알아보기**
>
> **홍길동전**
> • 홍길동은 낮은 신분이라는 이유로 자신의 능력을 펼칠 기회를 얻지 못하고, 아버지를 아버지라고 부르지 못했습니다.
> • 차별을 견디지 못하고 집을 떠난 홍길동은 후에 누구나 자신의 능력을 펼칠 수 있는 새로운 나라를 세웠습니다.

**5** 방정환은 당시 어린이를 존중하지 않는 인식을 개선하고자 어린이날을 만들고, 어린이를 존중하자는 선전문을 발표했습니다. 또한 어린이를 위한 잡지와 아동 문학 연구 단체를 만들기도 했습니다.

**6** 『경국대전』에서는 상대적으로 사회적 약자인 사람들의 인권을 보호하는 모습을 볼 수 있습니다.

**개념 다지기** 63쪽

**1** ②　**2** 사회 보장 제도　**3** ⑤　**4** ⑤
**5** ③　**6** ③

**1** 인권은 모든 사람이 누려야 할 권리이지만, 생활 곳곳에서 인권을 침해당할 때가 있습니다.

**2** 우리 사회는 모든 사람이 인권을 보장받으며 살아갈 수 있도록 노력하고 있습니다.

**3** 유니버설 디자인이란 어떤 물건이나 시설 등을 누구나 쉽게 이용할 수 있도록 만드는 것입니다.

**4** 국가 인권 위원회는 개인의 기본적 인권을 보호하고 인간의 존엄성을 지키고자 만들어진 기관입니다.

**5** 일상생활에서 인권을 존중하는 태도를 실천하면 나와 상대방의 인권을 지킬 수 있습니다.

**6** 인권 보호는 표어 쓰기, 인권 개선 편지 쓰기, 캠페인 하기, 포스터 그리기 등 다양한 방법으로 실천할 수 있습니다.

**단원 실력 쌓기** 64~67쪽

**Step ①**
**1** 인권　**2** 격쟁　**3** 흑인　**4** 침해　**5** 교육
**6** 석규　**7** ②　**8** ④　**9** ②　**10** ①
**11** ②　**12** ④　**13** ❶ 침해 ❷ 재판　**14** ②

**Step ②**
**15** (1) 인권 (2) 예 평등
**16** (1) 삼복제 (2) 예 무거운 형벌을 받을 수 있는 사람이 억울하게 처벌받는 일이 없도록 하기 위해서이다.
**17** 예 인권 보장을 위한 정책을 제안하고 검토한다. 인권을 침해당한 사람들을 보호한다.

> **15** (1) 모든
> 　(2) 없습니다
> **16** (1) 무거운
> 　(2) 인권
> **17** 보장

**Step ③**
**18** 피부색　**19** ㉡
**20** 예 학교에서 인권 교육을 실시한다. 인권을 위한 법을 만든다. 공공 편의 시설을 설치하고 운영한다. 사회 보장 제도를 운영한다.

**1** 인권은 모든 사람에게 평등하게 보장되는 것으로 다른 사람이 함부로 빼앗을 수 없습니다.

**2** 격쟁은 징이나 꽹과리를 치며 말로 설명하면 되었기 때문에 주로 상민, 노비 등 하류층이 이용했습니다.

**3** 마틴 루서 킹은 백인에게 차별받는 흑인의 인권을 신장하고자 평화적인 운동을 펼쳤습니다.

**4** 인권 침해란 인권을 존중하지 않고 사람들을 함부로 대해서 해를 끼치는 것을 말합니다.

**5** 오늘날 시민, 학교, 국가, 지방 자치 단체 등 사회 구성원들은 인권을 보장하고자 여러 가지 노력을 하고 있습니다.

**6** 인권은 모든 사람에게 보장되고, 영구히 누릴 수 있는 권리입니다.

**7** 세계 인권 선언은 인권의 의미와 내용이 담긴 30개의 조항으로 구성되어 있습니다.

> **더 알아보기**
> **세계 인권 선언**
> • 1948년 국제 연합(UN) 총회에서 발표한 선언입니다.
> • 총 30조로 이루어져 있으며, 각 조항은 인간의 존엄성을 지키고 전 세계 사람들이 행복하게 더불어 살아가기 위해 보장되어야 하는 권리를 담고 있습니다.

**8** 모든 사람들은 피부색에 관계없이 똑같은 인간으로 존중받을 권리가 있습니다.

**9** 박두성은 '훈맹정음'이라는 한글 점자를 만들어 시각 장애인의 인권 신장에 기여했습니다.

> **왜 틀렸을까?**
> ① 허균은 『홍길동전』을 지어 신분에 따른 차별을 비판했습니다.
> ③ 이태영은 여성의 인권 신장을 위해 노력했습니다.
> ④ 테레사 수녀는 가난하고 아픈 사람들을 위해 평생을 헌신했습니다.
> ⑤ 마틴 루서 킹은 흑인의 인권 신장을 위해 노력했습니다.

**10** 우리의 옛 제도 중에서도 인권 신장과 관련한 내용을 찾아볼 수 있습니다.

> **왜 틀렸을까?**
> ② 격쟁은 억울한 일을 당한 사람이 임금의 행차 때 징이나 꽹과리를 쳐서 억울함을 알렸던 제도입니다.
> ③ 활인서는 가난한 백성들이 신분에 상관없이 무료로 치료를 받을 수 있었던 곳입니다.
> ④ 신문고는 억울한 일이 생겼을 때 대궐 밖에 있는 북을 쳐서 임금에게 알렸던 제도입니다.
> ⑤ 삼복제는 사형과 같은 무거운 형벌은 세 번의 재판을 거치도록 했던 제도입니다.

**11** 누군가의 사진을 허락받지 않고 올린 것은 인권 침해입니다. 사진의 주인이 자신에 관한 정보의 공개와 이용을 자율적으로 결정할 수 있는 권리인 '개인 정보 자기 결정권'을 침해당했기 때문입니다.

**12** 여러 사회 구성원들의 끊임없는 노력으로 인권 보장이 조금씩 확대되고 있습니다.

**13** 우리나라는 국민이 인권을 침해당했을 때 이를 구제하고자 여러 국가기관을 운영하고 있습니다.

**14** 국가에서는 사회 보장 제도를 운영하여 국민들을 보호하고 국민들의 삶의 질을 향상시킵니다. 사회 보장 제도에는 실업 급여 제도, 건강 보험 제도 등이 있습니다.

**15** 인권은 모든 사람이 존중받으며 사람답게 살 권리를 말합니다.

**16** 삼복제는 무거운 형벌을 내릴 때 세 번의 재판을 거쳤던 제도로, 큰 죄를 지어 사형과 같은 형벌을 받을 수 있는 사람의 인권을 보호하려던 제도입니다. 옛날에는 억울하게 벌을 받는 사람이 없도록 하기 위해 세밀하게 조사하고, 신중하게 결정했습니다.

| **채점 기준** | | |
|---|---|---|
| (1) | '삼복제'라고 정확히 씀. | |
| (2) | **정답 키워드** 무거운 형벌 \| 억울 \| 처벌<br>'무거운 형벌을 받을 수 있는 사람이 억울하게 처벌받는 일이 없도록 하기 위해서이다.'라는 내용을 정확히 씀 | 상 |
| | 옛날 사람들이 삼복제를 시행했던 까닭을 썼으나 구체적이지 않음. | 하 |

**17** 인권을 침해당한 사람들은 법원, 국가 인권 위원회, 헌법 재판소 등의 도움을 받아 침해된 인권을 구제받을 수 있습니다. 인권을 침해당했을 때에는 자신의 권리를 회복하기 위해 적극적으로 노력해야 합니다.

| **채점 기준** | |
|---|---|
| **정답 키워드** 인권 보장 \| 정책 \| 보호<br>'인권 보장을 위한 정책을 제안하고 검토한다.', '인권을 침해당한 사람들을 보호한다.' 등의 내용을 정확히 씀. | 상 |
| 국가 인권 위원회에서 하는 일을 썼으나 구체적이지 않음. | 하 |

> **더 알아보기**
> **국가 인권 위원회에서 하는 일**
> • 사람들의 인권 의식을 위한 교육과 홍보 활동을 합니다.
> • 인권을 침해당한 국민의 문제를 조사하고 해결을 돕습니다.
> • 인권 보호를 위한 법과 제도를 연구하고, 우리나라 인권 정책에 의견을 제시합니다.

**18** ㉠의 가족들은 피부색에 관계없이 똑같은 인간으로 존중받을 권리를 침해받고 있습니다.

**19** ㉡은 다른 사람에게 관심을 기울여 도우면서 생활 속에서 인권 보호를 실천하는 모습입니다.

**20** 인권 보장을 위해서는 시민, 학교, 국가 등 모든 사회 구성원이 관심을 기울이고 노력해야 합니다.

## ❷ 인권 보장과 헌법

**1** ①     **2** 국민 투표     **3** ①     **4** ④
**5** ㉠     **6** ⑤

**1** 국가가 함부로 국민의 권리를 침해할 수 없도록 하기 위해 헌법에 국민의 권리를 제시했습니다.

**2** 국가는 헌법을 기준으로 운영되기 때문에 누구도 헌법의 내용과 정신에 어긋나는 결정을 내릴 수 없습니다.

**3** 제헌절은 우리나라 헌법이 온 국민에게 알려진 날입니다.

> **왜 틀렸을까?**
> ② 광복절은 우리나라가 일본으로부터 해방된 것을 기념하는 날입니다.
> ③ 한글날은 한글이 창제되고 공포된 것을 기념하는 날입니다.
> ④ 개천절은 단군이 고조선을 세운 것을 기념하는 날입니다.
> ⑤ 현충일은 나라를 지키기 위해 목숨을 바친 사람들을 기리는 날입니다.

**4** 우리나라의 헌법은 정해진 원리를 바탕에 두고 만들어 졌습니다.

**5** 국가는 헌법의 인권 보장 내용을 다양한 법과 제도로 만들고 시행합니다.

**6** 헌법 재판소는 법률이 헌법에 어긋나는지, 국가 권력이 국민의 권리를 침해하는지 등을 심판합니다.

**1** ㉢     **2** ④     **3** ③     **4** ⑤
**5** ❶ 연결 ❷ 있습니다     **6** ③

**1** 기본권은 국가의 안전 보장, 사회질서 유지, 공공의 이익 추구 등을 위해 필요한 경우 법률에 따라 제한될 수 있습니다.

**2** 우리 헌법이 제시하는 참정권에는 선거로 대표를 뽑거나 대표가 되어 나라의 중요한 결정을 할 수 있는 권리 등이 있습니다.

> **더 알아보기**
> **참정권과 관련 있는 헌법 조항**
> 제24조 모든 국민은 법률이 정하는 바에 의하여 선거권을 가진다.
> 제25조 모든 국민은 법률이 정하는 바에 의하여 공무 담임권을 가진다.

**3** 납세의 의무를 지키지 않는다면, 나라의 살림에 필요한 돈이 부족해질 것입니다.

**4** 국가와 모든 국민은 환경을 보전하기 위해 노력할 의무가 있습니다.

**5** 사회 구성원이 모두 행복하게 살아가기 위해서는 권리를 보장받으면서 의무도 함께 실천하는 태도가 필요합니다.

**6** 권리와 의무 어느 하나만을 강조하는 것이 아니라 서로의 입장을 이해하고 공감하는 자세가 필요합니다.

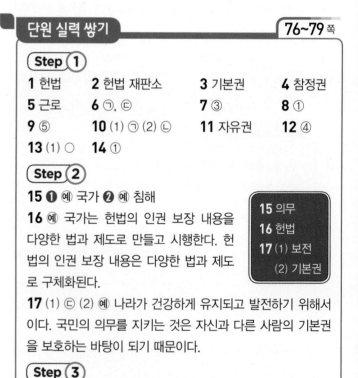

**Step 1**

**1** 헌법    **2** 헌법 재판소    **3** 기본권    **4** 참정권
**5** 근로    **6** ㉠, ㉢    **7** ③    **8** ①
**9** ⑤    **10** (1) ㉠ (2) ㉡    **11** 자유권    **12** ④
**13** (1) ○    **14** ①

**Step 2**

**15** ❶ 예 국가 ❷ 예 침해
**16** 예 국가는 헌법의 인권 보장 내용을 다양한 법과 제도로 만들고 시행한다. 헌법의 인권 보장 내용은 다양한 법과 제도로 구체화된다.

> **15** 의무
> **16** 헌법
> **17** (1) 보전
>     (2) 기본권

**17** (1) ㉢ (2) 예 나라가 건강하게 유지되고 발전하기 위해서이다. 국민의 의무를 지키는 것은 자신과 다른 사람의 기본권을 보호하는 바탕이 되기 때문이다.

**Step 3**

**18** ㉣      **19** ㉡
**20** 예 학교에서 수업을 듣는다. 깨끗한 환경에서 생활한다.

**1** 헌법에는 국민의 기본적 권리와 의무, 국가기관을 조직하고 운영하는 원칙이 담겨 있습니다.

**2** 헌법 재판소에서 법률이 국민의 인권을 침해한다고 결정하면, 그 법률은 개정되거나 폐지됩니다.

**3** 기본권은 크게 평등권, 자유권, 참정권, 청구권, 사회권 등으로 나눌 수 있습니다.

**4** 우리 생활 속에서 투표를 하는 모습 등이 참정권에 해당됩니다.

○ 참정권을 누리는 모습

**5** 헌법에서는 국민으로서 지켜야 할 의무도 제시하고 있습니다. 국민의 의무는 근로의 의무를 비롯해 교육의 의무, 국방의 의무, 납세의 의무, 환경 보전의 의무 등이 있습니다.

**6** 헌법에 국민의 권리를 담은 것은 국가가 함부로 국민의 권리를 침해할 수 없도록 하기 위해서입니다.

**7** 헌법에서는 인간의 존엄성을 보장하고 있습니다.

**8** 헌법은 국민의 행복, 인권, 자유, 권리 등을 보장하고 있으며, 모든 국민이 인권을 존중받으면서 나라가 안정적으로 운영될 수 있도록 하는 기준이 되기 때문에 중요합니다.

**9** 법률이 국민의 인권을 침해한다고 판단이 되면 헌법 재판소에 도움을 요청할 수 있습니다.

**10** 우리나라에서는 헌법 제10조를 바탕으로 하여 여러 기본권을 구체적으로 밝힘으로써 국민의 인권을 실질적으로 보장하고 있습니다.

**11** 자유권은 국가의 간섭을 받지 않고 자유롭게 생각하고 행동할 수 있는 권리입니다.

왜 **틀렸을까?**
- 평등권: 부당하게 차별받지 않고 법을 공평하게 적용받을 권리로, 양성평등, 교육 기회의 평등 등이 해당됩니다.
- 참정권: 국가의 정치 과정에 참여할 수 있는 권리로, 선거에 참여할 수 있는 권리, 공무원이 될 수 있는 권리 등이 해당됩니다.

**12** 모든 국민은 자신의 가족과 국민 모두의 안전을 위해 나라를 지킬 의무가 있습니다.

**13** 권리와 의무는 각자 처한 상황과 입장에 따라 충돌하는 경우도 있습니다.

**14** 제시된 상황에서는 재산을 자유롭게 행사하고 활용할 수 있는 권리인 자유권과 환경을 보호해야 하는 환경 보전의 의무가 충돌하고 있습니다.

**15** 헌법은 모든 국민이 인권을 존중받으면서 나라가 안정적으로 운영될 수 있도록 하는 기준이 됩니다.

**16** 헌법에서 인권이 중요함을 강조하고 있지만, 생활 속에서 인권을 실제로 누리기 위해서는 구체적인 내용이 필요합니다.

**채점 기준**

| 정답 키워드 인권 보장 \| 법과 제도 \| 구체화 | |
|---|---|
| '국가는 헌법의 인권 보장 내용을 다양한 법과 제도로 만들고 시행한다.', '헌법의 인권 보장 내용은 다양한 법과 제도로 구체화된다.' 등의 내용을 정확히 씀. | 상 |
| 헌법을 통해 국민의 인권이 보장되는 사례를 보고 알 수 있는 점을 썼으나 구체적이지 않음. | 하 |

더 **알아보기**

**법과 제도를 통한 헌법의 인권 보장 사례**
**헌법 제11조** ① 모든 국민은 법 앞에 평등하다.
▼
**법률** 「장애인 차별 금지 및 권리 구제 등에 관한 법률」
▼
**제도 시행** 장애와 상관없이 일할 수 있는 제도

**17** 헌법에서는 국민의 기본권과 함께 국민이 지켜야 할 기본적인 의무도 제시하고 있습니다.

**채점 기준**

| (1) | 'ⓒ'을 정확히 씀. | |
|---|---|---|
| (2) | 정답 키워드 나라 \| 유지 \| 기본권<br>'나라가 건강하게 유지되고 발전하기 위해서이다.', '국민의 의무를 지키는 것은 자신과 다른 사람의 기본권을 보호하는 바탕이 되기 때문이다.'라는 내용을 정확히 씀. | 상 |
| | 국민의 의무를 지켜야 하는 까닭을 썼으나 구체적이지 않음. | 하 |

**18** 헌법에서는 모든 국민이 법을 공평하게 적용받아야 하며 성별, 재산, 사회적 지위 등에 따라 부당한 차별을 받아서는 안 된다고 밝히고 있습니다.

**19** 우리나라에서는 일정한 나이가 되면 누구나 투표에 참여할 수 있는 참정권을 보장받고 있습니다.

**20** 사회권은 인간다운 삶을 국가에 요구할 수 있는 권리입니다. 우리 헌법에서는 교육을 받을 권리, 쾌적한 환경에서 살 권리, 인간다운 생활을 할 권리 등을 보장하고 있습니다.

## ③ 법의 의미와 역할

**1** ③  **2** ㉠  **3** ①, ④  **4** ②  **5** ⑤
**6** ①

**1** 법은 사회 구성원들이 지키기로 합의하여 국가가 정한 사회 규범입니다.

> **왜 틀렸을까?**
> ① 법은 도덕과 달리 강제성이 있습니다.
> ② 법은 지키지 않으면 제재를 받습니다.
> ④ 법은 국가가 만든 사회적 규범입니다.
> ⑤ 법은 사람들의 권리를 보호하기 위해 만들어졌습니다.

**2** 법은 일상생활 속에서 사람들을 보호해 주는 규범입니다.

**3** 법은 강제성을 지니고 있어 법을 어겼을 때는 국가의 제재를 받습니다.

**4** 법은 우리 사회가 중요하게 여겨 지켜야 한다고 생각하는 가치를 담고 있기 때문에 사회가 중요하게 여기는 가치가 변화하면 법도 변화합니다.

**5** 법은 우리의 일상생활 곳곳에 적용되고 있습니다.

> **왜 틀렸을까?**
> ① 「소비자 기본법」에 대한 설명입니다.
> ② 「저작권법」에 대한 설명입니다.
> ③ 「도로 교통법」에 대한 설명입니다.
> ④ 「학교 폭력 예방법」에 대한 설명입니다.

**6** 「학교 급식법」은 학교에 영양 교사를 꼭 두어 균형 잡힌 식단을 짜도록 하고, 식재료를 엄격하게 관리하는 기준을 정해 놓았습니다.

**1** ㉡  **2** ②  **3** ②  **4** ③  **5** 재판
**6** ③

**1** 법은 기본적인 의료 혜택을 보장하여 우리의 건강을 지킬 수 있게 합니다.

**2** 「근로기준법」은 근로 시간의 기준을 제시하여 사람들 사이의 분쟁을 해결하고, 근로자의 권리를 보호하는 역할을 하고 있습니다.

**3** 법은 시민의 권리를 보호하고 사회질서를 유지하는 역할을 합니다.

**4** 법을 어기는 행동은 다른 사람에게 피해를 줍니다.

**5** 법을 어긴 사람이 정말로 법을 어겼는지 확인하고 책임을 지게 하기 위해 재판을 합니다.

> **왜 틀렸을까?**
> • 국민 투표: 국가의 중요한 일을 국민이 투표해 결정하는 제도입니다.
> • 사회 보장 제도: 실업, 장애, 빈곤 등의 사회적 위험으로부터 모든 국민을 보호하고 국민들의 삶의 질을 높이기 위해 국가에서 시행하는 제도입니다.

**6** 변호인은 피고인의 권리를 보호하기 위해 노력합니다.

> **더 알아보기**
> **재판에 참여하는 사람들**
> • 판사: 재판을 진행하고 법에 따라 판결을 내리는 사람입니다.
> • 검사: 법을 어긴 점에 대해 심판을 요청하는 사람입니다.
> • 피고인: 범죄를 저지른 것으로 의심되어 재판을 받는 사람입니다.
> • 증인: 사건에 대하여 경험한 사실을 말하는 사람입니다.

**Step ①**
**1** 강제성  **2** 도덕  **3** 있습니다  **4** 재판  **5** 검사
**6** ①  **7** ③  **8** ④  **9** ①  **10** ㉢
**11** ⑤  **12** ①  **13** ⑤  **14** ③

**Step ②**
**15** (1) ⑩ 강제성 (2) ⑩ 제재
**16** (1) 「자원 재활용법」 (2) ⑩ 사람들이 장바구니를 이용하는 습관을 갖게 되어 환경을 지킬 수 있다.
**17** ⑩ 개인의 권리를 보호한다.

> **15** 양심
> **16** (1) 지키기
>        (2) 장바구니
> **17** 유지

**Step ③**
**18** ㉥  **19** ㉢
**20** ⑩ 법은 우리의 일상생활 곳곳에 적용되고 있다. 우리의 일상생활 속 많은 일이 법에 따라 이루어지고 있다.

**1** 법은 강제성을 지니고 있다는 점에서 사람들이 자율적으로 지키는 도덕과 구별됩니다.

**2** 도덕을 지키지 않으면 양심에 찔리긴 하지만 벌을 받지는 않습니다.

**3** 새로운 문제가 발생하는데 법이 바뀌지 않으면 사람들이 위험해질 수 있으며, 사회가 혼란스러워질 것입니다. 또한 사람들이 처한 사회 상황과 법이 맞지 않아 피해를 보는 사람들이 생길 수 있습니다.

**4** 법은 사람들 사이에 다툼이 생겼을 때 이를 공정하게 해결하는 기준과 방법을 제시합니다.

**5** 검사는 범죄를 수사하는 역할을 하기도 합니다.

**6** 법은 사람들이 사회생활에서 지켜야 할 행동 기준이 되어 사람들이 어떤 행동을 하거나 하지 않도록 합니다.

**7** 도덕 등의 사회 규범은 양심에 맞게 자율적으로 지키면 됩니다.

> **더 알아보기**
>
> **도덕을 지키지 않는 다양한 사례**
> • 남매끼리 말다툼을 합니다.
> • 도움이 필요한 사람을 모른 척합니다.
> • 친구와의 약속 시간을 지키지 않습니다.
> • 이웃 어른을 보고도 인사를 하지 않습니다.

**8** 사회가 변화하고 우리 사회가 중요하게 여기는 가치가 변화하면 법도 변화합니다. 오늘날 반려동물을 기르는 사람이 많아짐에 따라 반려동물을 책임감 있게 기르고 보호하도록 동물을 등록하여 관리하는 법이 생겼습니다.

**9** 저작권은 창작물을 만든 사람이 자신의 창작물에 대해 가지는 법적 권리입니다.

**10** 「소비자 기본법」은 소비자의 권리와 이익을 보장하고 국민 경제의 발전을 돕습니다.

> **왜 틀렸을까?**
>
> ㉠ 「학교 급식법」에 대한 설명입니다.
> ㉡ 「도로 교통법」에 대한 설명입니다.

**11** 법은 환경 파괴와 오염을 방지하여 쾌적하게 살아갈 수 있게 합니다.

**12** 무단횡단을 하면 신호를 지키지 않은 보행자가 사고를 당할 수 있으며, 주변 운전자들도 위험해질 수 있습니다.

**13** 법을 지키지 않아 타인에게 피해를 준 사람에게는 재판을 통해 그 권리를 제한하기도 합니다.

**14** 재판에는 판사, 검사, 피고인, 변호인 등이 참여합니다.

**15** 국가는 사회질서를 유지하고 사람들의 안전을 지키기 위해 법을 정해놓았습니다. 법은 누구나 지켜야 하는 강제성을 지니고 있습니다.

**16** 슈퍼마켓에서 비닐봉지를 유상으로 판매하는 것은 「자원 재활용법」과 관련 있는 모습입니다. 「자원 재활용법」이 없다면 비닐봉지가 많이 버려져서 환경이 오염될 수 있습니다. 또한 재활용이 가능한 물건도 한 번 쓰고 버리는 경우가 많아져 자원이 낭비될 것입니다.

> **채점 기준**
>
> | (1) | 「자원 재활용법」에 ○표를 함. | |
> |---|---|---|
> | (2) | **정답 키워드** 장바구니 \| 습관<br>'사람들이 장바구니를 이용하는 습관을 갖게 되어 환경을 지킬 수 있다.' 등의 내용을 정확히 씀. | 상 |
> | | 「자원 재활용법」으로 인해 어떻게 환경을 지킬 수 있는지 썼으나 구체적이지 않음. | 하 |

> **왜 틀렸을까?**
>
> 「생활 물류 서비스 산업 발전법」
> 열악한 작업 환경 속에서 일하는 택배 기사의 권리를 보장하기 위해 쉼터를 설치할 수 있는 법입니다.

**17** 법은 개인의 권리를 보호하고 사회질서를 유지하는 역할을 합니다. 또한 사회 구성원 전체의 이익을 추구하고 정의로운 사회를 만드는 데 도움을 줍니다.

> **채점 기준**
>
> | **정답 키워드** 권리 \| 보호<br>'개인의 권리를 보호한다.' 등의 내용을 정확히 씀. | 상 |
> |---|---|
> | 제시된 사례를 보고 알 수 있는 법의 역할을 썼으나 구체적이지 않음. | 하 |

**18** 「어린이 놀이 시설 안전 관리법」은 어린이들이 안전하고 편리하게 놀이 기구를 이용할 수 있도록 하는 법입니다.

**19** 학교 주변에서 사 먹는 음식은 「어린이 식생활 안전 관리 특별법」의 적용을 받습니다.

◀ 어린이 식품 안전 구역을 나타내는 표지판

**20** 법은 우리가 건강하고 안전하게 살아갈 수 있도록 지켜 줍니다.

**1** ②     **2** ④     **3** ④     **4** 신문고 (제도)
**5** (1) ⓒ (2) 예 성별에 따른 차별을 하고 있기 때문이다. 여자는 축구를 못한다는 편견을 갖고 있기 때문이다.   **6** ②
**7** ③      **8** ②      **9** ㉠      **10** ③      **11** ⑤
**12** (1) 사회권 (2) 예 인간다운 삶을 국가에 요구할 수 있는 권리이다.   **13** ①    **14** (2) ○    **15** ㉠, ⓒ    **16** ③
**17** ①      **18** 예 사람들을 보호하고 안전하게 살아갈 수 있게 한다. 사회질서를 유지한다.    **19** ①      **20** ①

**1** 사람은 태어날 때부터 자유롭고 동등하며 존엄해서 성별, 국적, 인종 등과 관계없이 누구나 인권을 누려야 합니다.

**2** 마틴 루서 킹은 피부색에 따라 차별받지 않을 권리를 주장했습니다.

> **왜 틀렸을까?**
> ① 방정환에 대한 설명입니다.
> ② 이태영에 대한 설명입니다.
> ③ 허균에 대한 설명입니다.
> ⑤ 에멀라인 팽크허스트에 대한 설명입니다.

**3** 다양한 영역에 있는 많은 사람의 노력으로 인권이 크게 발전했습니다.

**4** 옛날에도 억울한 일을 당했을 때 이를 알릴 수 있는 제도가 있었습니다.

**5** 인권을 존중하지 않고 사람들을 함부로 대해서 해를 끼치는 것을 인권 침해라고 합니다.

| 채점 기준 | | |
|---|---|---|
| (1) | 'ⓒ'을 정확히 씀. | 3점 |
| (2) | **정답 키워드** 성별 \| 차별 \| 편견<br>'성별에 따른 차별을 하고 있기 때문이다.', '여자는 축구를 못한다는 편견을 갖고 있기 때문이다.' 등의 내용을 정확히 씀. | 7점 |
| | 성별을 이유로 특정 운동을 하지 못하는 상황이 인권 침해인 까닭을 썼으나 구체적이지 않음. | 3점 |

**6** 모든 사회 구성원들이 관심을 기울이고 끊임없이 노력할 때 인권이 보장될 수 있습니다.

**7** 더 나은 사회를 만들기 위해서는 생활 속에서 인권 보호를 실천해야 합니다.

**8** 헌법에는 국민의 기본적인 권리와 의무 등이 담겨 있으며, 헌법의 내용을 새로 정하거나 바꿀 때는 국민 투표를 거쳐야 합니다. 국민 투표는 국가의 중요한 일을 국민이 투표해 결정하는 제도입니다.

**9** 헌법은 모든 국민이 인권을 존중받으면서 나라가 안정적으로 운영될 수 있도록 하는 기준이 됩니다.

**10** 법률이 국민의 인권을 침해할 경우 헌법 재판소를 통해서 인권을 보장받을 수 있습니다.

**11** 참정권은 모든 국민이 국가의 주인으로서 정치에 참여할 수 있는 권리입니다.

**12** 헌법에서는 국민의 기본적인 권리를 보장하고 있습니다.

| 채점 기준 | | |
|---|---|---|
| (1) | '사회권'이라고 정확히 씀. | 3점 |
| (2) | **정답 키워드** 인간다운 삶 \| 요구<br>'인간다운 삶을 국가에 요구할 수 있는 권리이다.' 등의 내용을 정확히 씀. | 7점 |
| | 국민의 기본권 중 사회권에 대한 설명을 썼으나 구체적이지 않음. | 3점 |

**13** 국민의 의무를 지키는 것은 자신과 다른 사람의 기본권을 보호하는 바탕이 되며, 나라가 건강하게 유지되고 발전할 수 있게 합니다.

**14** 모든 국민은 정해진 법에 따라 세금을 내야 할 의무가 있습니다.

**15** 도덕은 인간이 양심에 따라 마땅히 지켜야 할 모든 규범입니다.

**16** 법은 자율적으로 지키는 도덕과 다르게 강제성을 지닌 규범입니다.

**17** 의무 교육 기간은 초등학교 6년, 중학교 3년으로 정해져 있습니다.

**18** 법은 여러 가지 범죄나 사고로부터 사람들의 안전을 지키고 사회질서를 유지하는 역할을 합니다.

| 채점 기준 | | |
|---|---|---|
| | **정답 키워드** 보호 \| 사회질서 \| 유지<br>'사람들을 보호하고 안전하게 살아갈 수 있게 한다.', '사회질서를 유지한다.' 등의 내용을 정확히 씀. | 8점 |
| | '어린이 보호 구역 지정', '경찰의 순찰'과 관련 있는 법의 역할을 썼으나 구체적이지 않음. | 4점 |

**19** 인터넷에 불법으로 만화를 유포한 행위는 「저작권법」에 어긋나는 행위입니다.

**20** 법을 지키지 않아 타인에게 피해를 준 사람에게는 재판을 통해 그 권리를 제한하고, 법을 어긴 것에 대한 책임을 지게 합니다.

## 1. 국토와 우리 생활

### ① 우리 국토의 위치와 영역

**개념 확인하기** 　4쪽

1 ㉡　2 ㉢　3 ㉣　4 ㉠　5 ㉤

1 우리나라는 아시아 대륙의 동쪽에 위치하고 있습니다.

2 우리나라는 중국과 일본 사이에 있으며, 러시아의 남쪽에 있습니다.

3 우리나라는 반도 국가로 도로나 철도를 이용하여 대륙으로 나아가기 유리하고, 배를 이용하여 해양으로 나아가기에도 유리합니다.

4 영토는 한 나라의 주권이 미치는 땅을 말합니다.

> **왜 틀렸을까?**
> ㉢ 나라의 주권이 미치는 바다의 범위는 영해입니다.

5 우리나라의 영공은 우리나라 영토와 영해 위의 하늘이며, 서해안은 가장 바깥에 위치한 섬들을 직선으로 연결한 선을 기준선으로 영해를 정합니다.

**개념 확인하기** 　5쪽

1 ㉡　2 ㉡　3 ㉠　4 ㉠　5 ㉠

1 중부 지방과 남부 지방은 소백산맥과 금강의 하류를 잇는 선을 기준으로 나눕니다.

> **왜 틀렸을까?**
> ㉠ 북부 지방과 중부 지방은 휴전선을 기준으로 나눕니다.

2 남부 지방은 중부 지방의 남쪽 지역입니다. 북한 지역은 북부 지방입니다.

3 철령관을 기준으로 서쪽을 '관서', 북쪽을 '관북', 동쪽을 '관동'이라고 합니다.

4 영남 지방은 조령의 남쪽 지방을 말합니다.

> **왜 틀렸을까?**
> ㉢ 금강의 서쪽 지역은 호서 지방입니다.
> ㉢ 왕이 사는 도읍과 그 주변 지역은 경기 지방입니다.

5 '시'는 시청, '도'는 도청이 관리합니다.

**실력 평가** 　6~7쪽

1 ④, ⑤　2 ②　3 원권　4 ⑤　5 ②
6 ㉢　7 ④　8 (1) ㉢ (2) ㉠ (3) ㉡　9 ④
10 창원

1 우리나라는 태평양과 접해 있고, 중국의 동쪽, 러시아의 남쪽에 있습니다.

2 우리나라는 적도를 기준으로 북반구에 있으며, 북위 33°~43°, 동경 124°~132° 사이에 위치합니다.

3 영역은 한 나라의 주권이 미치는 범위로 영토, 영해, 영공으로 이루어집니다.

> **왜 틀렸을까?**
> 서진: 우리나라의 영공은 우리나라 영토와 영해 위의 하늘입니다.
> 세영: 서해안과 남해안은 가장 바깥에 위치한 섬들을 직선으로 연결한 선을 기준으로 영해를 설정합니다.

4 우리나라 영토의 북쪽 끝은 함경북도 온성군 유원진, 동쪽 끝은 경상북도 울릉군 독도, 서쪽 끝은 평안북도 용천군 마안도, 남쪽 끝은 제주특별자치도 서귀포시 마라도입니다.

5 국토 관련 행사 참여하기, 국토 환경 보호하기, 국토에 대한 지식 쌓기, 국토 지킴이 활동하기 등을 통해 우리 국토를 가꾸고 지킬 수 있습니다.

△ 국토 관련 행사 참여하기　△ 국토 지킴이 활동하기

6 큰 산이나 강 등의 자연환경을 기준으로 국토를 나눌 수 있습니다. ㉠은 북부 지방, ㉡은 남부 지방에 대한 설명입니다.

**7** 강릉과 원주의 앞 글자를 따서 강원도라고 했습니다.

**8** 옛날에는 큰 산맥과 고개, 호수, 하천, 바다 등 자연환경에 따라 지역을 구분했습니다.

**9** 행정 구역은 나라를 효율적으로 관리하려고 지역을 나눈 것을 말합니다.

**10** 경상남도는 창원시에 도청이 있습니다.

---

### 서술형·논술형 평가                                    8~9쪽

**1** (1) ㉠ 중국 ㉡ 일본

(2) 아시아

(3) 예 우리 국토는 북위 33°~43°, 동경 124°~132° 사이에 위치해 있다.

**2** (1) 경상북도 울릉군 독도

(2) 예 우리나라 영토 주변 바다의 영역으로 기준선으로부터 12해리까지이다.

**3** (1) 철령관

(2) 경기 지방

(3) 예 금강(옛 이름 호강)의 남쪽에 있어서 호남이라고 한다.

**4** (1) 행정 구역

(2) 서울특별시

(3) 예 광역시는 6곳이며, 인천광역시, 대전광역시, 대구광역시, 광주광역시, 울산광역시, 부산광역시이다.

**1** (1) 우리나라 주변에는 중국, 러시아, 일본 등의 나라가 있습니다.

(2) 우리나라는 아시아 대륙의 동쪽에 위치한 반도 국가입니다.

(3) 위도와 경도를 이용하면 우리나라의 위치를 정확하게 표현할 수 있습니다.

| 채점 기준 | | |
|---|---|---|
| (1) | ㉠ '중국', ㉡ '일본'이라고 모두 정확히 씀. | 2점 |
| (2) | '아시아'라고 정확히 씀. | 2점 |
| (3) | **정답 키워드** 북위 │ 33°~43° │ 동경 │ 124°~132° '우리 국토는 북위 33°~43°, 동경 124°~132° 사이에 위치해 있다.'라고 정확히 씀. | 6점 |
| | 우리 국토의 위치를 위도와 경도로 나타냈으나 구체적이지 않음. | 3점 |

**2** (1) 우리나라의 영토는 한반도와 한반도에 속한 여러 섬을 포함합니다.

(2) 영해는 우리나라 영토 주변의 바다 영역으로, 기준선으로부터 12해리까지의 범위입니다.

| 채점 기준 | | |
|---|---|---|
| (1) | '경상북도 울릉군 독도'라고 정확히 씀. | 2점 |
| (2) | **정답 키워드** 영토 │ 바다 │ 12해리 '우리나라 영토 주변 바다의 영역으로 기준선으로부터 12해리까지이다.'라고 정확히 씀. | 6점 |
| | 우리나라 영해의 범위를 썼으나 구체적이지 않음. | 3점 |

**3** (1) 철령관은 과거 '철령'이라는 고개에 만든 방어 시설입니다. 철령관을 기준으로 서쪽을 '관서', 북쪽을 '관북', 동쪽을 '관동'이라고 합니다.

(2) 경기 지방은 왕이 사는 도읍과 그 주변 지역을 말합니다.

(3) 호남 지방은 옛날에 호강이라고 불렸던 금강의 남쪽 지역입니다.

| 채점 기준 | | |
|---|---|---|
| (1) | '철령관'이라고 정확히 씀. | 2점 |
| (2) | '경기 지방'이라고 정확히 씀. | 2점 |
| (3) | **정답 키워드** 금강 │ 남쪽 '금강(옛 이름 호강)의 남쪽에 있어서 호남이라고 한다.'라고 정확히 씀. | 6점 |
| | 호남 지방에 대해 썼으나 구체적이지 않음. | 3점 |

**4** (1) 행정 구역이란 나라를 효율적으로 관리하기 위해 나눈 지역입니다.

(2) 우리나라 특별시의 이름은 서울특별시입니다.

(3) 우리나라의 광역시에는 인천광역시, 대전광역시, 대구광역시, 광주광역시, 울산광역시, 부산광역시가 있습니다.

| 채점 기준 | | |
|---|---|---|
| (1) | '행정 구역'이라고 정확히 씀. | 2점 |
| (2) | '서울특별시'라고 정확히 씀. | 2점 |
| (3) | **정답 키워드** 6곳 │ 인천광역시 │ 대전광역시 │ 대구광역시 │ 광주광역시 │ 울산광역시 │ 부산광역시 '광역시는 6곳이며, 인천광역시, 대전광역시, 대구광역시, 광주광역시, 울산광역시, 부산광역시이다.'라고 정확히 씀. | 6점 |
| | 광역시는 몇 곳인지, 이름은 무엇인지 중 하나만 정확히 씀. | 3점 |

## ❷ 우리 국토의 자연환경

**개념 확인하기**      10쪽

| 1 ㉡ | 2 ㉡ | 3 ㉢ | 4 ㉠ | 5 ㉡ |

**1** 지형은 땅의 생김새입니다.

> **왜 틀렸을까?**
> ㉠ 날씨는 짧은 시간에 변하는 대기의 상태를 말합니다.
> ㉢ 기후는 어떤 지역에서 여러 해에 걸쳐 나타난 날씨의 평균적인 상태를 뜻합니다.

**2** 우리나라의 지형은 전체적으로 동쪽이 높고 서쪽이 낮은 모습입니다.

**3** 평야는 평탄하고 넓은 땅을 뜻합니다.

> **왜 틀렸을까?**
> ㉠ 섬은 물로 둘러싸인 땅입니다.
> ㉡ 해안은 바다와 육지가 만나는 곳을 뜻합니다.

**4** 하천은 높은 산지에서 처음 시작됩니다. 우리나라는 전체적으로 동쪽이 높고 서쪽이 낮아 큰 하천은 대부분 동쪽에서 서쪽으로 흘러갑니다.

**5** 동해안은 해안선이 단조롭고, 서해안과 남해안은 해안선이 복잡하고 섬이 많습니다.

**개념 확인하기**      11쪽

| 1 ㉡ | 2 ㉡ | 3 ㉢ | 4 ㉡ | 5 ㉠ |

**1** 1월과 8월 중 평균 기온이 높은 달은 8월입니다.

**2** 우리나라는 남북으로 길게 뻗어 있어 남쪽 지역과 북쪽 지역의 기온 차이가 큰데, 대체로 북쪽에서 남쪽으로 갈수록 기온이 높아집니다. 바다와 가까운 해안 지역의 겨울 기온은 바다로부터 멀리 떨어진 내륙 지역보다 높은 편입니다.

**3** 겨울철에 눈이 많이 내리는 울릉도는 일 년 내내 강수량이 고른 편입니다.

**4** 여름철에 폭염, 홍수 등의 자연재해가 발생합니다.

> **왜 틀렸을까?**
> ㉠ 가뭄은 봄, ㉢ 폭설은 겨울에 주로 발생하는 자연재해입니다.

**5** 황사가 발생하면 공기 중에 미세 먼지가 많아져 피부·눈·호흡기 질환을 일으키기도 합니다.

**실력 평가**      12~13쪽

| 1 ③ | 2 ② | 3 ㉠ 산지 ㉡ 하천 | 4 (1) ○ |
| 5 서진 | 6 ㉠ | 7 ⑤ | 8 ④ | 9 ③ |
| 10 ⑤ | | | | |

**1** 물이 높은 곳에서 낮은 곳으로 흘러가면서 만든 물줄기를 하천이라고 합니다.

> **왜 틀렸을까?**
> ① 산지는 높은 산들이 이룬 지형입니다.
> ② 해안은 바다와 육지가 맞닿아 있는 부분입니다.
> ④ 평야는 하천 주변에 있는 넓고 평평한 땅입니다.

**2** 우리나라는 국토의 약 70%가 산지이며 높은 산지는 주로 북쪽과 동쪽에 분포하고 낮은 산지와 평야는 남서쪽에 분포합니다. 큰 하천은 대부분 동쪽에서 서쪽으로 흘러갑니다.

**3** 사람들은 산지에서 가축을 기르고, 산지와 하천을 이용해 여가 생활을 즐기기도 합니다.

△ 목장

△ 래프팅

**4** 우리나라의 동해안은 해안선이 단순하고 섬이 적지만, 서해안과 남해안은 해안선이 복잡하고 섬이 많습니다.

**5** 여름에는 덥고 비가 많이 오고, 겨울에는 춥고 눈이 내리기도 하며, 봄과 가을은 온화합니다. 여름에는 남쪽 바다에서 뜨겁고 습한 바람이 불어오고, 겨울에는 북서쪽 육지에서 차갑고 건조한 바람이 불어옵니다.

**6** 1월은 겨울, 8월은 여름으로, 1월과 8월의 기온 차이가 크며, 1월과 8월의 평균 기온은 대체로 북쪽에서 남쪽으로 갈수록 높아집니다.

**7** 우리나라는 계절에 따라 강수량의 차이가 크며 연 강수량의 절반 이상이 여름철에 집중됩니다. 또한 지역에 따라 강수량의 차이가 큰데, 대체로 남부 지방이 북부 지방보다 강수량이 많습니다.

**8** 폭염은 하루 최고 기온이 33℃ 이상으로 올라가는 매우 심한 더위로 일사병, 열사병과 같은 온열 질환이 나타날 수 있습니다.

**9** 겨울철에 북쪽에서 불어오는 차갑고 강한 바람으로 한파가 발생하는 경우가 많습니다.

**10** 국가는 자연재해가 발생했을 때 재해에 신속하게 대응하고 피해를 빠르게 복구할 수 있는 대책을 미리 세워 놓습니다.

## 서술형·논술형 평가                                        14~15쪽

**1** (1) 지형
   (2) ㉠
   (3) 예 하천 주변의 평야에서는 논농사를 많이 짓고, 사람이 많이 모여 사는 도시가 발달했다.

**2** (1) ㉠
   (2) 열대야 현상
   (3) 예 북서쪽에서 차갑고 건조한 바람이 불어온다.

**3** (1) 세로축
   (2) 여름
   (3) 예 일 년 내내 강수량이 고르게 나타난다. 다른 지역에 비해 겨울철 강수량이 많다.

**4** (1) 자연재해
   (2) 가뭄
   (3) 예 외출할 때 마스크를 쓰고, 집에 돌아와서는 손발을 잘 씻는다.

**1** (1) 지형은 땅의 생긴 모양과 높낮이 등 지표면의 여러 형태를 말합니다.
   (2) 해안은 바다와 육지가 만나는 곳입니다.
   (3) 평야에는 농사지을 땅이 넓게 나타나며 사람이 많이 모여 사는 도시가 발달하기도 합니다.

### 채점 기준

| | | |
|---|---|---|
| (1) | '지형'이라고 정확히 씀. | 2점 |
| (2) | '㉠'이라고 정확히 씀. | 2점 |
| (3) | **정답 키워드** 논농사 │ 도시<br>'하천 주변의 평야에서는 논농사를 많이 짓고, 사람이 많이 모여 사는 도시가 발달했다.' 등의 내용을 정확히 씀. | 6점 |
| | 평야를 이용하는 모습을 썼으나 구체적이지 않음. | 3점 |

**2** (1) 봄에는 꽃구경, 모내기 등을 합니다. ㉡은 여름, ㉢은 가을, ㉣은 겨울의 생활 모습입니다.
   (2) 여름은 장마가 지나가고 무더위가 이어지며 열대야 현상이 나타납니다.
   (3) 겨울에는 북서쪽 육지에서 차갑고 건조한 바람이 불어옵니다.

### 채점 기준

| | | |
|---|---|---|
| (1) | '㉠'이라고 정확히 씀. | 2점 |
| (2) | '열대야 현상'이라고 정확히 씀. | 2점 |
| (3) | **정답 키워드** 북서쪽 │ 차갑다 │ 건조하다<br>'북서쪽에서 차갑고 건조한 바람이 불어온다.' 등의 내용을 정확히 씀. | 6점 |
| | 겨울철에 불어오는 바람의 특징을 썼으나 구체적이지 않음. | 3점 |

**3** (1) 가로축은 월, 세로축은 강수량을 나타냅니다.
   (2) 여름에 장마와 태풍 등의 영향으로 연평균 강수량의 절반 이상이 내립니다.
   (3) 울릉도는 다른 지역보다 겨울 강수량이 많으며 계절별 강수량의 차이도 작습니다.

### 채점 기준

| | | |
|---|---|---|
| (1) | '세로축'이라고 정확히 씀. | 2점 |
| (2) | '여름'이라고 정확히 씀. | 2점 |
| (3) | **정답 키워드** 일 년 │ 강수량 │ 고르다<br>'일 년 내내 강수량이 고르게 나타난다.' 등의 내용을 정확히 씀. | 6점 |
| | 울릉도 강수량의 특징을 썼으나 구체적이지 않음. | 3점 |

**4** (1) 자연재해는 자연 현상이 인간의 생명과 재산에 피해를 주는 것을 말합니다.
   (2) 가뭄으로 농작물이 말라 죽기도 합니다.
   (3) 황사는 중국이나 몽골의 사막에 있는 가는 모래가 우리나라까지 날아와 가라앉는 현상입니다.

### 채점 기준

| | | |
|---|---|---|
| (1) | '자연재해'라고 정확히 씀. | 2점 |
| (2) | '가뭄'이라고 정확히 씀. | 2점 |
| (3) | **정답 키워드** 마스크 │ 손 │ 씻는다<br>'외출할 때 마스크를 쓰고, 집에 돌아와서는 손발을 잘 씻는다.' 등의 내용을 정확히 씀. | 6점 |
| | 황사의 피해를 줄이기 위한 방법을 썼으나 구체적이지 않음. | 3점 |

## ❸ 우리 국토의 인문환경

**1** 오늘날 우리나라의 인구 구성은 저출산·고령 사회의 특징을 보입니다.

**2** 서울, 인천, 경기를 포함한 수도권에 우리나라 인구의 절반 정도가 모여 살고 있습니다.

**3** 도시 지역은 산업이 발달하여 일자리가 많고, 병원, 학원, 문화 시설 등 다양한 편의 시설이 많아 사람들이 많이 모여 삽니다.

**4** 1970년대에 남동 해안 지역의 항구를 중심으로 포항, 울산, 창원 등 공업 도시의 인구가 늘어났습니다.

**5** 세종특별자치시는 국토의 균형적인 발전을 위해 수도권의 행정 기능을 옮겨 만든 도시입니다.

**1** 1960년대에는 생활에 필요한 물건을 공장에서 만들기 시작하면서 옷, 신발과 같이 가벼운 물건을 만드는 공업이 발달했습니다. 이러한 공업은 일손이 많이 필요해서 인구가 많은 서울, 부산, 대구 등의 대도시를 중심으로 발달했습니다.

**2** 1970~1980년대에는 산업이 더욱 발달하면서 철강, 배, 자동차와 같이 비교적 무거운 물건을 만드는 공업이 발달했습니다. 이러한 공업은 원료를 수입하고 완성된 제품을 수출하기 편리한 남동 해안 지역을 중심으로 발달했습니다.

**3** 2000년대 이후에는 생활 수준이 높아지면서 서비스업이 발달했습니다.

**4** 2004년에 고속 철도가 개통되면서 지역 간 이동 시간이 줄어들었습니다.

**5** 항공 교통의 발달로 사람들은 비행기를 타고 국내외로 빠르게 이동할 수 있게 되었습니다.

**1** 인구 피라미드는 한 나라 또는 일정한 지역의 인구를 성별, 연령별로 나누어 나타낸 그래프입니다. 낮은 연령층의 인구가 많고 높은 연령층의 인구가 적으면 아랫부분이 넓은 피라미드 모양이 됩니다.

**2** 1960년과 비교해 2020년의 인구 피라미드를 살펴보면 아랫부분의 폭은 좁아지고, 윗부분의 폭은 넓어졌습니다. 이것은 14세 이하의 유소년층 인구는 줄어들고, 65세 이상의 노년층 인구는 늘어났다는 것을 의미합니다.

**3** 국토 면적의 약 12%에 불과한 수도권 지역에 전체 인구의 절반 정도가 살고 있습니다. 여기에 광역시인 부산, 대구, 광주, 대전, 울산의 인구를 합하면 우리나라 인구의 약 70%가 대도시에 모여 살고 있습니다.

**4** 인구가 줄어드는 촌락 지역에서는 일손 부족, 교육 시설 부족, 의료 시설 부족 등의 문제가 나타납니다.

🔺 일손 부족　　　　🔺 교육 시설 부족

**5** 1960년대에는 촌락에 살던 사람들이 일자리를 찾아 도시로 이동하면서 서울, 부산, 대구 등의 대도시가 빠르게 성장했습니다.

> **더 알아보기**
> • 서울특별시: 우리나라의 수도로, 우리나라 도시 중에서 가장 많은 인구가 사는 최대의 도시입니다.
> • 부산광역시: 우리나라 제2의 도시로, 해안 지역에 위치해 큰 항구가 발달했습니다.

**6** 1960~1970년대에는 대도시와 남동 해안 지역의 공업 도시가 발달했고, 1980년대 이후에는 대도시로의 인구 집중으로 인한 문제를 해결하기 위해 신도시가 건설되었습니다.

**7** 1990년대 이후에는 컴퓨터와 반도체 등 정보 통신 산업이 크게 성장했으며, 오늘날에는 로봇, 항공, 우주와 관련된 첨단 산업이 발달하고 있습니다.

**8** 대전은 기업, 대학교, 연구소가 모여 함께 일하기 때문에 첨단 산업이 발달했습니다.

**9** 고속 철도의 개통으로 지역 간 이동 시간이 줄어들어 생활권이 이전보다 넓어졌습니다.

**10** 교통이 발달한 곳은 산업이 발달하고 인구가 늘어납니다.

### 서술형·논술형 평가 20~21 쪽

**1** (1) 노년층

(2) ○

(3) 예 유소년층의 수가 적어지다 보면 전체 인구수가 줄어들고 일할 사람이 부족해질 수 있다.

**2** (1) 서울특별시

(2) 예 일자리

(3) 예 주택 부족, 교통 혼잡, 환경오염 등의 문제가 발생한다.

**3** (1) ○

(2) ○

(3) 예 인구와 여러 기능이 대도시로 집중되는 문제를 해결하기 위해서이다.

**4** (1) 첨단 산업

(2) 대구

(3) 예 지역마다 가진 자연환경이나 교통, 도시 분포와 같은 인문환경이 서로 다르기 때문이다.

**1** (1) 아이를 적게 낳는 가정이 많아지면서 태어나는 아이의 수가 줄어들고 있습니다.

(2) 우리나라는 65세 이상의 노년층 인구 비율이 14%를 넘어서 고령 사회로 들어섰습니다.

(3) 유소년층 인구가 계속 줄어들면 전체 인구수가 줄어들 것이고, 일할 사람이 점점 부족해질 것입니다.

| 채점 기준 | | |
|---|---|---|
| (1) | '노년층'이라고 정확히 씀. | 2점 |
| (2) | '○'이라고 정확히 표시함. | 2점 |
| (3) | **정답 키워드** 인구수 \| 줄어들다 \| 일할 사람 \| 부족 '유소년층의 수가 적어지다 보면 전체 인구수가 줄어들고 일할 사람이 부족해질 수 있다.' 등의 내용을 정확히 씀. | 6점 |
| | 저출산·고령 사회의 문제를 썼으나 구체적이지 않음. | 3점 |

**2** (1) 서울특별시의 인구 밀도가 강원도의 인구 밀도보다 높습니다.

(2) 도시 지역은 산업이 발달하여 일자리가 많습니다.

(3) 대도시에 인구와 여러 기능이 집중하면서 주택 부족, 교통 혼잡, 환경오염 등의 문제가 나타났습니다.

| 채점 기준 | | |
|---|---|---|
| (1) | '서울특별시'라고 정확히 씀. | 2점 |
| (2) | '일자리'라고 정확히 씀. | 2점 |
| (3) | **정답 키워드** 주택 부족 \| 교통 혼잡 \| 환경오염 '주택 부족, 교통 혼잡, 환경오염 등의 문제가 발생한다.' 등 인구가 늘어나는 지역에서 발생하는 문제를 정확히 씀. | 6점 |
| | 인구가 늘어나는 지역에서 발생하는 문제를 썼으나 구체적이지 않음. | 3점 |

**3** (1) 경기도 안산시는 서울의 공업 기능을 분산하기 위해 대규모 산업 단지를 건설하면서 발달한 도시입니다.

(2) 세종특별자치시는 국토의 균형적인 발전을 위해 수도권의 행정 기능을 옮겨 만든 도시입니다.

(3) 1980년대 이후에는 대도시의 인구와 기능을 분산하기 위해 대도시 주변 지역에 신도시를 건설하거나 공공 기관을 지방으로 옮겨 도시를 건설했습니다.

| 채점 기준 | | |
|---|---|---|
| (1) | '○'이라고 정확히 씀. | 2점 |
| (2) | '○'이라고 정확히 씀. | 2점 |
| (3) | **정답 키워드** 대도시 \| 문제 \| 해결 '인구와 여러 기능이 대도시로 집중되는 문제를 해결하기 위해서이다.' 등의 내용을 정확히 씀. | 6점 |
| | 신도시를 만든 까닭을 썼으나 구체적이지 않음. | 3점 |

**4** (1) 대전에서는 첨단 산업이 발달했습니다.

(2) 대구에서는 섬유와 패션 산업이 발달했습니다.

(3) 지역마다 환경이 다르기 때문에 발달한 산업이 다릅니다.

| 채점 기준 | | |
|---|---|---|
| (1) | '첨단 산업'이라고 정확히 씀. | 2점 |
| (2) | '대구'라고 정확히 씀. | 2점 |
| (3) | **정답 키워드** 자연환경 \| 인문환경 \| 달라서 '지역마다 가진 자연환경이나 교통, 도시 분포와 같은 인문환경이 서로 다르기 때문이다.'라고 정확히 씀. | 6점 |
| | 지역별로 발달한 산업이 다른 까닭을 썼으나 구체적이지 않음. | 3점 |

온라인 학습 단원평가의 **정답**과 함께 **문항 분석**도 확인하세요.

## 단원평가 1회

22~25쪽

| 문항 번호 | 정답 | 평가 내용 | 난이도 |
|---|---|---|---|
| 1 | ② | 우리나라의 주변 나라 알아보기 | 쉬움 |
| 2 | ⑤ | 우리나라의 위치 알아보기 | 보통 |
| 3 | ⑤ | 우리나라의 영역 알아보기 | 쉬움 |
| 4 | ④ | 관동 지방 알아보기 | 보통 |
| 5 | ⑤ | 우리나라의 행정 구역 알아보기 | 어려움 |
| 6 | ② | 도청 소재지 알아보기 | 보통 |
| 7 | ① | 지형의 종류 알아보기 | 쉬움 |
| 8 | ① | 우리나라 지형의 특징 알아보기 | 보통 |
| 9 | ② | 하천을 이용하는 모습 알아보기 | 보통 |
| 10 | ③ | 우리나라의 해안 알아보기 | 보통 |
| 11 | ⑤ | 우리나라 기후의 특징 알아보기 | 보통 |
| 12 | ④ | 계절에 따라 불어오는 바람과 계절별 사람들의 생활 모습 알아보기 | 어려움 |
| 13 | ④ | 우리나라 기온의 특징 알아보기 | 보통 |
| 14 | ② | 울릉도에서 우데기를 만든 까닭 알아보기 | 보통 |
| 15 | ④ | 홍수로 인한 피해 알아보기 | 보통 |
| 16 | ⑤ | 우리나라 인구 분포의 특징 알아보기 | 어려움 |
| 17 | ② | 우리나라 도시 발달의 특징 알아보기 | 어려움 |
| 18 | ② | 우리나라의 대도시 알아보기 | 쉬움 |
| 19 | ③ | 지역별 발달한 산업 알아보기 | 쉬움 |
| 20 | ② | 교통의 발달로 달라진 모습 알아보기 | 쉬움 |

1 우리나라 주변에는 몽골, 중국, 일본, 러시아 등의 나라가 있습니다.

2 우리나라는 아시아 대륙의 동쪽에 위치하고 태평양과 접해 있습니다.

3 영공은 영토와 영해의 수직 상공을 말합니다.

4 철령관 동쪽에 위치한 관동 지방은 태백산맥을 기준으로 영동 지방과 영서 지방으로 나뉩니다.

6 강원특별자치도의 도청 소재지는 춘천입니다.

7 평야는 하천 주변에 나타나는 넓고 평탄한 땅입니다.

8 우리나라는 국토의 약 70%가 산지로 이루어져 있습니다. 높은 산지는 주로 북쪽과 동쪽에 분포하며, 낮은 산지와 평야는 남서쪽에 분포합니다.

9 하천에 댐을 만들어서 전기를 생산합니다.

10 사람들은 서해안의 갯벌에서 해산물이나 소금을 채취하기도 하고, 갯벌을 간척해 농경지나 공업용지로 사용하기도 합니다.

11 봄과 가을은 온화합니다.

12 우리나라는 겨울철에 북서쪽 대륙에서 차갑고 건조한 바람이 불어와 춥고 비가 적게 옵니다.

13 남북으로 길게 뻗어 있는 우리나라는 대체로 남쪽으로 갈수록 기온이 높아지고, 북쪽으로 갈수록 기온이 낮아집니다.

14 겨울에 눈이 많이 내리는 울릉도에서는 우데기를 설치하여 생활 공간을 확보했습니다.

15 홍수는 비가 많이 내리면서 하천이 범람해 주변의 도로나 건물 등이 물에 잠기는 재해입니다.

16 1960년에는 평야가 발달한 남서부 지역의 인구 밀도가 높았고, 오늘날에는 수도권과 남동 해안 지역에 많은 사람이 살고 있습니다.

17 본격적인 도시 발달은 1960년대 이후 산업이 발달하면서 시작되었으며 수도권에 도시 수가 가장 많이 늘었습니다.

18 부산광역시는 6·25 전쟁 이후 부산항을 중심으로 도시 규모가 크게 성장했습니다.

19 제주는 다른 곳에서 볼 수 없는 아름답고 독특한 자연환경을 가지고 있습니다.

20 교통의 발달로 지역 간에 연결이 더욱 원활해져 교류가 활발해졌습니다.

온라인 학습 단원평가의 **정답**과 함께 **문항 분석**도 확인하세요.

## 단원평가 2회    26~29쪽

| 문항 번호 | 정답 | 평가 내용 | 난이도 |
|---|---|---|---|
| 1 | ② | 우리 국토의 위치 알아보기 | 보통 |
| 2 | ② | 우리나라의 영해 알아보기 | 쉬움 |
| 3 | ③ | 우리 국토를 사랑하는 방법 알아보기 | 쉬움 |
| 4 | ④ | 자연환경에 따른 우리 국토의 구분 알아보기 | 보통 |
| 5 | ④ | 자연환경에 따른 우리 국토의 구분 알아보기 | 어려움 |
| 6 | ⑤ | 우리나라의 행정 구역 알아보기 | 어려움 |
| 7 | ① | 지형의 종류 알아보기 | 보통 |
| 8 | ② | 평야를 이용하는 모습 알아보기 | 쉬움 |
| 9 | ④ | 우리나라 해안의 특징 알아보기 | 쉬움 |
| 10 | ④ | 우리나라의 여름철 기후 특징 알아보기 | 쉬움 |
| 11 | ② | 기온에 따른 사람들의 생활 모습 알아보기 | 보통 |
| 12 | ④ | 우리나라 강수량의 특징 알아보기 | 보통 |
| 13 | ⑤ | 터돋움집 알아보기 | 보통 |
| 14 | ③ | 홍수의 피해 알아보기 | 보통 |
| 15 | ④ | 폭염에 대처하는 방법 알아보기 | 보통 |
| 16 | ④ | 저출산 문제를 해결하기 위한 포스터 알아보기 | 쉬움 |
| 17 | ④ | 우리나라의 도시 발달 알아보기 | 어려움 |
| 18 | ⑤ | 우리나라 산업 발달의 특징 알아보기 | 어려움 |
| 19 | ⑤ | 동해에서 시멘트 산업이 발달한 까닭 알아보기 | 보통 |
| 20 | ② | 교통의 발달로 달라진 사람들의 생활 모습 알아보기 | 보통 |

1 우리나라는 아시아 대륙의 동쪽 끝에 위치해 있으며, 태평양과 맞닿아 있습니다.

3 국토에 관심을 갖고, 더 살기 좋은 곳이 될 수 있도록 노력해야 합니다.

4 중부 지방과 남부 지방은 소백산맥과 금강 하류를 잇는 선을 기준으로 구분합니다.

5 호남 지방은 금강(옛 이름 호강)의 남쪽을 의미합니다.

6 우리나라는 북한 지역을 제외하면 경기도, 충청남도, 충청북도, 전라남도, 경상남도, 경상북도의 도 6곳이 있습니다.

7 해안은 바다와 육지가 맞닿아 있는 부분입니다.

8 하천 주변의 평야에서 농사를 짓기도 하며, 옛날부터 평야 지역에 큰 도시들이 발달했습니다.

9 동해안은 모래사장이 길게 펼쳐진 곳이 많고 서해안은 갯벌이 넓게 발달했습니다.

10 덥고 비가 많이 오는 여름에 사람들은 짧은 반소매 옷을 입고 물놀이를 하며 에어컨과 선풍기를 사용합니다.

11 대부분 지역의 전통 가옥에는 겨울철 추위를 대비하여 온돌이 설치되어 있습니다.

12 우리나라는 계절에 따라 강수량의 차이가 크며 연평균 강수량은 세계 평균보다 많은 편입니다.

13 터돋움집은 땅 위에 터를 돋우어 높은 곳에 지은 집으로, 홍수로 인한 피해를 막기 위해 지었습니다.

14 홍수는 비가 많이 내려 강물이 흘러넘치는 현상으로, 우리나라에서는 장마와 태풍의 영향으로 비가 많이 내리는 여름에 자주 발생합니다.

16 저출산·고령 사회의 문제를 해결하기 위해서는 출산을 장려하는 정책이 필요합니다.

17 과거와 비교하여 수도권 지역과 남동 해안 지역에 도시가 많이 생겨났습니다.

18 2000년대 이후에는 우주 산업, 로봇 산업 등 첨단 산업이 발달하고 있습니다.

19 동해는 제품 생산에 필요한 원료인 석회석이 풍부해 시멘트 산업이 발달했습니다.

20 교통이 발달하면서 지역 간의 이동 시간이 줄어들어 지역 간 교류가 활발해지고, 사람들의 생활권이 넓어졌습니다.

# 2. 인권 존중과 정의로운 사회

## ❶ 인권을 존중하는 삶

| 1 ㉡ | 2 ㉠ | 3 ㉠ | 4 ㉡ | 5 ㉠ |
|------|------|------|------|------|

**1** 서로의 모습이나 생각은 달라도 우리는 모두 인간이기 때문에 소중하며 인간답게 살 권리가 있습니다.

**2** 모든 사람은 인종, 피부색, 성별, 언어, 종교 등 어떤 이유로도 차별받으면 안 됩니다.

**3** 모든 사람은 태어날 때부터 자유롭고 존엄하며 평등합니다.

**4** 인권은 모든 사람에게 동등하게 보장되며, 다른 사람이 함부로 침해할 수 없는 것입니다.

**5** 세계 인권 선언은 세계 여러 국가가 모인 국제 연합 총회에서 만들었습니다.

| 1 ㉠ | 2 ㉡ | 3 ㉡ | 4 ㉠ | 5 ㉡ |
|------|------|------|------|------|

**1** 사회 보장 제도에는 무료 예방 접종, 실업 급여 제도 등이 있습니다.

**2** 공공 편의 시설은 모든 사람의 편리하고 안전한 생활을 위해 국가와 지방 자치 단체가 설치한 시설입니다.

**3** 점자 블록은 시각 장애인이 안전하게 다닐 수 있도록 설치한 시설입니다.

**4** 다툼이나 범죄가 발생해 인권이 침해되었을 때에는 법원의 재판을 통해 권리를 구제받을 수 있습니다.

**5** 국가 인권 위원회는 개인의 기본적 인권을 보호하고 인간의 존엄성을 지키고자 만들어진 기관으로, 우리나라 인권 정책에 대한 의견 제시, 인권 교육 프로그램 개발, 인권을 침해당한 국민의 문제 조사 등 다양한 일을 합니다.

| 1 ④ | 2 ①, ③ | 3 ② | 4 ⑤ |
|------|---------|------|------|
| 5 ㉠ 박두성 ㉡ 허균 | | 6 ④ | 7 ②, ⑤ | 8 ㉠ |
| 9 ⑤ | 10 ① | | |

**1** 인권은 인간이라면 누구나 당연히 누릴 수 있는 권리입니다. 우리가 교육을 받는 모습, 휴식을 취하는 모습, 아플 때 병원에 가서 치료를 받는 모습 등은 생활 속에서 인권을 누리는 모습입니다.

**2** 『경국대전』은 조선을 다스리는 기준이 된 법이나 관습이 담겨 있었던, 조선 시대의 최고 법전입니다.

> **더 알아보기**
>
> **『경국대전』에 담긴 인간 존중 사상**
> • 가난한 사람의 혼인 비용을 지원해 주었습니다.
> • 가난해서 약을 살 수 없는 사람에게 약을 주었습니다.
> • 환자와 죄수들에게 여름철에 얼음을 나누어 주었습니다.

**3** 옛날 사람들은 활인서와 같은 관청을 통해 백성의 생명과 안전을 보호하고자 노력했습니다.

**4** 옛날에는 억울하게 벌을 받는 일이 없도록 삼복제를 통해 세밀하게 조사하고 신중하게 결정했습니다.

**5** 오랫동안 많은 사람의 노력이 있었기 때문에 우리는 지금과 같은 권리를 누릴 수 있게 되었습니다.

> **왜 틀렸을까?**
>
> • 방정환: 어린이날을 만들고 어린이를 존중하자는 선전문을 발표했습니다.
> • 이효재: 가족 내 남성과 여성의 평등을 주장하고, 여성과 남성이 평등한 가족이 되기 위해 '부모 성 함께 쓰기 운동'을 펼쳤습니다.

**6** 인권을 보장받는다면 모든 사람이 행복하게 살아갈 수 있기 때문에 주변에서 인권 침해를 당한 사람이 있는지 살펴봐야 합니다.

**7** 자신의 인권만큼 상대방의 인권도 소중하다는 것을 깨닫지 못했기 때문에 인권 침해가 일어납니다.

**8** 어린이 보호 구역은 어린이가 안전하게 다닐 수 있도록 하기 위해 설치한 것입니다.

**9** 국가 인권 위원회는 인권을 보호하기 위한 법과 제도를 연구하고, 국민들에게 인권 관련 교육과 홍보를 하기도 합니다.

**10** 인권을 보호하기 위해 표어 쓰기, 편지 쓰기, 포스터 그리기, 홍보하기 등의 표현 활동을 할 수 있습니다.

## 서술형·논술형 평가 [34~35쪽]

**1** (1) 경사로　　　　　　(2) 어린이

(3) 예 모든 사람에게 평등하게 보장된다. 인간이라면 당연히 누릴 수 있다.

**2** (1) ㉡

(2) 테레사 수녀

(3) 예 흑인이 차별받는 부당함을 알리려고 많은 연설을 했다. 평화적인 방법으로 흑인 차별 반대 운동을 이끌어 승리했다.

**3** (1) ㉡　　　　　　(2) ㉠

(3) 예 장애가 있는 사람도 인권을 가진 사람이기 때문이다.

**4** (1) ㉡　　　　　　(2) 존중

(3) 예 인권 침해 상황을 봤을 때 관련 있는 관공서에 인권 개선을 위한 편지를 쓴다.

---

**1** (1) 우리 주변에서 인권을 존중하는 실제 사례들을 많이 볼 수 있습니다.

(2) 키가 작은 어린이가 엘리베이터 버튼을 쉽게 누를 수 있도록 발판을 설치했습니다.

(3) 인권은 사람으로서 당연히 누리는 기본적인 권리입니다.

**채점 기준**

| | | |
|---|---|---|
| (1) | '경사로'에 ○표를 함. | 2점 |
| (2) | '어린이'라고 정확히 씀. | 2점 |
| (3) | **정답 키워드** 모든 사람 \| 평등 \| 당연 <br> '모든 사람에게 평등하게 보장된다.', '인간이라면 당연히 누릴 수 있다.' 등의 내용을 정확히 씀. | 6점 |
| | 제시된 그림을 참고하여 알 수 있는 인권의 특징을 썼으나 구체적이지 않음. | 3점 |

**2** (1) 『홍길동전』에는 서얼에게 능력을 펼칠 기회조차 주지 않고 차별하는 사회를 비판하는 내용이 담겨 있습니다. 홍길동은 신분이 낮다는 이유로 자신의 능력을 펼칠 기회를 얻지 못했고 부당한 대우를 받았습니다. 차별을 견디지 못하고 집을 떠난 홍길동은 후에 신분 차별이 없는 율도국이라는 나라를 세우게 됩니다.

(2) 테레사 수녀는 '사랑의 선교회'를 만들어 사회적 약자들을 위해 평생을 봉사하며 살았습니다.

(3) 마틴 루서 킹은 흑인도 백인과 똑같은 인간으로서 존엄성을 가지며 동일하게 대우해야 한다고 주장했습니다.

**채점 기준**

| | | |
|---|---|---|
| (1) | '㉡'이라고 정확히 씀. | 2점 |
| (2) | '테레사 수녀'라고 정확히 씀. | 2점 |
| (3) | **정답 키워드** 흑인 \| 연설 \| 평화 <br> '흑인이 차별받는 부당함을 알리려고 많은 연설을 했다.', '평화적인 방법으로 흑인 차별 반대 운동을 이끌어 승리했다.' 등의 내용을 정확히 씀. | 6점 |
| | 마틴 루서 킹이 흑인의 인권 신장을 위해 한 일을 썼으나 구체적이지 않음. | 3점 |

**3** (1) 제시된 글은 시각 장애가 있는 사람이 가고 싶은 곳에 자유롭게 갈 수 없어 불편해 하는 모습을 나타냈습니다.

(2) 점자 블록은 시각 장애인이 안전하게 다닐 수 있도록 건물의 바닥이나 도로에 깐 블록입니다. ㉡은 시각 장애인을 위해 횡단보도에서 음성으로 신호를 알려 주는 '시각 장애인용 음향 신호기'입니다.

(3) 모든 사람은 태어나면서부터 인간답게 살 권리가 있으며, 어떤 이유로도 인간답게 살 권리를 침해당해서는 안 됩니다.

**채점 기준**

| | | |
|---|---|---|
| (1) | '㉡'이라고 정확히 씀. | 2점 |
| (2) | '㉠'이라고 정확히 씀. | 2점 |
| (3) | **정답 키워드** 장애 \| 인권 <br> '장애가 있는 사람도 인권을 가진 사람이기 때문이다.' 등의 내용을 정확히 씀. | 6점 |
| | 몸이 불편한 사람이 인권을 침해당하면 안 되는 까닭을 썼으나 구체적이지 않음. | 3점 |

**4** (1) 표어 쓰기, 편지 쓰기, 포스터 그리기, 시민 단체에 기부하기 등 다양한 방법으로 인권 의식을 개선할 수 있습니다.

(2) 인권을 존중하는 태도를 통해 상대방과 나의 인권을 모두 지킬 수 있습니다.

(3) 인권 보호를 실천하면 더 나은 사회를 만들 수 있습니다.

**채점 기준**

| | | |
|---|---|---|
| (1) | '㉡'이라고 정확히 씀. | 2점 |
| (2) | '존중'에 ○표를 함. | 2점 |
| (3) | **정답 키워드** 침해 \| 관공서 \| 편지 <br> '인권 침해 상황을 봤을 때 관련 있는 관공서에 인권 개선을 위한 편지를 쓴다.' 등의 내용을 정확히 씀. | 6점 |
| | 제시된 낱말을 사용해 인권 보호를 실천할 수 있는 일을 썼으나 구체적이지 않음. | 3점 |

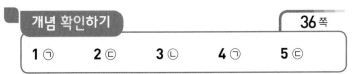

## ❷ 인권 보장과 헌법

| 1 ㉠ | 2 ㉢ | 3 ㉡ | 4 ㉠ | 5 ㉢ |
|------|------|------|------|------|

**1** 오늘날 대부분의 국가는 법과 제도의 바탕이 되는 헌법을 두고 있습니다.

**2** 헌법에는 국민이 가진 인권을 분명하게 밝히는 내용이 있습니다.

**3** 헌법은 행복한 삶, 자유와 권리, 개인 존중, 인간다운 생활을 중요한 가치로 여기고 있으며, 이를 보장해 궁극적으로 인간의 존엄성을 추구하고 있습니다.

**4** 국민 투표를 하지 않고 헌법을 쉽게 바꿀 수 있다면 국민의 인권이 침해되고, 나라가 안정적으로 운영되지 못할 것입니다.

**5** 우리나라 최초의 헌법은 1948년 7월 17일에 공포되었습니다.

| 1 ㉠ | 2 ㉡ | 3 ㉢ | 4 ㉡ | 5 ㉠ |
|------|------|------|------|------|

**1** 우리나라 헌법 제10조는 모든 국민이 인간으로서의 존엄과 가치, 행복을 추구할 권리를 가진다고 제시하고 있는데, 이를 바탕으로 헌법에서는 여러 기본권을 구체적으로 밝혀 국민의 인권을 실질적으로 보장하고 있습니다.

**2** 기본권은 필요한 경우 법률에 따라 제한될 수 있지만, 자유와 권리의 본질적인 내용은 침해할 수 없습니다.

**3** 우리나라 헌법이 보장하는 기본권에는 자유권, 평등권, 사회권, 청구권, 참정권 등이 있습니다.

**4** 사회권은 인간다운 삶을 국가에 요구할 수 있는 권리입니다.

**5** 우리 헌법에서는 국가에 재판이나 필요한 일을 요구할 수 있는 권리 등을 보장하고 있습니다.

| 1 헌법 | 2 ②, ⑤ | 3 ㉡ | 4 ④ | 5 ③ |
|--------|---------|------|------|------|
| 6 ③ | 7 민재 | 8 근로 | 9 보호 | 10 ① |

**1** 헌법은 모든 법의 기본이 되는 법입니다.

**2** 헌법에서는 국민이 국가의 주인임을 밝히고 있으며, 인간의 존엄성을 보장하고 있습니다.

**3** 헌법의 내용은 국민 투표를 거쳐 바꾸거나 새로 정할 수 있으며 누구도 헌법의 내용과 정신에 어긋나는 결정을 내릴 수 없습니다.

**4** 헌법에 있는 내용이 법과 제도를 통해 구체화되면서 모든 국민이 생활 속에서 개인의 권리를 보호할 수 있습니다.

> **더 알아보기**
>
> 「대기 환경 보전법」
> 대기 오염으로 인한 국민 건강이나 환경에 관한 위험과 재해를 예방하고, 대기 환경을 관리하고 보전함으로써 모든 국민이 건강하고 쾌적한 환경에서 생활할 수 있도록 하는 것을 목적으로 만들어진 법입니다.

**5** 법이 국민의 인권을 침해하는 일이 발생하면 헌법 재판소를 통해 해결할 수 있습니다.

**6** 헌법에서는 여러 기본권을 구체적으로 밝힘으로써 국민의 인권을 실질적으로 보장하고 있습니다.

> **왜 틀렸을까?**
>
> ⑤ 공무 담임권은 국민이 공무원이 되어 국가나 공공단체의 일을 담당할 수 있는 권리입니다.

**7** 기본권은 국가의 안전 보장, 사회질서 유지, 공공의 이익 추구 등을 위해 필요한 경우 법률에 따라 제한될 수 있습니다.

**8** 의무란 국민으로서 지켜야 하는 것을 말합니다. 헌법은 국가를 유지하고 운영하고자 국민들이 지켜야 할 의무를 밝히고 있습니다.

**9** 헌법에서는 교육의 의무, 국방의 의무, 근로의 의무, 납세의 의무, 환경 보전의 의무 등을 제시하고 있으며 일상생활 속에서 의무를 성실하게 지킬 때 나라가 건강하게 유지되고 발전할 수 있습니다.

**10** 권리와 의무 중 어느 한 가지만 강조하기보다는 권리와 의무를 서로 조화롭게 추구하는 태도가 필요합니다.

## 서술형·논술형 평가 40~41쪽

**1** (1) 진우　　　　　　　(2) 국민 투표
(3) 예 국가가 헌법을 기준으로 운영되고 있기 때문이다. 헌법은 국가를 운영하는 데 가장 중요하고 기본적인 내용을 담고 있기 때문이다.

**2** (1) 기본권　　　　　　(2) 청구권
(3) 예 국가의 정치 과정에 참여할 수 있는 권리

**3** (1) ⓒ　　　　　　　　(2) ⓔ
(3) 예 모든 국민은 정해진 법에 따라 세금을 낼 납세의 의무가 있다.

**4** (1) 자유권　　　　　　(2) 의무
(3) 예 개발을 원하는 지역이 개인의 재산인 동시에 지역의 환경 보호와 공공의 이익을 위해 필요한 곳이기 때문이다.

**1** (1) 헌법은 국민의 권리를 분명하게 밝혀 국민의 인권을 보장하는 역할을 합니다.

(2) 국가는 헌법을 기준으로 운영되기 때문에 누구도 헌법의 내용과 정신에 어긋나는 결정을 내릴 수 없습니다.

(3) 국민 투표를 하지 않고 헌법을 쉽게 바꿀 수 있다면 국민의 인권이 침해되고, 나라가 안정적으로 운영되지 못할 것입니다.

### 채점 기준

| | | |
|---|---|---|
| (1) | '진우'라고 정확히 씀. | 2점 |
| (2) | '국민 투표'라고 정확히 씀. | 2점 |
| (3) | **정답 키워드** 국가 \| 기준 \| 운영<br>'국가가 헌법을 기준으로 운영되고 있기 때문이다.', '헌법은 국가를 운영하는 데 가장 중요하고 기본적인 내용을 담고 있기 때문이다.' 등의 내용을 정확히 씀. | 6점 |
| | 헌법의 내용을 새로 정하거나 고칠 때 국민 투표를 거치는 까닭을 썼으나 구체적이지 않음. | 3점 |

**2** (1) 기본권은 모든 국민이 인간답게 살 수 있도록 헌법에서 정해 놓은 권리입니다.

(2) 청구권은 국민이 권리를 침해당했을 때 국가에 어떤 행위를 해 달라고 요구할 수 있는 권리입니다. 우리는 기본권을 보장받기 위해 국가에 재판이나 필요한 일을 요구할 수 있습니다.

(3) 모든 국민은 국가의 주인으로서 정치에 참여할 수 있는 참정권을 가집니다. 참정권에는 선거로 대표를 뽑거나 대표가 되어 나라의 중요한 결정을 할 수 있는 권리 등이 있습니다.

### 채점 기준

| | | |
|---|---|---|
| (1) | '기본권'이라고 정확히 씀. | 2점 |
| (2) | '청구권'이라고 정확히 씀. | 2점 |
| (3) | **정답 키워드** 국가 \| 정치 \| 참여<br>'국가의 정치 과정에 참여할 수 있는 권리' 등의 내용을 정확히 씀. | 6점 |
| | 참정권에 대한 설명을 썼으나 구체적이지 않음. | 3점 |

**3** (1) 국방의 의무란 모든 국민이 나와 가족, 우리 모두의 안전을 위해 나라를 지킬 의무가 있다는 것입니다. 군인들이 우리나라를 지키기 위해 군대에서 훈련을 받는 것, 군복을 입은 사람들이 민방위 교육장에 가는 것은 모두 국방의 의무를 지키는 모습입니다.

(2) 부모님이 우리를 학교에 보내시는 것도 교육의 의무를 실천하는 모습입니다.

(3) 국가는 국민이 낸 세금으로 학교나 지하철 등 국민들이 생활하는 데 필요한 것을 만들어 제공합니다.

### 채점 기준

| | | |
|---|---|---|
| (1) | 'ⓒ'이라고 정확히 씀. | 2점 |
| (2) | 'ⓔ'이라고 정확히 씀. | 2점 |
| (3) | **정답 키워드** 법 \| 세금 \| 납세<br>'모든 국민은 정해진 법에 따라 세금을 낼 납세의 의무가 있다.' 등의 내용을 정확히 씀. | 6점 |
| | 납세의 의무에 대한 설명을 썼으나 구체적이지 않음. | 3점 |

**4** (1) 자유권은 개인이 자유롭게 생각하고 행동할 수 있는 권리입니다. 개인이 자신의 땅을 개발하는 것은 자유권에 해당됩니다.

(2) 권리나 의무 중 어느 한 가지만 주장한다면 여러 가지 문제가 발생할 수 있습니다.

(3) 땅을 개발할 수 있는 권리와 환경을 보전해야 할 의무가 서로 충돌하고 있습니다.

### 채점 기준

| | | |
|---|---|---|
| (1) | '자유권'이라고 정확히 씀. | 2점 |
| (2) | '의무'라고 정확히 씀. | 2점 |
| (3) | **정답 키워드** 개인의 재산 \| 환경 보호 \| 공공의 이익<br>'개발을 원하는 지역이 개인의 재산인 동시에 지역의 환경 보호와 공공의 이익을 위해 필요한 곳이기 때문이다.' 등의 내용을 정확히 씀. | 6점 |
| | 권리와 의무가 충돌하게 된 원인을 썼으나 구체적이지 않음. | 3점 |

## ❸ 법의 의미와 역할

**1** ㉠　**2** ㉡　**3** ㉢　**4** ㉠　**5** ㉡

**1** 사회질서를 유지하고 사람들의 안전을 지키기 위해서 국가는 법을 정했습니다.

**2** 모든 국민은 일정한 나이가 되면 초등학교에 다니도록 정해져 있습니다.

> **왜 틀렸을까?**
> ㉠「어린이 놀이 시설 안전 관리법」에 대한 설명입니다.
> ㉢「도로 교통법」에 대한 설명입니다.

**3** 저작권을 보호함으로써 창작물을 만든 사람의 노력과 가치를 인정해야 합니다.

**4** 「도로 교통법」은 도로에서 안전하게 다닐 수 있도록 하기 위해 만든 법입니다.

**5** 「학교 급식법」은 학생들에게 건강한 급식을 제공하기 위해 만든 법입니다.

> **왜 틀렸을까?**
> ㉠「학교 폭력 예방법」에 대한 설명입니다.

**1** ㉠　**2** ㉡　**3** ㉢　**4** ㉠　**5** ㉡

**1** 법이 없다면 사회가 혼란스러워질 것입니다.

**2** 법은 개인의 정보, 재산, 생명 등을 보호하는 역할을 하며, 국민이 건강하게 살 수 있도록 기본적인 의료 혜택을 보장합니다.

**3** 법이 없다면 다툼을 해결하는 기준이 없어 사람들 사이의 갈등을 해결할 수 없을 것입니다.

**4** 어린이 보호 구역은 교통사고의 위험으로부터 어린이를 보호하기 위해 법으로 설정해 놓은 구역입니다.

**5** 법은 환경 파괴와 오염을 방지하여 우리가 깨끗하고 쾌적한 환경에서 살아갈 수 있게 해 줍니다.

**1** ①, ②　**2** (1) ㉡ (2) ㉠　**3** ③　**4** ⑤
**5** ⑤　**6** ⑤　**7** ①, ③　**8** 희재　**9** 준법
**10** ⑤

**1** 전동 킥보드 이용자는 횡단보도를 건널 때 전동 킥보드에서 내려 걸어가야 하고, 차 안에 있는 모든 사람들은 안전띠를 매야 합니다.

**2** 사람들 사이의 다툼이나 갈등을 해결하기 위해 모든 사회 구성원이 따라야 할 행동 기준을 사회 규범이라고 합니다. 사회 규범에는 도덕, 법 등이 있는데 법과 달리 도덕은 사람들이 자율적으로 지키는 것입니다.

**3** 사회가 변하는데 법은 변하지 않고 그대로라면 사회가 혼란스러워질 것이고, 모든 사람이 지켜야 하는 법이 인권을 침해한다면 법 때문에 억울하게 피해를 받는 사람들이 많아질 것입니다. 그렇기 때문에 법이 사회 변화에 맞지 않거나 사람들의 인권을 침해한다고 판단이 되면 법을 바꾸거나 새로 만들 수 있습니다.

**4** 택배를 이용하는 사람들이 많아지면서 열악한 작업 환경 속에서 일하는 택배 기사의 인권을 보호하기 위해 쉼터를 설치하는 법이 만들어졌습니다.

**5** 학교 주변에서 사 먹는 음식은 「어린이 식생활 안전 관리 특별법」의 적용을 받습니다.

**6** 법은 다양한 개인의 권리를 보호해 주고, 사회질서를 유지해 모든 사람이 인간다운 삶을 누리게 해 줍니다.

**7** 법은 개인의 생명과 재산, 정보 등을 보호하여 모든 사회 구성원이 안정된 삶을 살아갈 수 있게 해 줍니다.

> **왜 틀렸을까?**
> ②, ④는 사회질서를 유지하는 법의 역할과 관련 있는 모습입니다.

**8** 다른 사람의 작품을 허락 없이 사용하거나 유포하는 것은 「저작권법」에 어긋나는 행위입니다.

**9** 사람들이 법을 지키지 않으면 다른 사람에게 피해를 주고 사람들 간에 갈등이 발생할 수 있습니다.

**10** 검사는 범죄 사건을 수사하고, 범죄를 저질렀다고 의심을 받는 피고인에게 법원의 심판을 구하는 일을 담당합니다.

## 서술형·논술형 평가 46~47쪽

**1** (1) 예 제재      (2) 있
  (3) 예 국가가 만든 강제성이 있는 규범이다.

**2** (1) 정아      (2) ㈎
  (3) 예 구입한 물건의 품질에 문제가 있을 때 수리나 환불
     을 받을 수 있다.

**3** (1) ㉣      (2) ㉡
  (3) 예 교통사고를 예방할 수 있게 해 준다.

**4** (1) 저작권      (2) ㉣
  (3) 예 법을 어기면 다른 사람의 권리를 침해하기 때문이다.
     법을 지키지 않으면 사회질서가 유지될 수 없기 때문이다.

**1** (1) 제재는 규칙이나 관습을 지키지 않는 것을 제한하거나 금지하는 것을 말합니다.

(2) 법은 우리 사회가 중요하게 여겨 지켜야 한다고 생각하는 가치를 담고 있습니다. 따라서 법이 사회의 변화에 맞지 않거나 또는 그 내용이 다른 사람의 인권을 침해한다고 판단되는 경우, 바뀌거나 다시 만들어질 수 있습니다.

(3) 법은 국가에서 만든 강제적인 규범이며 이를 지키지 않았을 때 엄격한 제재를 받습니다.

**채점 기준**

| (1) | '제재' 등을 정확히 씀. | 2점 |
|---|---|---|
| (2) | '있'에 ○표를 함. | 2점 |
| (3) | **정답 키워드** 국가 \| 강제성<br>'국가가 만든 강제성이 있는 규범이다.' 등의 내용을 정확히 씀. | 6점 |
| | 법이 무엇인지 썼으나 구체적이지 않음. | 3점 |

**2** (1) 우리는 법과 함께 살아갑니다. 법은 학교에서뿐만 아니라 우리의 일상생활 곳곳에 적용되고 있으며, 법이 없으면 불편한 것들이 많아지기 때문에 법이 없이는 살 수 없습니다.

(2) 「어린이 놀이 시설 안전 관리법」은 어린이가 안전하게 놀이터에서 놀 수 있도록 시설을 정기적으로 관리해야 하는 법입니다. 이처럼 법은 여러 면에서 우리를 보호하고 있습니다.

(3) 「소비자 기본법」은 소비자의 권리와 이익을 보장하고 국민 경제의 발전을 돕기 위한 법으로, 소비자 피해를 예방하고 구제하기 위해 제정되었습니다. 이외에도 법은 공정 거래 위원회, 한국 소비자원 같은 기관을 설치하여 소비자의 권리를 보호하고 있습니다.

**채점 기준**

| (1) | '정아'라고 정확히 씀. | 2점 |
|---|---|---|
| (2) | '㈎'에 ○표를 함. | 2점 |
| (3) | **정답 키워드** 물건의 품질 \| 수리 \| 환불<br>'구입한 물건의 품질에 문제가 있을 때 수리나 환불을 받을 수 있다.' 등의 내용을 정확히 씀. | 6점 |
| | 「소비자 기본법」이 생활 속에서 적용되는 모습을 썼으나 구체적이지 않음. | 3점 |

**3** (1) ㉣은 경찰이 순찰하면서 범죄로부터 사람들을 안전하게 지켜 준다는 것을 보여 줍니다.

(2) 법은 다툼을 해결하는 기준이 되어 개인 간에 발생한 분쟁을 해결해 개인의 권리를 보장해 줍니다.

(3) 법은 어린이 보호 구역을 설정해 자동차의 통행 속도를 제한함으로써 교통사고를 예방할 수 있게 해 줍니다.

**채점 기준**

| (1) | '㉣'이라고 정확히 씀. | 2점 |
|---|---|---|
| (2) | '㉡'이라고 정확히 씀. | 2점 |
| (3) | **정답 키워드** 교통사고 \| 예방<br>'교통사고를 예방할 수 있게 해 준다.' 등의 내용을 정확히 씀. | 6점 |
| | 어린이 보호 구역 설정과 관련 있는 법의 역할을 썼으나 구체적이지 않음. | 3점 |

**4** (1) 「저작권법」은 음악, 영화, 출판물 등 창작물을 만든 사람의 저작권을 보호하는 법입니다.

(2) 법을 지키지 않아 타인에게 피해를 준 사람에게는 재판을 통해 그 권리를 제한하기도 합니다. 피고인은 범죄를 저지른 것으로 의심되어 재판을 받는 사람을 말합니다.

(3) 법을 지키면 다른 사람의 권리를 보장하고 나의 권리도 보장받을 수 있습니다. 반면 법을 어기는 행동은 다른 사람에게 피해를 주고 사람들 사이에 갈등을 일으키며 사회를 혼란스럽게 만듭니다. 따라서 법은 반드시 지켜야 합니다.

**채점 기준**

| (1) | '저작권'이라고 정확히 씀. | 2점 |
|---|---|---|
| (2) | '㉣'이라고 정확히 씀. | 2점 |
| (3) | **정답 키워드** 권리 \| 침해 \| 사회질서<br>'법을 어기면 다른 사람의 권리를 침해하기 때문이다.', '법을 지키지 않으면 사회질서가 유지될 수 없기 때문이다.' 등의 내용을 정확히 씀. | 6점 |
| | 법을 지켜야 하는 까닭을 썼으나 구체적이지 않음. | 3점 |

온라인 학습 단원평가의 **정답**과 함께 **문항 분석**도 확인하세요.

## 단원평가 1회 48~51쪽

| 문항 번호 | 정답 | 평가 내용 | 난이도 |
|---|---|---|---|
| 1 | ④ | 인권의 특징 알기 | 보통 |
| 2 | ⑤ | 생활 속 인권 존중 사례 알기 | 쉬움 |
| 3 | ③ | 테레사 수녀의 업적 알기 | 보통 |
| 4 | ② | 인권 신장을 위한 옛날의 기관 알기 | 어려움 |
| 5 | ⑤ | 생활 속 인권 침해 사례 알기 | 쉬움 |
| 6 | ① | 인권 보장을 위한 사회적 노력 알기 | 쉬움 |
| 7 | ⑤ | 생활 속에서 인권 보호를 실천하는 방법 알기 | 보통 |
| 8 | ④ | 헌법에 담긴 내용 알기 | 보통 |
| 9 | ⑤ | 헌법에 국민의 권리가 담겨 있는 까닭 알기 | 어려움 |
| 10 | ① | 헌법의 구체적인 내용 알기 | 보통 |
| 11 | ③ | 참정권을 누리는 사례 알기 | 쉬움 |
| 12 | ④ | 사회권의 의미 알기 | 보통 |
| 13 | ② | 교육의 의무 알기 | 보통 |
| 14 | ⑤ | 권리와 의무가 충돌하는 사례 알기 | 어려움 |
| 15 | ① | 횡단보도에서 지켜야 할 규칙 알기 | 쉬움 |
| 16 | ④ | 생활 속에서 적용되는 법 알기 | 보통 |
| 17 | ⑤ | 「어린이 식생활 안전 관리 특별법」 알기 | 어려움 |
| 18 | ② | 법의 역할 알기 | 쉬움 |
| 19 | ② | 법을 지키지 않았을 때의 문제점 알기 | 보통 |
| 20 | ⑤ | 법을 지키지 않았을 때의 문제점 알기 | 보통 |

**1** 인권은 다른 사람이 함부로 빼앗을 수 없으며, 나 또한 다른 사람의 인권을 빼앗을 수 없습니다.

**2** 키가 작은 어린이를 위해 낮은 세면대를 설치하는 것은 주변에서 볼 수 있는 인권을 존중하는 모습입니다.

**3** 우리나라뿐 아니라 다른 나라의 다양한 영역에서도 인권의 신장을 위해 노력한 인물이 있었습니다.

**4** 옛날에도 사람을 귀하게 여기는 태도가 담겨 있는 제도가 많았습니다.

**5** 고정 관념이나 편견에 따른 차별 등 타인의 인권을 존중하지 않아 발생하는 인권 침해도 있습니다.

**6** 학교에서는 다양한 인권 교육을 통해 인권의 가치와 중요성을 알립니다.

**7** 인권 개선을 위한 편지 쓰기, 인권 캠페인 활동하기 등 여러 가지 방법으로 인권 보호를 실천할 수 있습니다.

**8** 헌법은 한 국가의 기본이 되는 법입니다.

**9** 헌법은 국민의 기본적인 인권을 보장하는 역할을 합니다.

**10** 헌법에 우리나라의 주권이 국민에게 있다고 제시되어 있기 때문에 국민의 뜻에 따라 국가의 중요한 일이 결정됩니다.

**11** 모든 국민은 법률이 정하는 바에 의하여 선거권을 가집니다.

**12** 우리 헌법에서는 교육을 받을 권리, 쾌적한 환경에서 살 권리 등을 보장하고 있습니다.

**13** 헌법은 사회가 질서 있게 유지되도록 하여 국민의 기본권을 보장하기 위해 의무를 정해 놓았습니다.

**14** 땅 주인은 재산을 자유롭게 사용하여 땅을 개발할 수 있는 권리를 침해당하고 있습니다.

**15** 보행자 횡단보도를 건널 때는 자전거에서 내려 걸어가야 합니다.

**16** 가정과 학교를 비롯한 우리 생활 곳곳에서 법이 적용되고 있습니다.

**17** 법은 우리가 건강하게 살아갈 수 있도록 지켜 줍니다.

**18** 법은 개인의 생명과 재산, 정보 등을 보호해 개인의 권리를 보호해 주는 역할을 합니다.

**19** 장애인 전용 주차 구역에 차를 세우는 사람들이 많아진다면 전용 주차 구역이 확보되지 않은 장애인이 이동할 때 불편을 겪습니다.

**20** 창작물을 만든 사람의 저작권을 보호해야 합니다.

온라인 학습 단원평가의 **정답**과 함께 **문항 분석**도 확인하세요.

## 단원평가 2회

52~55쪽

| 문항 번호 | 정답 | 평가 내용 | 난이도 |
|---|---|---|---|
| 1 | ④ | 인권의 특징 알기 | 보통 |
| 2 | ④ | 세계 인권 선언의 내용 알기 | 어려움 |
| 3 | ③ | 인권 존중의 태도가 담긴 옛 제도 알기 | 쉬움 |
| 4 | ④ | 『홍길동전』에 담긴 인간 존중 사상 알기 | 보통 |
| 5 | ⑤ | 생활 속 인권 침해 사례 알기 | 보통 |
| 6 | ⑤ | 인권 보호를 실천하는 방법 알기 | 쉬움 |
| 7 | ③ | 헌법에 담긴 내용 알기 | 보통 |
| 8 | ② | 헌법의 내용을 바꿀 때 사용하는 방법 알기 | 보통 |
| 9 | ① | 헌법의 구체적인 내용 알기 | 보통 |
| 10 | ⑤ | 청구권의 의미 알기 | 어려움 |
| 11 | ① | 평등권을 누리는 사례 알기 | 쉬움 |
| 12 | ③ | 근로의 의무 알기 | 쉬움 |
| 13 | ② | 국방의 의무 알기 | 어려움 |
| 14 | ④ | 법의 성격 알기 | 보통 |
| 15 | ④ | 『저작권법』의 적용 사례 알기 | 어려움 |
| 16 | ③ | 법이 개인 간의 분쟁을 해결하는 사례 알기 | 보통 |
| 17 | ⑤ | 법이 개인 정보를 보호하는 모습 알기 | 쉬움 |
| 18 | ② | 법의 역할 알기 | 쉬움 |
| 19 | ① | 법의 역할 알기 | 보통 |
| 20 | ③ | 법을 지켜야 하는 까닭 알기 | 보통 |

1 인권은 태어날 때부터 모든 사람에게 평등하게 보장되는 권리입니다.

2 세계 인권 선언은 인간의 존엄성을 지키고 전 세계 사람들이 행복하게 살아가기 위해 보장되어야 하는 내용이 담긴 30개의 조항으로 이루어져 있습니다.

3 일반 백성은 징과 꽹과리를 이용해서 억울한 일을 임금에게 직접 말하기도 했습니다.

4 허균은 『홍길동전』에서 신분이 천하다는 이유로 능력을 펼칠 기회조차 주지 않는 당시의 사회 제도를 고쳐야 한다고 주장했습니다.

5 앞을 보지 못하는 사람은 점자 블록이 설치되어 있지 않으면 길을 찾기 어렵습니다.

6 일상생활에서 인권을 존중하는 말을 사용하면서 인권 보호를 실천할 수 있습니다.

7 헌법은 인간 존엄을 위해 국민의 기본적인 권리와 의무 등의 내용을 담고 있습니다.

8 누구도 헌법의 내용과 정신에 어긋나는 결정을 내릴 수 없고, 헌법에 어긋나는 법을 만들어서는 안 됩니다.

9 국가는 국민의 인권을 보장할 의무를 가지고 있습니다.

10 모든 국민은 헌법과 법률이 정한 법관에 의하여 법률에 의한 재판을 받을 권리를 가집니다.

11 헌법에 모든 국민은 법 앞에 평등하다고 쓰여 있습니다.

12 의무를 실천하는 일은 나와 다른 사람의 기본권을 보장해 줍니다.

13 국민에게는 다양한 의무가 주어지고 있습니다.

14 법이 사회 변화에 맞지 않거나 국민의 인권을 침해한다고 판단이 되면 법을 바꾸거나 다시 만들 수 있습니다.

15 창작자의 권리를 보호하기 위해서는 창작물을 이용할 때 정당한 대가를 지불해야 합니다.

16 법은 사람 사이의 다툼을 공정하게 해결할 수 있게 해 줍니다.

17 개인 정보를 함부로 수집할 수 없는 법을 통해 개인 정보를 보호할 수 있습니다.

18 어린이 보호 구역의 속도를 제한함으로써 교통사고를 예방합니다.

19 법은 사고나 범죄로부터 사람들을 보호하고 안전하게 살아갈 수 있게 해 줍니다.

20 모든 사람이 권리를 보호받기 위해서는 모두가 법을 지키는 것이 중요합니다.

어떤 교과서를 쓰더라도 ALWAYS

# 우등생 시리즈

국어/수학 | 초 1~6(학기별), 사회/과학 | 초 3~6학년(학기별)

세트 구성 | 초 1~2(국/수), 초 3~6(국/사/과, 국/수/사/과)

**POINT 1**

동영상 강의와 스케줄표로
쉽고 빠른 홈스쿨링 학습서

**POINT 2**

모든 교과서의 개념과
문제 유형을 빠짐없이 수록

**POINT 3**

온라인 성적 피드백 &
오답노트 앱(수학) 제공

정답은
이안에
있어!

웃음 없는 하루는 낭비한 하루다.

**A day without laughter is a day wasted.**

찰리 채플린 Charles Chaplin · 영국의 배우, 감독